Роза Сябитова

ТЕХНИКИ БРАКОВЕДЕНИЯ

Ловушки, приемы, роли хитрой и мудной женщины

АСТ • Астрель
Москва
ВКТ Владимир

УДК 159.9
ББК 88.37
С 99

Серия: «ДАвай поженимсЯ!»

Сябитова, Р.Р.

С99 Техники браковедения. Ловушки, приемы, роли хитрой и мудрой женщины. / Роза Сябитова. – М. АСТ: Астрель; Владимир: ВКТ, 2011. – 352 с. – (Давай поженимся!).

ISBN 978-5-17-072074-3 (ООО «Издательство АСТ»)
ISBN 978-5-271-33137-4 (ООО «Издательство Астрель»)
ISBN 978-5-226-03577-7 (ВКТ)

Первая сваха России, ведущая телепрограмм «Давай поженимся!» и «Знакомство с родителями» на Первом канале, радиоведущая, колумнистка, руководитель благотворительного фонда, профессиональный психолог, мастер спорт и просто самая яркая женщина нашей страны Роза Сябитова представляет новую книгу.

Мужу-псу не показывай попу всю! Знакомая поговорка? А ведь наши бабушки были в чем-то правы. Не будь простодушной, семья – это сделка. Хочешь быть счастливой и сделать счастливым своего мужа – подготовься. В этой книге Роза Сябитова собрала все тренинги, практики, техники, приемы для создания и поддержания удачного брака. Проверено на сотнях российских семей. Работает!

УДК 159.9
ББК 88.37

ISBN 978-5-17-072074-3 (ООО «Издательство АСТ»)
ISBN 978-5-271-33137-4 (ООО «Издательство Астрель»)
ISBN 978-5-226-03577-7 (ВКТ)

ТЕХНИКИ БРАКОВЕДЕНИЯ. ЛОВУШКИ, ПРИЕМЫ, РОЛИ ХИТРОЙ И МУДНОЙ ЖЕНЩИНЫ

ГЛАВА 1
ЛЮБОВЬ – ЭТО ИСКУССТВО

Любовь ищут все, но, найдя ее,
мало кто знает, что с ней делать.
В. Брусков

Если вы начали читать эту главу, значит, у вас есть желание чему-то научиться, или, по крайней мере, остался интерес, что тоже неплохо. Хочу начать главу со слов одной песни: «О любви не говори, о ней все сказано!» Мне всегда было интересно узнать, что именно сказано? И если о ней не говорят, то, наверное, есть единое мнение, что это такое?

Задавая вопрос: «Что такое любовь?» слушателям моих семинаров, чаще всего слышу такие ответы: «потребность в другом человеке», «душевный комфорт», «смысл жизни», «эгоизм», «привычка». Это мнение простых людей, из чего вытекает, что каждый из нас понимает слово «любовь» по-своему. А что думают по этому поводу великие? Я позволю себе открыть среди них маленькую заочную дискуссию. И как вы сейчас сами убедитесь, у великих и мудрых тоже не было единодушия в этом вопросе. Итак...

«Любовь – игра, в которой всегда плутуют», – писал Оноре де Бальзак.

А Эва Габор, американская киноактриса, утверждала: «Любовь – игра для двоих, в которой выиграть могут оба».

«Нет, любовь – это род безумия», – утверждал древнегреческий философ-стоик Диоген. По версии Клаудии Кардинале, итальянской киноактрисы, это скорее «клетка с прутьями из счастья».

«А вот и нет», – мог бы возразить Александр Дюма-сын, которому принадлежит афоризм «Любовь – битва двух полов. Женщине надо защищаться сперва, мужчине надо защищаться после, и горе побежденным!»

«Что вы!» – могла поспорить с ним Морин Даффи, английская писательница, сказавшая: «Любовь – единственный контрудар в схватке со смертью».

«Любовь – это когда тебе кто-то становится дороже, чем ты сам», – ответил бы актер Леонид Броневой; так он заявлял в своем телеинтервью. Почти согласен с ним Гюнтер Грасс: «Любить – значит перестать сравнивать». А Джина Лоллобриджида могла бы возразить, утверждая: «Любовь – самая лучшая косметика».

Вечный циник и насмешник Генри Менкен едко заметил бы, что «любовь – это заблуждение, будто одна женщина отличается от другой». Потому что «любовь всегда либо слепа, либо косоглаза», уточнил бы Брусков.

В эту дискуссию могли бы включиться другие выдающиеся люди, затрагивавшие тему любви, правда, с оговоркой, что выразить ее в едином образе не представляется возможным. Севрус сказал бы: «Любовь входит в сердце, как незваный гость, утверждается, как тиран, и покидает, как предатель». А писатель М. Веллер выразился бы цитатой из своего философского трактата «Все о жизни»: «Любовь – это та степень чувства, когда оно достигает нерациональной силы. То есть, пока эмоцию еще можно контролировать разумом, это еще не любовь». Другими словами, когда у человека «поехала крыша», когда он находится в состоянии постоянного аффекта – то это уже Любовь, причем с большой буквы. И иронично отметил бы: «Истинно влюбленный – это параноик, маньяк, чего с него взять. Ему простят любой проступок: измену или преступление, если они совершены ради любви». Великий Антоний, например, ради Клеопатры предал не только свою армию, но и сенат и Рим.

Подводя заочный итог этой дискуссии, где предмет спора неуловим и изменчив, можно вспомнить остроумный афоризм Франсуа Ларошфуко: «Истинная любовь похожа на привидение: все о ней говорят, но мало кто ее видел».

И все-таки я хочу предложить вам разбираться с такой сложной задачей, как понимание любви. И не с позиции, что любовь только приятное ощущение, или переживание, которое зависит от случая, или состояние, в которое мы «впадаем», если нам повезет. А с позиции любви как искусства, которое требует труда и знаний. И чтобы перейти, наверно, к самой сложной задаче исследования, которое мы попробуем провести в этой главе, я хочу привести слова Парацельса, которые не только отражают мое понимание любви, но и зададут направление в нашем исследовании:

«Кто ничего не знает – тот ничего не любит.
Кто ничего не умеет – тот ничего не понимает.
Кто ничего не понимает, тот ничего не стоит.
Тот же, кто понимает, тот и любит, и наблюдает, и видит.
Чем больше знания, тем больше любви.

Тот, кто думает, что все плоды созревают в одно время с земляникой, тот ничего не знает о винограде».

Любовь и предубеждения

И начнем с вопросов. Что вы знаете о собственной способности любить? Вас удовлетворяет результат вашей любви? Если вы любили, то чему научил вас предыдущий опыт? И способна ли любовь вообще чему-то научить?

Ответ на последний вопрос будет «нет!», если вы в своей жизни руководствуетесь следующими предубеждениями.

Во-первых, если для вас проблема любви заключается в том, как научиться быть любимым, а не понять, как любить самому. Другими словами, вы хотите научиться сделать так, чтобы вас любили. Решить эту проблему можно по-разному. Характерный путь для мужчин – преуспеть в жизни, добиться власти и богатства, насколько позволит им социальное положение. Женщины предпочитают быть привлекательными, следить за собой, хорошо одеваться и т.д. Многие способы заставить любить себя похожи на способы, помогающие добиться успеха, завоевать друзей и авторитет.

Во-вторых, если вы считаете, что любить – это просто. Основной проблемой является только то, чтобы научиться найти достойный объект любви. Сегодня такое предубеждение строится на идее взаимовыгодного обмена. Привлекательная девушка для мужчины или привлекательный мужчина для женщины – вещь, которую хотят заполучить. «Привлекательность» обычно означает изысканный набор приятных качеств, пользующихся большим спросом на рынке личностей. Объект должен быть подходящим с точки зрения его общественной ценности и в то же время хотеть (любить) обладателя, который приобретает эту ценность в силу его явных и скрытых достоинств и возможностей. Схема такова: влюбляться друг в друга только тогда, когда каждый из двоих чувствует, что нашел наилучший объект с учетом своей собственной обменной ценности.

Третье предубеждение, к которому вы можете быть склонны, строится на том, что вы смешиваете или заменяете друг другом такие состояния, как влюбленность – кратковременное «начинательное» переживание, и любовь – непрерывно длящееся состояние. К сожалению, никто из нас в момент возникновения определенных чувств к другому человеку не задумывается, что это за чувства и какова разница между влюбленностью и любовью. И из-за этого возникает путаница. А если учесть, что внезапное состояние влюбленности, которое сопровождается половым влечением или душевной близостью, станет единственным аргументом для того, чтобы быть вместе, то впоследствии становится очевидным, что именно это было. Но, к сожалению, уже поздно.

Вначале люди, вступающие в отношения, этого не осознают и принимают силу безрассудной страсти за доказательство силы своей любви, однако это больше свидетельствует о том, насколько одинокими они были и как хотели заглушить состояние одиночества.

Все эти предубеждения говорят об очевидном факте, что наша установка *нет ничего проще, чем любить* – является широко распространенной концепцией любви. Хотя каждый из нас не раз убеждался в очевидности обратного.

Почему же наш собственный опыт и наши постоянные неудачи в любви ничему нас не учат? Почему в любви, где мы постоянно терпим фиаско, мы не стремимся выяснить причины неудач и узнавать, как можно их избежать? Почему в какой-нибудь другой вид деятельности, за который мы принимаемся, мы вкладываем столько надежд, усилий и упорства, а в любви этого не делаем? Вывод напрашивается сам. *Нет ничего проще, чем любить.* А поскольку, в отличие от любого другого вида деятельности, где после череды неудач мы можем принять решение не заниматься этим, к любви мы такой подход применить не можем. И чтобы нам легче жилось, мы продолжаем думать, что все произойдет само собой, и ничего не делаем.

Вы, наверно, уже поняли, к какой мысли я вас подвела своими аргументами?

Попробовать принять для себя мысль, что любовь – это искусство. И, поскольку жизнь тоже есть искусство, мы можем попробовать поступать так же, как если бы хотели овладеть любым другим искусством. Теория плюс практика, на стыке появляется интуиция, но только при одном важном условии: это должно быть для вас делом исключительной важности.

Как постичь искусство любить?

Начнем с теории. Теория любви должна начинаться с теории о человеке и человеческой жизни, цель которой – найти свое место в этом мире и понять смысл своего существования.

Что есть жизнь? Осознание себя как отдельной личности и понимание себе подобных. Осознание своего прошлого, возможного будущего, кратковременности отведенного жизненного пути и того, что независимо от своей воли мы рождаемся и против своей воли умираем. Принятие того, что мы можем уйти раньше, чем те, кого мы любим, или они умрут раньше нас. Осознать свое одиночество и отчужденность, свою беспомощность перед силами природы и общества. Именно осознание всех этих фактов толкает к желанию объединиться каким-то образом с другими людьми и внешним миром, чтобы освободиться от собственной тюрьмы, называемой одиночеством, чтобы не сойти с ума.

Переживание одиночества и отчужденности порождает тревогу. Тревогу порождает страх быть беспомощным, неспособным активно взаимодействовать с внешним миром.

Страх порождает стыд и чувство вины. Таким образом, самая глубокая потребность человека – это потребность преодолеть свою отчужденность, освободиться от плена одиночества.

Человек любой эпохи и культуры сталкивается с одним и тем же вопросом: как преодолеть одиночество, как достичь единения, как выйти за пределы отдельной жизни и обрести воссоединение. Но отвечают на этот вопрос все по-разному. Одни пытаются облегчить свое одиночество через алкоголизм или наркоманию. Другие – через секс. Но все эти попытки дают только временный эффект, потому что после того, как забытье проходит, беспокойство только усиливается. Да и секс без любви не может перекинуть мост через пропасть между людьми, разве что на одно мгновение. Третьи ищут соединения и общности, подчиняясь группе людей, ее обычаям, образу жизни и верованиям. Эта форма соединения строится на бессознательном желании людей подчиняться. Они могут быть уверены, что следуют собственным вкусам и склонностям, что они индивидуальны и пришли к своему мнению в результате собственных размышлений, а то, что оно совпало с мнением большинства – просто чистая случайность. Но это не так. Концепция современного общества пропагандирует равенство. Это хорошо, но не во всем. Потому что концепция равенства заменяется понятием единообразия. Это единообразие выглядит так: люди выполняют одинаковую работу, одинаково развлекаются, читают одни и те же журналы и газеты, одинаково чувствуют и думают. Такое равенство устраняет различия между нами. Из этого равенства вытекает, что женщины равны с мужчинами, поскольку они больше не отличаются от них. Противоположность полов исчезает, и вместе с ней эротическая любовь, основанная на этой противоположности. Мужчины и женщины становятся одинаковыми вместо того, чтобы стать равными как противоположные полюсы. Современное общество проповедует равенство без индивидуальности, чтобы функционировать как единый механизм. Каждый человек является элементом этого механизма, и этот элемент должен работать без сбоев.

Тогда возможно ли каждому из нас оставаться частью этого механизма и при этом сохранить свою индивидуальность и оставаться личностью? Думаю, да. Но для этого нам нужна сила. Сила, способная вызывать сильную мотивацию, но при этом сама эта сила должна быть жизнедеятельной. О ней давно известно, и ей дано названис «любовь». И далее мы будем рассматривать любовь через понятие силы, ведущей к деятельности.

Но прежде чем рассматривать любовь как действенную силу в человеке, давайте определимся с пониманием слова «деятельность».

Под деятельностью в современном употреблении этого слова обычно понимают действие, предполагающее некоторые затраты энергии и влекущее за собой изменение существующего положения вещей. Например, деятельным считают человека, который занимается бизнесом, спортом или любым другим видом деятельности. То есть все виды деятельности имеют между собой одно общее: все они направлены на достижение определенной цели, которая меняет существующее положение вещей и для достижения которой затрачивается определенная энергия.

Также понятие деятельности можно разделить на два аспекта. Под одним понимается деятельность как затрата энергии ради достижения внешних целей, другой означает работу внутренних сил человека (деятельность души), независимо от того, изменится ли что-нибудь от этого во внешнем мире. Мы будем отталкиваться от последней дефиниции.

При каких условиях происходит деятельность души как важной части любви?

Представьте человека, который сидит неподвижно и созерцает мир безо всякой видимой цели, кроме собственного переживания своего единства с миром. Такое состояние мы будем считать пассивным, опираясь на то, что у человека нет конкретной цели и он при этом ничего не «делает». Тогда что будет условием «активного» действия человека? Если опираться на мудрость и опыт авторитетных людей, условие «активного» действия человека – внутренняя свобода, где он является хозяином своего воздействия.

И если любовь – это действие, которое определяется целью, то какую форму она должна принимать, чтобы появился результат? По всей видимости, «активную». Тогда возьмем за основу, что любовь – это деятельность, причем активная, а не являющаяся пассивным следствием иной деятельности. Что это «пребывание» в некотором состоянии, а не случайное «впадение» в него.

Формула любви

Активность характера любви определяется формулой: любить – значит, прежде всего, отдавать, а не получать. Но что значит «отдавать», и если «отдавать», то что?

Как бы ни казался простым, на первый взгляд, этот вопрос, в действительности он таит в себе много неясностей и сложностей.

Наиболее часто слово «давать» или «отдавать» предполагает, что мы расстаемся с чем-то безвозвратно, лишаемся чего-то, чем-то «жертвуем». Большинство людей, даже если они сами этого и не осознают, ориентированы на рыночную психологию. Желание что-то отдавать непременно требует взамен что-то получать. Отдавать, ничего не получая, – значит поставить себя в позицию обманутого. В такой ситуации человек не желает ничего давать. Или требует, чтобы у него просили, чтобы понять, будет ли обмен равноценным. Но такая позиция применима к рынку товаров, но не к взаимоотношениям близких людей.

У людей, которые ориентированы на плодотворную деятельность, слово «давать» означает совсем другое. Давать – значит ощущать свою силу жизни, свою власть и могущество над ней и богатство, которое она приносит. И такое определение, как «лучше давать, чем получать» – имеет совершенно иное значение, в зависимости от того, на какой позиции стоит человек. Если давать – это жертвовать, то определение будет выглядеть примерно так: «Давать – терпеть лишения и потери, тогда тот, кто получает, не испытывает от этого радости». А если давать – это проявлять свое могущество, то «отдавать много радостнее, чем получать, – не потому, что это лишение, а потому, что, отдавая, я ощущаю, что живу».

В справедливости этого принципа можно убедиться на следующих примерах. Самый простой из них дает сфера сексуальных отношений. Наивысшее проявление мужской половой функции состоит в том, что мужчина отдает женщине себя, свой половой орган и свое семя. Если он нормальный мужчина, он не может этого не отдавать, и если он не может отдавать, то считается импотентом.

Для женщины этот акт означает почти то же самое, но имеет несколько сложных моментов. Женщина тоже отдает себя; открывая доступ к самому дорогому, к центру своего естества. Если она не отдает, то считается, что она фригидна. Но у женщины этот акт «отдавания» не остается только в любовной ипостаси, он трансформируется и повторяется в ней уже в материнском проявлении. Она отдает себя растущему внутри нее зародышу, младенцу отдает свое молоко и тепло своего тела. Не отдавать для нее было бы страданием.

Давайте рассмотрим позицию «лучше давать, чем получать» в материальной сфере отношений.

Плодотворная позиция «отдавать – значит быть богатым и ощущать радость жизни». И не только с материальной точки зрения, но и с психологической. Для богатых людей считается почетным заниматься благотворительностью.

А вот другая позиция. Мы называем человека скрягой, когда видим, как он ревностно оберегает свое богатство от каких бы то ни было потерь. Его позиция «отдавать – значит жертвовать и лишиться чего-то, не получив ничего взамен». С психологической точки зрения, мы считаем его нищим, как бы ни велико было его состояние.

Вот и получается, что богат тот, кто способен отдавать и способен подарить себя.

У обеспеченного человека к радости отдавать себя добавляется радость отдавать и материальное.

Но способность дарить себя не менее значима, чем возможность отдавать материальное.

Она состоит из специфических человеческих ценностей. В качестве примера приведу собственные.

Что я отдаю любимому мужчине? Я делюсь с ним собой, своей жизнью, своей радостью и своей печалью, своими интересами, мыслями, знаниями, своим настроением – другими словами, самым дорогим, что у меня было и есть – всеми проявлениями своей жизни. И если мой мужчина, так же, как и я, стоит на плодотворной позиции «отдавать – значит быть богатым и ощущать радость жизни», то он с радостью делится со мной своей жизнью, и тем самым мы обогащаем друг друга. И если это так, то он, как и я, отдает не затем, чтобы получить что-то взамен; отдавать для нас само по себе проявление радости. Отдавая свои ценности, я непременно привношу что-то в жизнь моего мужчины, и это «что-то» так или иначе должно возвращаться ко мне, то есть, отдавая, я все-таки получаю. При этом, отдавая (прикладывая силы), я побуждаю мужчину, в свою очередь, тоже отдавать. И когда двое отдают, рождается нечто (любовь), и оба ощущают благодарность и радость от той силы, которая родилась для обоих. Если этого не происходит, то, вероятнее всего, мы стояли на разных позициях. Как утверждает К. Маркс: «Если считать человека человеком, а его отношение к миру – человеческим, то за любовь можно платить только любовью, за доверие – только доверием. Чтобы наслаждаться искусством, нужно быть соответственно воспитанным; чтобы оказывать влияние на других, нужно обладать способностью побуждать людей к действию, вести их за собой, оказывать им поддержку. В какие бы отношения с человеком и с природой вы ни вступали, они непременно должны быть определенным выражением вашей реальной, индивидуальной жизни, соответствующим объекту вашей воли. Если ваша любовь безответна, то есть если ваша любовь не порождает любовь; если, проявляя свою любовь, вы не добились ответа и не стали тоже любимы, – значит, ваша любовь немощна, значит, она не удалась».

В моем случае на поверку оказалось, что между нами не родилась такая сила, это привело к выводу (по Марксу), что любовь не удалась. И причины скрыты в том, что либо я и он вместе или по отдельности были все-таки ориентированы на установку «отдавать и обязательно получать что-то взамен», либо я и он вместе или по отдельности не обладали способностью любить.

Значит, способность любить, отдавая, зависит не только от того, что ты отдаешь, но и от способностей развития самой личности, то есть, как утверждал К. Маркс, «нужно быть соответственно воспитанным». И эта способность предполагает, что личность должна выработать в себе преимущественную установку, направленную на преодоление своих зависимостей, желания манипулировать людьми для собственной выгоды, склонности к накопительству, то есть на то, чтобы поверить в собственные силы и отважиться полагаться только на себя в достижении своих целей.

И если это так, то получается, что чем меньше в человеке развиты эти качества, тем больше он боится отдавать, а значит, любить. И, по всей видимости, я на тот момент либо не обладала этими способностями, либо имела недостаточное представление о том, с чем я имею дело, чтобы проявить свои способности.

Что мешает пользоваться этой формулой?

Чтобы разобраться в том, как развить в себе эти способности или научиться проявлять их, надо понять, что же мы так боимся отдавать.

Спрашиваю саму себя: что я не боюсь отдавать, то есть что я отдаю без страха? Без страха, что будет нанесен вред? Я отвечаю, что не боюсь делиться мыслями, знаниями, потому что они всегда остаются со мной и это никто не может у меня отобрать. Я не боюсь проявлять заботу и внимание. Уже не вызывает у меня страха собственная возможность позаботиться о себе, потому что моя жизнь подтвердила эту способность. Выходит, что у меня есть способности и я имею возможность настроиться на плодотворную деятельность. Я могу заботиться о себе, нести ответственность за себя, уважаю себя и знаю, как это делать. Тогда я должна быть успешна в любви. Но я знаю, что это не так. В чем причина? Может быть, знаний, как позаботиться о себе и принимать ответственность за себя, недостаточно? Ведь позаботиться о себе и заботиться о другом не одно и то же. А что я знаю об ответственности за других и как она должна проявляться? Давайте попытаемся разобраться в этих серьезных вопросах.

Мы знаем, что любовь – всегда забота, и наиболее очевидно это проявляется в любви матери к ребенку.

Ничто не убедит нас, что мать любит своего ребенка, если мы видим, что она не заботится о своем младенце, небрежно относится к его кормлению и купанию, не стремится сделать так, чтобы ему было удобно и уютно. Ничто не убедит нас в том, что женщина любит цветы (как она говорит), если мы видим, что она забывает их поливать. Все просто. А теперь, если любовь – деятельная озабоченность, заинтересованность в жизни и благополучии того, кого мы любим, как женщине проявить эту заинтересованную озабоченность, как проявление способности любить в отношении мужчины? Ведь, как мы выяснили, если нет такой деятельности, то нет любви, в данном случае – любви к мужчине.

При каких условиях рождается любовь?

Если любовь – это искусство, а овладеть искусством – это труд, то сущность любви заключается в том, чтобы «потрудиться». Получается, любовь и труд неразделимы. Любят то, над чем трудятся, и трудятся над тем, что любят. Но одного трудолюбия мало. Важным условием успеха является *ответственность.* Чаще всего ответственность у нас отождествляется с обязанностью, причем навязанной извне. Но под ответственностью, про которую пойдет речь, мы будем понимать добровольный акт, или наше собственное желание ответить на нужды другого человека. Мы будем понимать, что быть ответственным – значит быть способным и готовым ответить. Тот, кто любит, отвечает. В случае матери и младенца эта ответственность относится, прежде всего, к заботе, удовлетворению физических потребностей.

В любви взрослых это, прежде всего, относится к душевным нуждам другого.

Ответственность может легко перейти в подавление другого и отношение к нему как к собственности, если бы не другая составляющая любви – *уважение*. Уважать – значит быть внимательным, наблюдать за тем, что происходит. Уважение означает способность видеть другого человека таким, каков он есть, понимать его индивидуальность и особенность. Уважать другого человека – значит быть заинтересованным в том, чтобы он двигался по собственному пути. Уважение в отношениях исключает использование одного в целях другого. Но уважать другого человека вы можете только при условии, что вы сами независимый человек, твердо стоите на своих ногах, можете идти по жизни без поддержки и поэтому не нуждаетесь в том, чтобы использовать кого-то в своих целях.

Но уважать человека невозможно, не зная его. Забота и ответственность будут бессмысленны, если они не будут направляться *знаниями*. Но и знания будут бессодержательными, если в них не будет заинтересованности. Говоря о знаниях как одной из сторон любви, я подразумеваю знания, которые дают возможность подняться над заботой о себе и *увидеть другого человека с позиции его собственных интересов*. Именно таких знаний мне не хватало в отношениях с мужчиной моей мечты, что явилось одной из причин потери любви.

Например, я могу знать, что мой любимый мужчина на меня обижен, даже если он и не показывает это явно, не проявляет свою обиду открыто. И я могу знать более глубоко, я вижу, что он встревожен и обеспокоен, потому что его мучает одиночество и чувство вины. И только глубинные знания дают мне возможность понять, что его обида – это проявление чего-то более глубокого, и он не столько обижен, сколько страдает.

Более того, знания, связанные с любовью, тесно объединены с еще одним специфическим человеческим желанием – *познать «тайну человеческой души»*. Ее суть в том, что, познавая себя, мы никак не можем до конца достичь познания себя. Казалось бы, мы все знаем о человеке, который рядом с нами, но осознаем, что до конца так и не сможем узнать его. Мы понимаем бессмысленность этих попыток, но не можем не стремиться постичь тайну человеческой души, не можем остановить свое стремление проникнуть в самую суть того, что есть человек. В этом и состоит интрига жизни.

Приблизиться к познанию этой тайны нельзя, используя только обычные знания, полученные путем размышления. Вероятнее всего это можно осуществить только путем соединения с другим человеком. И только в соединении, называемом любовью, мы сможем удовлетворить свое желание узнать о человеке все.

При этом нам важно узнать себя и другого человека объективно, важно понять, каковы мы и он на самом деле. И достичь этого мы сможем тогда, когда научимся избавляться от иллюзий и изменим искаженное представление о том, что мы знаем. Эти знания помогут нам выйти за пределы слов и размышлений и научиться всепоглощающему переживанию, ощущению соединения, и погрузиться в познание любви как действия.

Итак, мы выяснили, что действенная сила любви строится на заботе и ответственности, уважении и знаниях, причем все они взаимосвязаны. Не вызывает сомнения, что это неразрывный комплекс установок или убеждений, которыми должны руководствоваться зрелые люди. Зрелый человек – это тот, кто отказался от нарциссических мечтаний о собственном всеведении и всемогуществе, ему свойственна скромность, порожденная внутренней силой, и эту силу может дать лишь настоящая созидательная деятельность. Эта сила построена на умении проявлять активность мысли и чувства, способности видеть и слышать, борьбе с внутренней ленью, которая проявляется либо в пассивном отношении к себе и безразличии к окружающим, либо в откровенной трате времени впустую. И все эти способности составляют необходимые условия, позволяющие нам овладеть искусством любви.

«Инструменты», отвечающие за выбор объекта любви

От чего же зависит решение нашего подсознания, которое, словно компьютер, высчитывает, стоит полюбить данного человека или нет? На выбор влияют наши *ощущения*.

Ранее мы узнали, какую существенную роль играет физическая привлекательность при выборе партнера, поэтому не будем опять заострять на этом внимание и перейдем к следующим критериям.

У животных важнейшими чувствами при поиске полового партнера являются обоняние, осязание, зрение и слух, и именно в такой последовательности. У человека главным является *зрение, слух с обонянием и прикосновения (осязание)*.

При помощи *зрения* мы оцениваем все: форму лица, разрез и цвет глаз, волосы, цвет и состояние кожи, фигуры и еще десятки почти незаметных признаков. Первые наблюдения и оценки начинаются с лица. Мною замечено, что когда мои клиенты заполняют анкету, предназначенную для поиска потенциального партнера, в разделе «Требования» они, как правило, делают прочерки в графах «Цвет волос», «Цвет глаз». А если бы я внесла уточняющие признаки лица, такие как форма носа и ушей, эти графы вызывали бы недоумение. Но когда клиенты выбирают партнеров при встрече или по фотографии, именно лицо, а не тело, является главным приоритетом их выбора, как они сами и утверждают. Все теми же учеными было замечено, что это связано с привычкой людей скрывать тело под одеждой. Правда, внесем небольшое уточнение. Если требования женщин к мужской красоте не столь уж велики (гораздо значимее для них ум и социальный статус), то мужчины гораздо взыскательнее к внешнему виду женщины и не обходят своим вниманием (в разделе «Требования к партнеру» у мужчин больше уточнений и, как правило, нет прочерков) форму и величину груди, шеи, плеч, размер талии и, конечно, форму бедер и длину ног.

Как уже отмечалось, со вкусом подобранная одежда весьма сильно влияет на сексуальную привлекательность как мужчин, так и женщин, но женщины владеют этим искусством гораздо лучше представителей сильного пола. Замечено, что существуют дамы, которых природа скромно одарила красотой лица и изысканностью фигуры, но которые, тем не менее, научились компенсировать эти недостатки красивой одеждой и косметикой. И мужчины влюбляются и женятся на таких «красавицах» чаще, чем на женщинах с природной красотой, но не работающих над своей внешностью. И миф о том, что после брачной ночи, смыв с такой «красавицы» грим, муж тут же поймет свою ошибку и покинет обманщицу, остается только мифом. Потому что в реальной жизни все происходит совсем по-другому.

Дело в том, что человек не способен к совершенно объективному восприятию действительности и особенно людей, к которым он испытывает какие-то чувства. Информация, поступающая в мозг от органов чувств, всегда в большей или меньшей степени искажается под влиянием эмоций, установок, предрассудков и воображения. Уже замечено, что мы любим не конкретного человека, а его образ, который сложился у нас в сознании. Привыкнув к образу жены-красавицы, муж будет продолжать видеть ее такой даже без макияжа. Помните об этом, дорогие женщины.

Слух, хотя и уступает зрению первенство в выборе потенциальных избранников и в их первоначальной оценке, все же играет достаточно важную роль. Лицо избранника или избранницы может быть прекрасным, а фигура идеальной, но если голос у человека скрипучий или визгливый, то впечатление о нем и интерес к общению может моментально угаснуть. В практике моих клиентов не раз случались ситуации, когда они общались с потенциальным партнером по телефону и влюблялись в его голос и манеру говорить. Притягательные и волнующие звуки чужого голоса подготавливали почву для любви, заранее заставляя чувствовать симпатию. И если магия голоса оказывалась достаточно действенной, то когда происходила сама встреча, глазам ничего не оставалось делать, как подтвердить выбор ушей.

Существует очень важный момент, характеризующий существенную связь между оценкой звучания голосов других людей и нашим отношением к ним. Нам нравятся голоса любимых людей. А если кто-то, кто до этого был безразличен нам, станет говорить нежные слова и комплименты, то и голос, и сам хозяин покажутся нам симпатичными.

В силу того, что *обоняние* человека развито плохо, оно не является основным критерием выбора. Замечено, что мужчины и женщины по-разному относятся к запахам. Принято считать, что у мужчин обоняние развито лучше, чем у женщин, и они более активно реагируют на женский запах, чем женщины на мужской. Следует также отметить, что при правильном подборе духов притягательность женщины в глазах мужчины может возрасти почти в два с половиной раза, а неприятный или резкий запах может снизить половое влечение. И помните, что не всегда запаха чисто вымытого тела достаточно, чтобы произвести на мужчину впечатление. Добавьте запах амбры, мускуса, розы, яблока или кедрового дерева, которые с древности считались наиболее эротическими из всего природного ряда, и ваш мужчина не устоит. Но во всем нужна разумность, поэтому будьте предельно аккуратны в выборе собственного запаха. Лучше всего проконсультироваться у специалиста.

Хотя мы можем часами любоваться любимыми и слушать их голос, все же наибольшее наслаждение приносит нам *прикосновение* к ним. Для этого природа снабдила нас тысячами кожных рецепторов, воспринимающих самые нежные прикосновения. Их еще называют эрогенными зонами. У женщин эрогенные зоны занимают большую часть поверхности тела, чем у мужчин. И принято считать, что сами зоны у женщин более чувствительны к прикосновению. Это губы, грудь, половые органы, а также шея, бедра и ушные раковины. Существуют индивидуальные области, свойственные только одной женщине, и варианты могут быть самыми неожиданными.

Замечено, что слабые прикосновения вызывают более яркие переживания, чем сильные. Первенство в прикосновениях занимает, конечно, поцелуй. В.М. Розин писал в своей книге «Любовь и сексуальность» о поцелуе так: «...рот – не только орган питания, он несет важную символическую нагрузку: это граница между внешним и внутренним (между нашим «Я» и миром). Целуя, человек как бы вводит другого внутрь себя, позволяя ему слиться с собой. Потому также, что рот (язык) – орган общения и речи, а в поцелуе человек учится «говорить» без слов, одними движениями губ, лица, языка».

Интересен тот факт, что если у животных осязание является способом лучше узнать полового партнера, то у людей осязание стало способом передавать свои чувства. Прикосновением мы можем дать понять другому человеку нашу симпатию, передать нежность или выразить негативное отношение.

Еще одной важной особенностью, которая влияет на зарождение любви, является то, в каком эмоциональном состоянии находится человек. Чтобы в душе взошли ростки любви, она должна быть взрыхлена эмоциями. Наблюдая за клиентами, я обратила внимание на одну особенность. Если клиентка (а это, как правило, происходит вначале) относится к поиску или к мужчинам, которых она выбирает, в состоянии спокойствия, приближенного к равнодушию, то результатов нет никаких. По прошествии некоторого времени она начинает злиться на отсутствие результата, и в таком эмоционально возбужденном состоянии, когда ее чувства начинают обостряться, результат не заставляет себя ждать. Это позволяет сделать вывод, что физиологическое возбуждение, обостряющее чувства, которые могут быть вызваны как приятными, так и неприятными переживаниями (страхом, потерей и т.д.), повышает нашу эмоциональную чувствительность, и на этом фоне мы начинаем воспринимать другого человека совсем по-иному.

Правила как ориентиры выбора объекта любви

Из всего вышеизложенного вытекают несколько правил, которые позволят вам выбрать достойного партнера и помогут вам заинтересовать его.

Правило 1. Для того чтобы вас выбрали, надо понравиться. Чтобы понравиться, надо быть приятным. На приятное впечатление от нас влияет физическая привлекательность.

Причем наша физическая привлекательность также существенно влияет на нашу самооценку, которая также оказывает действие уже на наш выбор. Я не раз наблюдала, как красивая и уверенная в себе женщина была более разборчива в выборе потенциального партнера и не попадалась на ухаживания первого попавшегося и неподходящего для нее мужчины. А для женщины с низкой самооценкой минимального проявления внимания со стороны любого мужчины было достаточно для прекращения поисков, и при этом было желательно, чтобы партнер был менее привлекательным, чем она, из-за боязни быть отвергнутой.

Правило 2. Чтобы понравиться, надо проявлять заинтересованность в том, чем интересуется человек, которому вы хотите понравиться. Мы чаще симпатизируем тем, кто соглашается с нами, чем тем, кто не соглашается и критикует нас. Нам приятны люди, которые сотрудничают с нами, и не нравятся те, которые контролируют нас.

И больше всего нам нравятся люди, которым нравимся мы, которые хвалят нас. При этом и самим не надо скупиться на похвалу.

Правило 3. Проявляйте любовь к себе. Это правило является самым важным условием, которое не только отражает нашу способность любить, но и существенно влияет на нее.

Широко распространено мнение, что любить других – это добродетель, а любить себя – это порок. Это мнение построено на том убеждении, что чем больше человек любит себя, тем меньше он любит других, что любовь к себе – то же самое, что эгоизм. Так ли это на самом деле? Является ли любовь к себе эгоизмом, или это противоположные явления?

Чтобы это выяснить, давайте обратимся к библейскому изречению «Возлюби ближнего своего, как самого себя», где подразумевается, что любовь и понимание себя как целостной и неповторимой личности, неотделимы от понимания другого человека и уважения к нему. Если любить своего ближнего как человека – добродетель, то и любить себя самого тожс должно быть добродетелью, а не пороком. И наше отношение к другим и к самим себе не только не противоречат, но и взаимосвязаны. Это подтверждается тем фактом, что способность любить других проявляется у тех, кто способен любить себя. Как научить другого любить себя? Показать ему, как вы сами любите себя.

Проявления любви

Истинная любовь, независимо от того, направлена ли она на себя или на других, есть проявление плодотворного начала; она предполагает заботу, уважение, ответственность и знания. Если вы не умеете или не хотите заботиться о себе, не уважаете себя, как вы сможете проявить эти качества по отношению к другим? Никак. Отсюда следует, что ваше собственное «Я» должно быть для вас таким же объектом любви, как и другой человек. И если вы любите только других, то вы не способны любить вообще.

Как проявляется нелюбовь к себе? Фрейд считает, что эгоист склонен к нарциссизму; он как бы отобрал у других всю любовь и направил ее на свою собственную личность. Эгоист не способен любить других, как не способен любить себя.

Другой крайностью нелюбви к себе является альтруизм. Альтруист ничего не хочет для себя, он живет только для других и гордится тем, что не придает значения своей особе. Альтруист и эгоист – глубоко несчастные и одинокие люди. Недостаток заинтересованности в себе и заботы о себе является проявлением неплодотворной личности, особенно ярко выраженным во взаимоотношениях с близкими людьми. Один лихорадочно стремится урвать от жизни, и желательно за счет других, все, что он способен взять, прикрывая комплекс неполноценности, другой отдает все без остатка и под внешней озабоченностью и чрезмерной заинтересованностью в благе другого скрывает подавленную враждебность.

И заключительным аккордом, который завершит теоретический обзор и позволит перейти к практическим вопросам, будут слова Мейстера Экхарта: «Если ты любишь себя, ты любишь всякого другого так же, как себя. Пока ты любишь другого меньше, чем себя, тебе не удастся любить себя по-настоящему; но если ты любишь всех равно, и себя тоже, то ты будешь любить их как одного, и этот один есть и Бог, и человек. Итак, велик и праведен тот, кто, любя себя, любит также и всех других».

Я понимаю, что большинство из вас ожидает, что сейчас вы получите подробные инструкции под названием «Как это сделать самому», которые научат вас любить. Не хочу вас разочаровывать, но таких инструкций не существует. И сейчас вы поймете почему.

Любовь – это личный опыт, который каждый из нас переживает только сам и для себя. И найти свой путь и прийти к этой цели можно только самому. Что я имею в виду?

Если вы, например, отправляетесь в кругосветное путешествие, как вы предполагаете его осуществить?

Вы понимаете, что многие это делали до вас. Поэтому вы изучите всю информацию, которая вам может пригодиться. Вы отберете карты возможных маршрутов, при этом у вас будет несколько вариантов. Вы воспользуетесь знаниями тех, кто это сделал до вас, и более тщательно будете изучать информацию о возможных трудностях, которые вас также ждут в пути. А лучше всего найти «Кодекс», в который войдет свод правил и рекомендаций, которые помогут вам достичь цели. Но я думаю, что в самом путешествии вы не раз будете отклоняться от него и даже его нарушать, потому что в жизни нельзя все предусмотреть. И как говорили пираты из фильма «Пираты Карибского моря»: «К черту кодекс, к черту правила. В нем не законы, а указания!»

Отправляясь в плавание, задумайтесь над тем, что может произойти, если вы будете четко следовать инструкциям. Овладеете ли вы практической стороной искусства любви на чужом опыте и появится ли у вас собственная интуиция, которая станет вашей мудростью? Ответ вы знаете.

Но «Кодекс» следует знать. Поэтому давайте поговорим о нем и выучим рекомендации и общие требования, которыми вы можете руководствоваться и найти им в своей жизни практическое применение.

Практика любви

Прежде всего, практика любого искусства, и в том числе это относится к искусству любить, требует *дисциплины.*

Все мы знаем, что если не будем дисциплинированы в своих занятиях и будем руководствоваться только своим настроением или желанием делать только приятное или интересное, мы никогда не достигнем совершенства. На первый взгляд может показаться, что наша жизнь и так подчинена суровой дисциплине. Мы каждый день работаем по восемь часов, занимаемся многими делами, даже если они нам и не нравятся. Значит, мы обладаем этим навыком. Это так, но не совсем. На самом деле современный человек обладает крайне низкой самодисциплиной во всем, что не касается работы. Что вы делаете, когда не работаете? Отдыхаете. Как вы чаще всего отдыхаете? Вы расслабляетесь, то есть становитесь ленивыми, небрежными, и особенно в личной жизни. Если это не так, судите по собственным результатам.

Дисциплина требует *сосредоточенности*. Каждый, кто хоть раз пробовал овладеть каким-нибудь мастерством, знает, что без сосредоточенности это сделать невозможно. И к сожалению, этот навык встречается у нас еще реже, чем самодисциплина. Мы способны делать одновременно много дел – читаем, слушаем радио, разговариваем, едим. Большинство из нас не в состоянии даже сидеть спокойно, чтобы при этом не разговаривать, не курить, не читать и не пить. Недостаток сосредоточенности ярко проявляется в том, как нам трудно оставаться наедине с самими собой и как мы нервничаем в таком состоянии и хотим побыстрее занять себя чем-нибудь. Нам не хватает *терпения,* другого не менее важного требования. Вся система жизни способствует торопливости. Все машины, вплоть до бытовой техники, делаются для быстроты. Автомобили, самолеты должны быстро доставить нас к месту назначения – и чем быстрее, тем лучше. Потеря времени стала насущной проблемой современного человека. И если он сделал все быстро и сэкономил время, возникает другая проблема: что делать со временем, которое он сэкономил, и он не находит лучшего способа, кроме как его убить.

Следует отметить, что одним из важных условий постижения любого искусства является также *предельная заинтересованность в этом*. И если вы решили овладеть искусством любви, вы должны посвятить этому всю жизнь или хотя бы уделять ему серьезное внимание. И начинать надо с того, чтобы научиться быть дисциплинированным, сосредоточенным и терпеливым в любой момент своей жизни.

Как быть дисциплинированным? Вот самый простой свод правил, который уже давно известен:

- вставать рано или в одно и то же время;
- регулярно посвящать определенное количество времени размышлению, чтению, прослушиванию музыки, прогулкам;
- не позволять себе ненужной роскоши;
- не позволять себе развлечений, которые являются бегством от жизни, например, пристрастия к любовным романам или азартным играм;
- не есть или не пить слишком много.

Этот перечень вы можете дополнить сами, потому что его пункты очевидны и просты. При этом следует помнить, что ваша самодисциплина не должна быть подчинена только строгим правилам, навязанным извне. Она должна являться выражением вашей собственной воли. На Востоке уже давно поняли, что хорошо для человека то, что хорошо для его тела и души, и оно должно быть также и приятно, даже если вначале нужно будет преодолевать некоторое сопротивление. Я не раз испытала это чувство на себе. Давно хотела заняться арабскими танцами. Арабский танец – это танец зрелой женщины, где она посредством языка тела рассказывает о своей душевной красоте и о желании любить. Однако не хватало времени, но больше всего меня останавливало непонимание, для чего мне это нужно. Где и кому я буду рассказывать о своей душевной красоте? Как эти навыки мне могут пригодиться в жизни? В нахождении ответа на этот вопрос мне помогла работа над второй книгой, которую вы сейчас читаете. Просматривая материалы по теме, я обнаружила интересную мысль: обучение любому искусству начинается не с обучения самому искусству, а с изучения множества других вещей, которые часто кажутся не связанными с ним. Например, чтобы научиться играть на фортепьяно, надо научиться играть гаммы, а постижение искусства кататься на коньках начинается с обучения тому, как правильно падать. Чтобы овладеть искусством танцевать арабские танцы, для начала необходимо научить свое тело двигаться. Поверьте мне: заставить свое тело двигаться быстро и ритмично достаточно трудно и требует серьезных усилий. Отработка каждого движения требует работы только определенных мышц, а у нас их много и двигаются они почему-то все одновременно, если вообще двигаются. Вначале танец больше напоминает судорожные движения умирающей лани или танец папуасов, настраивающих себя на великую охоту. И если после таких результатов ваше желание заниматься не прошло и вы, как и я, продолжаете верить, что у вас все получится, и продолжаете ходить в танцевальный зал, и с маниакальным упорством ищете на своем теле мышцы и заставляете их двигаться, то через некоторое время замечаете, что привыкаете и у вас уже начинает получаться. И привыкаете настолько, что со временем чувствуете, что вам этого недостает, если вы бросите заниматься. И ощущения перестают быть тягостными для вас. И самое главное, в вашей жизни появляется то, что обогащает ее, а навык самодисциплины задает упорядоченный ритм вашей жизни.

Намного труднее научиться умению *сосредотачиваться*. Самое сложное в этом – научиться быть наедине с самим собой. Вы пробовали спокойно сидеть на стуле более часа? Ну, например, когда вы ожидаете очереди на прием к стоматологу. Вы начинаете испытывать нетерпение, беспокойство и даже сильно тревожиться, особенно если не взяли книгу почитать, чтобы занять себя. А если представить, что вам необходимо развивать это качество в любви, то, скорее всего, свое нежелание вы будете объяснять тем, что в таком занятии нет смысла. И если даже вы не будете отказываться, то свое ничегонеделанье вы будете объяснять занятостью и трудностями на работе или придумаете множество других причин. Но думаю, что одной из главных причин будет непонимание того, как это применимо к вашей способности любить.

Ваша способность строить отношения с другими зависит от того, как вы умеете слушать. А чтобы услышать, что вам говорят, вы должны уметь сосредоточиться на разговоре. К сожалению, люди редко слушают других. Наши разговоры друг с другом по большей части пустые, нам неважно, о чем мы говорим, и нас мало волнует информация, которую мы сообщаем. И все общение сводится к бла-бла-бла. Ну и что, – можете сказать вы, – если мы будем сосредоточенно слушать все, о чем нам говорят, это быстро утомит нас. Возможно. Но если вам самим важна информация, которую вы хотите донести до другого, вы будете ожидать от него сосредоточенного внимания. Мало того, вы будете доносить ее более эмоционально, продумывать каждое слово и внимательно наблюдать за реакцией собеседника, и если вы заметите, что он не включен в общение, то обязательно отреагируете, тем самым побуждая собеседника сосредоточиться на разговоре. Замечено, что всякая деятельность, если заниматься ею сосредоточенно, возбуждаст человека, и после ее завершения приходит естественная и благотворная усталость, в то время как несосредоточенная деятельность наводит скуку и бросает в сон.

Поэтому уметь сосредоточиться – значит жить целиком и полностью в настоящем, здесь и сейчас. Сосредоточиться на том, что делаешь, и не думать, что будет дальше. Особенно это важно для близких и любящих друг друга людей. Чтобы научиться подлинной близости (а это связь, включающая в себя гораздо больше, чем просто нахождение рядом), мы должны лучше, чем кто-либо, уметь сосредотачиваться друг на друге. Едва ли нужно говорить, что это требует терпения. Если вы не хотите принимать, что всему свое время, и стремитесь опередить события, то вам никогда не удастся овладеть искусством любить. Учитесь терпению у детей. Понаблюдайте за тем, как ребенок учится ходить. Он падает, падает и снова продолжает свои попытки, и с каждым разом у него получается лучше и лучше. И делает он это до тех пор, пока не пойдет, не падая. Чего бы только не достигли мы, взрослые, имей мы такое же терпение и умение сосредоточиться, как у ребенка, когда он занят тем, что для него важно.

Умение сосредотачиваться строится на очень важной особенности человека – способности чувствовать себя. Если вы автолюбитель, то понимаете, что такое чувствовать машину. Я сама вожу машину и замечаю малейший необычный шум, который говорит о вероятности поломки, даже если не знаю, от чего он происходит. Я ощущаю габариты своей машины, чувствую движение транспорта впереди и сзади нее. Находясь за рулем в спокойном состоянии, я не думаю обо всем этом, но мой мозг пребывает в состоянии бдительности. Он открыт к восприятию всех, даже самых незначительных изменений и сосредоточен на ситуации безопасной езды в автомобиле. Таким же образом можно быть чувствительным к себе. Я, например, хорошо изучила реакции своего тела на разные его состояния, и с большой вероятностью могу сказать, когда заболею. Если я переутомлена, то тело сигнализирует об этом, я прислушиваюсь к этим сигналам и даю ему отдых. Это касается также мозговой деятельности и души. Когда я ощущаю чувство подавленности, то не предаюсь ему, а спрашиваю себя: «Что случилось?» И достаточно быстро нахожу ответ.

Так же, как и я, большинство из нас чувствительны к своим физиологическим процессам, и даже небольшие изменения определяют достаточно легко, так как мы имеем представление о том, что такое чувствовать себя хорошо. Но с определением причин душевных порывов дело обстоит гораздо труднее. Норму (я не имею в виду хорошее душевное состояние, каждый знает, что это такое) мы фиксируем по состоянию психики близких людей, которые находятся рядом, или по психике социальной группы, в которой находимся. И пока эти показатели не отличаются от наших, мы чувствуем, что все в порядке. Но что является нормой или что представляет собой здоровая человеческая жизнедеятельность? Простого ответа на этот вопрос не существует. В разные времена человеческие ценности определялись по-разному. В культуре Китая и Индии выше всего ценился человек, обладающий выдающимися душевными качествами. В современном обществе, в том числе и нашем, люди восхищаются и подражают кому угодно, только не носителям подобных качеств. Общество предлагает в качестве образцов кинозвезд, политических деятелей, бизнесменов или авторов популярных передач. Я не утверждаю, что все они не могут являться объектами подражания, но, наверно, стоит вспомнить о великих произведениях литературы и искусства всех времен, о великих людях, жизнь которых достойна восхищения, чтобы создать представление о том, какой должна быть деятельность человека, и научиться отличать нормальную деятельность от патологической.

Все рассмотренные нами требования, такие как самодисциплина, сосредоточенность и терпение, способность чувствовать себя и желание достичь успеха, применимы к овладению любым искусством. Но чтобы преуспеть в искусстве любви, необходимы еще некоторые человеческие качества, важные именно для способности любить. Одним из них является *объективность* – способность видеть людей и вещи такими, какие они есть, умение отделять реальную картину от собственного впечатления, которое строится под влиянием страхов и желаний. В психологическом тесте «Диагностика самооценки», который я предлагаю заполнить всем клиентам, есть критерий «Положительное ожидание от других». Восемьдесят процентов всех, кто заполнял этот тест (а это более трех тысяч человек), ожидают от других больше того, что любой человек может дать. На чем строятся эти ожидания, ведь речь идет о психологически нормальных людях? На неспособности объективно судить о других. Если исследовать отношения между государствами, которые мало чем отличаются от истории взаимоотношений людей, мы придем к выводу, что объективность является скорее исключением, чем правилом.

Что же может помочь человеку научиться быть объективным? Разум, за которым стоит эмоциональная установка – *скромность*. Чтобы использовать свой разум до способности объективной оценки, необходимо избавиться от детских мечтаний о всезнании и иллюзии собственного всемогущества.

Относительно практики искусства любить это означает следующее: я не могу быть действительно объективным по отношению к своей семье, если не умею быть объективным по отношению к постороннему.

Поэтому вы должны научиться распознавать ситуации, в которых вы необъективны. Научиться видеть различия между искаженным представлением о человеке и его поведении, построенным на ваших собственных представлениях о том, каким он должен быть, и реальностью этого человека, которая существует независимо от ваших интересов, потребностей и страхов. В этом вам поможет развитие такого качества, как скромность.

Ваша способность любить зависит также от вашей способности расти как личность, от умения развивать в себе плодотворную установку в отношении мира и самого себя, и это потребует от вас еще одного условия – *веры*.

Под верой мы будем подразумевать нашу собственную убежденность и твердость в наших убеждениях, построенных на основе собственных переживаний мысли и чувства. Рождается такая вера в результате плодотворной умственной и эмоциональной деятельности. История науки изобилует примерами веры в разум и предвидения истины. Коперник, Галилей и Ньютон были полны непоколебимой веры в разум. За веру был сожжен на костре Джордано Бруно. Источник этой веры – наш собственный опыт, уверенность в могуществе наших мыслей, наблюдений и суждений, даже вопреки мнению большинства.

В человеческих отношениях вера является неотъемлемой частью настоящей дружбы и любви. Верить в другого человека – значит быть уверенным в его надежности, в сути его личности, в его человеческих достоинствах. И какие бы изменения ни происходили, именно эта часть его самого им не поддается.

Первые способности веры в себя мы приобретаем в детстве, через веру в нас и в наши возможности и способности близких нам людей. К сожалению, не все родители учат своих детей любить и быть счастливыми, считая, что ребенок способен обучиться этому самостоятельно, так же как он все равно научится самостоятельно есть, ходит и говорить. Но это не так. Наши способности к определенным талантам, особенно любить и быть счастливыми, похожи на семена, которые прорастут только в благоприятных условиях. Если таких условий нет, они останутся в подавленном состоянии. И самое важное условие состоит в том, чтобы человек, который так много значит для ребенка, верил в него и поддерживал его веру в собственные возможности. Взрослый должен уметь отличать обучение ребенка от манипулирования им. Обучать – значит помогать ребенку осознать свои возможности, быть терпеливым, а с определенного момента не мешать ему совершать собственные ошибки. Это потребует мужества, способности рисковать и готовности к боли и разочарованию. Вера и мужество – неотъемлемая часть нашей жизни. Они нужны, чтобы вырастить ребенка, чтобы начать любое дело, оставаться верным своему суждению о человеке, даже если непредвиденные обстоятельства, казалось бы, опровергают его. Чтобы воспринимать трудности, неудачи и печали в жизни как вызов, а не как наказание. Да и чтобы любить и быть любимым, также нужно мужество, потому что любовь потребует придать некоторым ценностям исключительное значение, превышающее все остальное, и поставить на эти ценности все.

Но чтобы иметь на все это мужество, надо научиться не терять его. Мы сами порой не замечаем, как теряем веру. И, как правило, эта потеря происходит не в серьезных событиях, а уходит она от нас через повседневные мелочи. Друг не сдержал обещания, нам обидно, но мы молчим. Нас пытаются обмануть, мы отворачиваемся – и опять молчим. Наши близкие не проявили чуткость, когда она была нам так нужна, мы замыкаемся, но опять молчим. И начинаем говорить только тогда, когда нет сил терпеть душевную боль, но, к сожалению, в этот момент бывает уже невозможно что-то исправить. И всякий раз, когда мы молчим, мы изменяем себе, мы ослабляем свой дух, мы слабеем. И эта растущая в нас слабость ведет к новому предательству себя. На фоне слабости духа незамедлительно, как сорняки, рождаются ростки страха. Мы начинаем бояться, что нас не любят, но на самом деле мы уже сомневаемся в собственной способности любить. Любить – значит принять на себя ответственность, не требуя гарантий, без остатка отдаться надежде, что наша любовь сможет зародить ответную любовь в любимом нами человеке. Любовь – это акт веры. Кто слабо верит, тот слабо любит.

Но если мы потеряли веру, что даст нам возможность вернуть ее?

Ваше Внутреннее «Я» – это часть вас самих. Можете ли вы принять для себя тот факт, что это «Я» остается неизменным в течение всей вашей жизни, несмотря на меняющиеся обстоятельства и даже на некоторые перемены в собственных мнениях и чувствах? Да. На чем строится это убеждение? Оно строится на уверенности, что вы себя знаете, и эта уверенность подкрепляется вашей собственной значимостью, которая, в свою очередь, определяется вашей собственной индивидуальностью.

Только вера в себя. Может, и трудно поверить в других, но в себя – возможно. Вы же не можете опровергнуть факт существования вашего внутреннего «Я»? Если это не так, тогда с кем вы все время ведете диалог?

Наши способности верить в себя определяются тем, насколько мы способны быть верными другим. Потому что только уверенный в себе человек может быть уверен в том, что в будущем он останется таким же, как и сейчас, и будет действовать и чувствовать так же, как он это делает сейчас. Наша вера в себя станет условием нашей возможности обещать и условием веры для других, что это обещание мы выполним. Эта уверенность позволяет нам поверить в свои способности любить, а любовь, построенная на вере, способна вызывать любовь у других, потому что наша вера в себя является гарантией ее надежности.

Никакая практика, в том числе и практика любви, не обходится без самой *деятельности*. Как уже отмечалось, под деятельностью мы будем понимать внутреннюю активность: умение быть чуткими и бдительными, и не только относительно своих любимых, но и относительно себя, и плодотворное применение своих сил: слушать, слышать, избегать внутрснней лсни, которая чаще всего проявляется в пассивности и откровенной трате времени, не скучать и не надоедать. И только при таких условиях овладение искусством любить станет возможным.

Любовь требует энергии, состояния бодрствования и высокой жизнеспособности. Ее плодотворность не может существовать без плодотворной деятельности в других сферах жизни. Другими словами, если вы неуспешны в других сферах жизни, вы не можете быть успешными в любви. Для любви нет «разделения труда». Она должна присутствовать в ваших взаимоотношениях не только со своей семьей и с друзьями, но и с теми, с кем вы общаетесь на работе, с теми, кто вас окружает. Наличие последнего – условие существования первого.

Я понимаю, что вы можете почувствовать, прочитав предыдущий абзац. Если воспринимать эту точку зрения, значит, надо принять мысль, что необходимо полюбить каждого и общество в целом. Эта мысль не нова. И я не требую этого от вас. Для начала могу предложить вам руководство, которым пользуюсь сама: начать с малого. С себя. Ведь большое и начинается с малого. «Я за Советскую власть, но в своем колхозе», – сказала героиня Н. Мордюковой в популярном фильме советских времен. Я тоже люблю повторять эту фразу. Если каждый из нас научится любить и уважать своих близких в собственном «колхозе», то это существенно повлияет на «общественный».

И чтобы закончить эту главу, одну из самых важных во всей книге, я дам вам рекомендацию. Прежде чем перейти к следующим главам, прочитайте эту главу еще раз. Сделайте это не торопясь. Выберите время и место, где никто вас не потревожит. Сосредоточьтесь на том, что читаете, и осознайте то, что вы читаете. Полностью отдайте себя этому контакту, и вы почувствуете, что с вами что-то происходит. Отметьте для себя эти ощущения, а лучше запишите (для этого я выделяю строки ниже). Не старайтесь анализировать, это вы сделаете потом. Сейчас для вас главное – увидеть начало пути. *Будьте смелее и верьте в себя, как я верю в вас. Я знаю, что у вас все получится.*

Мифы о любви

Случалось ли вам когда-нибудь убеждать себя, что вы влюблены, хотя в действительности испытывали чисто физическое влечение к партнеру? Или случалось ли вам состоять в отношениях с партнером, который совершенно вам не подходил, а понять это вы смогли месяцы, а то и годы спустя? Если вы утвердительно ответили хотя бы на один вопрос, то вы находитесь под влиянием так называемых мифов о любви.

Мифы о любви – это убеждения и мнения, бытующие среди многих из нас и фактически мешающие делать разумный выбор в любви. Как мешают ложные представления нашим любовным отношениям, покажу на примере. Одна мама обратилась ко мне со следующей просьбой: «Здравствуйте! Очень хочу узнать, как можно «открыть глаза» дочери? Ей 19 лет, она встречается с парнем. Вроде бы хороший мальчик, но пока еще ничего собой не представляет. Короче, недавно они заявили, что у них «любовь до гроба» и они хотят пожениться. Я не против того, чтобы дочь вышла замуж, но только обдуманно, когда точно поймет, что нашла надежного спутника. А так они с парнем то ругаются и разбегаются, то у них мир да любовь. Но дочь мне на это заявляет, что любовь все преодолеет, что это только сейчас у них размолвки, а вот после свадьбы все будет иначе. Господи, ну я же взрослая женщина и знаю, как оно все бывает, как иллюзии разрушаются! Подскажите, что делать?»

Мой комментарий: Эти убеждения и мнения являются ложными понятиями о любви, которые в нас формируют телевидение и кино, любовные романы плюс отсутствие необходимых знаний.

Ошибочный мотив № 1: *Истинная любовь побеждает все*

В глубине души все мы тайно надеемся, что если по-настоящему любить партнера, то никакие проблемы, конфликты или стечения обстоятельств не помешают нам сделать любовную связь успешной. И к чему это приводит?

Проблемы:

1. Мы стараемся не видеть проблем, существующих в наших отношениях, и не ищем путей их решения, говоря себе: «Если мы достаточно сильно любим друг друга, то все проблемы и несходство характеров нам нипочем».

2. Вы сохраняете отношения, которые вас не устраивают, твердя себе: «Если я буду его больше любить, то он изменится к лучшему».
   Печально, но факт – вера в этот миф о любви может стать причиной душевных страданий и боли, так как убеждает вас оставаться в рамках нездоровых отношений. Люди с низкой самооценкой или люди, детство которых было неблагополучным, часто вступают в затягивающие их отношения, от которых трудно освободиться. Они убеждают себя, что если больше любить партнера, то между ними воцарится любовь и гармония. Но это ловушка. Нежелательное поведение партнера определяется силами, не имеющими ничего общего с силой вашей любви.

3. Когда ваши отношения терпят неудачу, вы можете заняться самобичеванием, говоря себе: «Если бы я только больше его любила, то определенно могла

бы все спасти». Но реальность любви сильно отличается от мифа. Конечно, любовь – основа счастливых отношений, но чтобы они были жизнеспособны и развивались, одной любви мало.

Вывод: Для успешных отношений одной любви недостаточно, нужна еще совместимость характеров и готовность к обязательствам по отношению друг к другу.

Я по собственному опыту знаю, что несовместимость иногда придает отношениям изюминку, но чаще всего превращает их в нездоровые и никого не удовлетворяющие.

Ошибочный мотив № 2: *Если любовь настоящая, вы поймете это сразу*

По-другому это называют любовью с первого взгляда.

Согласно этому мифу, любовь должна поразить вас подобно молнии. Многие из нас так сильно верят в миф о «мгновенной реакции» или «флюидах», что не могут себе представить, как любовь может быть настоящей, если не поражает тебя ударом в солнечное сплетение в первые пять минут знакомства.

Отсюда проблема: Зацикленные на любви с первого взгляда часто ищут у партнера недостатки и не замечают его хороших качеств.

Вывод: Нужно всего лишь одно мгновение, чтобы испытать безрассудную страсть, но истинная любовь приходит лишь со временем.

Помните: Влюбиться легче всего, но для создания здоровых отношений требуется упорный труд.

Наверняка у многих из вас были такие ситуации, когда вы определяли для себя, влюблены вы или нет, не доверяя своим чувствам.

Я вспоминаю свой пример, когда у меня возникла связь с мужчиной, основанная на дружбе, доверии и открытости. Но я не понимала этого, меня мучили сомнения: ведь раз все так мирно, значит, это не любовь? Я долго боролась со своими эмоциями: то хотела развивать отношения, то решала не обманывать себя и порвать их. Снова и снова подвергала сомнению силу своих чувств только из-за того, что они развивались постепенно, а не сразу свалились мне на голову. Своей неуверенностью я заставила любимого пройти через муки ада и в результате чуть не потеряла его навсегда. Мне потребовался год, чтобы избавиться от веры в миф, который диктовал, как мы должны были встретиться и что я должна была при этом чувствовать, чтобы понять: я люблю этого человека.

Первого впечатления недостаточно для понимания, будет ли он или она хорошим и любящим партнером. Нужно время, чтобы изучить характер человека, а не только его внешность.

Ошибочный мотив № 3: *На свете существует лишь одна настоящая любовь — человек, созданный для вас*

В отношениях всегда наступает момент, когда вы спрашиваете себя: «Тот ли он единственный, который создан только для меня?»

Проблема при ответе на этот вопрос заключена в понятиях «тот единственный», «та единственная». Они подразумевают, что для каждого человека на свете существует один-единственный подходящий партнер, и мы должны встретить именно его, иначе счастья не видать. Никакие самозванцы, никакие подделки не годятся. Мы должны быть уверены, что полюбили свою «половинку». К чему приводит такая вера?

Проблемы:

1. Вы сравниваете своего партнера с воображаемой картинкой «того единственного» и упускаете возможность по достоинству оценить реального человека.

2. Вы лишаетесь возможности начать все сначала, когда связь приходит к концу. Эта проблема заключается в том, что вы не можете начать новые отношения после того, как разрыв, развод или смерть партнера прекращают связь, которую вы надеялись сохранить на всю жизнь. Я знаю, что возможность испытать счастье в любви не ограничивается одним партнером. Существует много потенциальных партнеров, с которыми мы можем быть счастливы.

Вывод: Каждая настоящая любовь, которую вы испытываете, открывает сердцу какое-то другое направление, и каждая любовная связь служит нам посвоему.

Найти партнера, с которым вы совместимы и которого любите – вот рецепт прочных, счастливых отношений.

Ошибочный мотив № 4: *Идеальный партнер принесет вам полное удовлетворение во всех отношениях*

Представьте себе, что вы сидите на собеседовании по поводу трудоустройства.

– Не расскажете ли, в чем состоит эта работа? – задаете вы вопрос человеку, который хочет вас нанять.

– В двух словах: вы должны будете удовлетворять любую мою потребность! Должны будете знать, чего я хочу, даже если я вам этого не скажу. Я хочу, чтобы вы читали мои мысли, понимали мои тайные желания и выполняли их. Я хочу, чтобы у вас были готовы ответы на все мои вопросы, чтобы вы подбадривали меня в минуты плохого настроения, внушали уверенность в моих силах. Вы должны постоянно развлекать меня. Вам должно нравиться все, что нравится мне. Лишь тогда из вас получится хороший компаньон.

Уверена, что вы сочтете требования весьма странными и не соблазнитесь на это предложение ни за какие деньги. Однако многие из нас завязывают отношения, подсознательно ожидая, что партнер удовлетворит все наши потребности. А когда это не получается, мы обижаемся и разочаровываемся в человеке. Вот какие в этом случае возникают проблемы:

Проблемы:
1. Вы думаете, что партнер должен удовлетворить любую вашу потребность, а это нереально.
2. Вы будете недовольны вашей связью, так как партнер не удовлетворяет ваших потребностей, удовлетворять которые должны вы сами.

3. Вы обижаетесь на партнера, если он не дает вам того, что вы надеетесь получить, хотя это не связано с вашими личными отношениями.

Вывод: Подходящий партнер удовлетворит многие ваши потребности, но не все.

Ошибочный мотив № 5: *Если вы испытаете в адрес какого-то человека мощную сексуальную реакцию, то наверняка это любовь*

Этот миф берет свое начало в присущем людям нашей культуры чувстве вины, связанном с получением удовольствия, и признании нашей сексуальности.

Как он действует?

- Сначала вы ощущаете мощную сексуальную реакцию, или, грубо говоря, испытываете вожделение к человеку.
- Потом, подчиняясь физическому желанию, вы вступаете в сексуальный контакт с этим человеком.
- Затем вы испытываете чувство вины или дискомфорт оттого, что пошли на сексуальную близость с человеком, с которым слабо связаны в эмоциональном плане.
- Наконец, вы заводите роман с этим человеком, чтобы эмоционально «узаконить» физическое желание.

Я, разумеется, не утверждаю, что каждый раз, завязывая отношения с кем-то, вы следуете этой схеме. Однако если вы крепко верите в этот миф, то будете оказываться в таком положении чаще, чем вам хотелось бы.

Проблемы:

1. Вы оказываетесь связанными с людьми, с которыми психологически несовместимы.
2. Вы затягиваете неудавшиеся отношения дольше, чем следует, и с трудом расстаетесь с неподходящим партнером.
3. Хороший секс не имеет ничего общего с любовью.

Вывод: Если у вас с партнером все хорошо в пределах спальни, то это еще не значит:

- что вы его любите;
- что вы предназначены друг для друга;
- что у вас удачная любовная связь.

Это значит только, что:

- вы отлично подходите друг другу в интимном плане;
- один из вас или вы оба являетесь искусными любовниками.

Это также означает, что между вами существует сильное влечение, которое может стать основой для здоровых, цельных отношений, если вы совместимы и за пределами спальни.

Рекомендации.

Не правда ли, поразительно, как эти пять мифов способствуют ошибкам, совершаемым нами в любви? Руководствуясь ими, вы можете испытывать ощущение, будто вам не везет в любви. Вы даже можете потерять надежду на нежное чувство. Надеюсь, что мои рассуждения немного откроют вам глаза и вы обретете мудрость, которая способна привести ваше сердце к любви, полной, радостной и реальной.

Что приходится преодолевать во взаимоотношениях и почему появляется напряженность в них. Парадокс страсти

Были ли у вас когда-нибудь близкие отношения, которые начинались любовью, а заканчивались ненавистью? Случалось ли вам сначала воспылать страстью к партнеру, а потом обнаружить, что отношения стали скучными и обыденными? Приходилось ли вам любить и доверять, а потом чувствовать себя преданными?

Одним из самых неприятных пережитых мной чувств было недоумение, с которым я наблюдала, как на моих глазах разваливаются отношения с любимым человеком, не зная, что предпринять и почему так случилось. Мне казалось, я потеряла рассудок. Что происходит? Из-за чего мы перестали понимать друг друга и нам стало трудно быть вместе? Неужели моя любовь прошла?

В этой главе я постараюсь разъяснить вам, как и почему портятся близкие отношения, любовь сменяется ненавистью, а страсть – безразличием. Научившись различать первые тревожные симптомы разрушения, вы сумеете не потерять любовь и избежать распада отношений.

Любовная близость есть величайшее наслаждение, которое можно испытать с другим человеком. В результате ее возникает чувство гармонии и единства, и мир вокруг приобретает смысл.

В надежде пережить хотя бы несколько мгновений этого волшебного состояния вы мечтаете обрести настоящую любовь.

Но у светлой мечты есть и оборотная, темная сторона: отсутствие влечения к партнеру и, как результат, ответная холодность; досада из-за постоянной занятости и нехватки времени для любовных встреч; страх от незнания того, что творится в душе любимого; боль от ощущения растущей отчужденности, неискренности, разочарований и грядущего разрыва. Любовь может обернуться для вас сущим кошмаром! От нее действительно можно сойти с ума, и не имеет значения, кратковременны или длительны были ваши взаимоотношения.

Профессор психиатрии Калифорнийского университета Дин К. Делис назвал такую ситуацию «Парадоксом страсти», дав определение каждому из участников этих отношений. Партнер, который более увлечен отношениями или более влюблен и тем самым занимает подчиненное положение, называется «подчиненным», в то время как менее увлеченный партнер, занимая ведущее положение, называется «ведущим». Этой терминологией мы будет пользоваться в дальнейшем.

Все мы помним из детства любимую игру «качели». Принцип получения удовольствия от этой игры состоит в том, что участники игры должны вкладывать одинаковые усилия. Но как только один из них нарушаст баланс, вкладывая больше усилий, его сторона качелей резко отклоняется вниз, удерживая это положение, и он должен прикладывать еще больше сил. По принципу закона сохранения энергии, чтобы сумма сил оставалась постоянной величиной, усилия второго партнера будут минимальными.

Взаимоотношения также подвержены этому закону. Другими словами, *чем больше любви требует более увлеченный партнер, тем меньше потребность другого отдавать.*

Из личного опыта и опыта работы с клиентами я знаю, что как мужчины, так и женщины могут занимать «подчиненное» и «ведущее» положение в разные периоды одной и той же любовной связи. Это позволяет сделать заключение, что все люди в равной степени переживают обе формы любви. Никто, даже эмоционально здоровые люди, не застрахован от боли, приносимой любовью, когда она отклоняется от положения равновесия. Это значит, что любовь может превратить мир любого человека в хаос.

Рассмотрим пример взаимоотношений, в которых вы увидите, как и когда возникает «Парадокс страсти».

Виктория, молодая и высокая блондинка 27 лет, внешняя привлекательность и приятная манера держаться позволяли ей постоянно быть в центре внимания мужчин. Она работала в адвокатской фирме, хозяином которой был Михаил.

Михаил, 35 лет, бизнесмен, юрист, специализирующийся на налогах. При первом нашем знакомстве он всячески старался скрыть душевное волнение, которое вызывали в нем воспоминания о любви к Виктории, женщине, принесшей ему и высочайшее счастье, и глубочайшее отчаяние. О своем знакомстве каждый рассказывал так.

Михаил:

«Первый раз я увидел Викторию, когда она пришла наниматься на работу в мою фирму. Она была настолько привлекательна, что мне сразу пришла в голову мысль о романе с ней. У меня уже долгое время никого не было. Последний роман не только унес эмоциональные силы, но и серьезно подорвал материальные ресурсы, поэтому я с головой погрузился в работу. Виктория поразила меня своей внешностью, ароматом, чувством юмора, естественным дружелюбием в общении, она обладала прекрасными профессиональными способностями, и это помогло мне преодолеть психологический барьер страха перед новой связью».

Виктория:

«Не хочу показаться тщеславной, но я устала от приставаний мужчин. А Михаил явно не собирался приставать ко мне. Это меня заинтриговало: а как бы он повел себя, если бы был влюблен? Свой выбор на нем я остановила, потому что мне понравилось его остроумие, уверенность в себе и уважение, каким он пользовался у персонала фирмы. Он выглядел сильным мужчиной, профессионалом, который проводил много времени на работе, но в этом и было некое очарование».

Как и большинство пар, Виктория и Михаил не слишком хорошо знали друг друга, когда взаимная симпатия переросла в роман, но имели представление о своих потребностях, которые определяли сценарий их взаимоотношений и являлись движущей силой, которая управляла их поведением во взаимоотношениях.

Наши потребности можно разделить на два типа: основные и специфические. Первый тип – основные, включает нашу потребность в общении, близости, сексе и одобрении. Ко второму типу относятся специфические потребности, которые являются критериями поиска подходящего именно вам партнера. Они определяют ваши предпочтения во всем, начиная от системы ценностей и профессии и заканчивая цветом волос и физическим обликом.

Желание удовлетворить свои потребности стимулирует поиск того, кто сможет это сделать. Потребность в общении каждый из нас может реализовать в дружбе, деловых отношениях или влюбленности. Когда мы встречаем человека, который, по нашим представлениям, может удовлетворить наши бесчисленные специфические потребности, мы переживаем чувство любви.

На специфические потребности влияет множество факторов: родители, культурные особенности, обстоятельства, окружающие нас и формирующие наши предпочтения.

У всех могут быть разные склонности, определяющие то, как мы влюбляемся. Некоторые влюбляются постоянно, некоторые – только один раз. Одни влюбляются сразу, другие – только после того, как хорошо узнают человека. В этом состоянии любимый человек может внезапно стать средоточием наших надежд и желаний, и у нас появляется новое чувство восторга от жизни.

Желание удовлетворить специфические потребности объясняет, почему мы влюбляемся в человека, которого мы почти не знаем. Если произошло совпадение наибольшего количества специфических особенностей партнера, то влечение довольно быстро перерастает в страстную влюбленность. Наше воспаленное сознание не может отличить слепое увлечение от настоящей любви. Чувства становятся неуправляемыми, и эмоции выходят из-под контроля.

«Я думал только о ней, забыв обо всем остальном, – рассказывал Михаил. – Меня пугала степень неуправляемости моих чувств. От этого очень страдала работа. Раньше я был аккуратен, но сейчас постоянно все забывал и искал повода встретиться с Викторией. Репетировал, что я ей скажу».

Невозможность предвидеть результат исхода отношений включает фактор риска, который заставляет влюбленного чувствовать себя неуверенно и испытывать страх. Риск в любви, как и в любой другой сфере, способствует выделению в мозг особых веществ, которые заставляют нас действовать оптимально для того, чтобы выжить. В ситуациях, где существует реальная угроза жизни, это свойство помогает нам бороться с трудностями, быть сильнее, терпеть боль и концентрироваться на источнике опасности. Однако эти мощные стимулы производят побочный эффект: они вызывают приятные ощущения. Когда вы влюбляетесь, возникает романтический эквивалент ситуации угрозы для жизни: дрожь ожидания, учащенное сердцебиение, сексуальная энергия позволяет заниматься любовью всю ночь и на следующий день чувствовать себя нормально. Ваши чувства обостряются. Результат потери контроля над собой на биологическом уровне вызывает повышенно-радостное настроение. Рождается страсть.

Потеря контроля над чувствами нового партнера рождает как страсть, так и опасение.

Мы боимся потерять любовь. Эта боязнь открывает в нас такие чувства, как ревность, подверженность навязчивым идеям и неуверенность в себе. Если мы видим признаки отдаления в поведении нашего партнера, по логике вещей мы должны отказаться от отношений, чтобы избежать душевной травмы. Однако, вложив огромную часть наших чувств в другого человека, мы внутренне протестуем против этого, признаки отдаления порождают в нас еще большую страсть, а страсть имеет особенность отфильтровывать плохие сигналы, концентрируясь только на хороших. Эти чувства заставляют предпринимать определенные шаги, чтобы обрести душевный контроль над партнером. Главное оружие в этом арсенале – привлекательность и способность притягивать. Мы используем большое количество приемов, чтобы быть восхитительными в глазах партнера.

«Когда я заинтересовалась Михаилом, я начала серьезно работать над своей внешностью. Обновила практически весь гардероб, делала менее строгую прическу, добавляла лишнюю каплю духов. Внимательно выслушивала его замечания, на собраниях садилась либо рядом с ним, либо напротив», — вспоминала Виктория.

Михаил:

«Когда я понял, что нравлюсь Виктории, я начал заботиться о том, как выгляжу. Я купил себе модный итальянский костюм, который не шел ни в какое сравнение с моим старым. Бриться стал два раза в день, хотя раньше делал это один раз».

Стремление выглядеть так, как, вы считаете, нравится вашему партнеру, возникает из-за желания показать ему, насколько вы с ним совместимы и подходите друг для друга. В период ухаживания как промежуточной стадии, когда вы выясняете для себя, насколько подходит вам партнер или совместимы ли вы с ним, улучшения не представляют особой опасности.

Этот период сопровождается подарками и совместным времяпровождением. Вы даже можете заняться самовоспитанием, подавлять вредные привычки и управлять негативными эмоциями, повышать свой образовательный уровень, проявлять заинтересованность увлечениями и заботами партнера, показывая, что можете их разделить. Люди, обычно заботящиеся о деньгах, замечают, что любовь к партнеру переворачивает их систему ценностей. Высшей целью становится удовлетворение желаний возлюбленного, и деньги становятся лишь средством ее достижения. Желания влюбленных направлены на то, чтобы получить подтверждение уверенности в чувствах партнера, как только она наступает, партнеры успокаиваются и продолжают жить дальше. Наступает баланс во взаимоотношениях. Чувства становятся более или менее равны по силе притяжения, или количество чувств, вкладываемых во взаимоотношения, уравновешивается количеством удовлетворяемых потребностей.

Но на пути достижения желаемого баланса находится ловушка: любовные отношения так зависят от жажды наслаждения и страха быть отвергнутым, что сохранять равновесие почти невозможно.

Источником возникновения дисбаланса во взаимоотношениях является сила «притягательных качеств», или то, какое впечатление мы производим на людей. Опыт показывает, что пары с одинаковыми уровнями притягательной силы имеют больше возможностей удерживать баланс отношений. Внешние качества, такие как власть, слава, талант, молодость и сексуальность, играют роль только на первом этапе взаимоотношений. Но в дальнейшем отношения будут строиться и поддерживаться на других качествах, таких как душевная теплота, жизнерадостность, прямолинейность, честность, доверчивость и творческий подход.

Некоторые считают, что внешние различия не должны иметь значения. Конечно, это так, но в действительности они обычно все-таки оказывают свое воздействие. «Парадокс страсти» явно показывает, что дисбаланс притягательной силы может привести к угасанию и разрыву отношений, что и случилось у Михаила с Викторией.

«Это произошло на корпоративной вечеринке, когда мы официально представились парой. Наш роман продолжался уже три месяца, и о нас ходили слухи. Официальное представление мы позволили, когда уже были «помолвлены», то есть представили друг друга своим родителям и официально объявили им, что хотим быть вместе. У меня на вечеринке возникало двоякое чувство. С одной стороны, это был мой триумф, именно я был с самой привлекательной женщиной, но немного позже мое настроение изменилось. Переходя от одной компании к другой, как это делали все, я стал замечать, что Виктория, как всегда, была центром внимания мужчин. Она смеялась, болтала с ними в обычной своей манере. Внезапно я понял, что она флиртует. Мне показалось, что на нее обращают больше внимания, чем на меня. Она лучше выглядит и более общительна, чем я. У меня появилось чувство, что эти люди значат для нее больше, чем я, весь вечер я не мог отделаться от ощущения, что ей надоел».

Так Михаил впервые оказался в положении «подчиненного». Когда влюбленный осознает, что его партнер более привлекателен, чем он сам, им овладевает ощущение собственной недостойности. У него рождается страх, что его могут отвергнуть. Это порождает беспокойство и бессилие.

«Я думал, как бы побыстрее покинуть эту вечеринку и остаться вдвоем с Викторией. В конце концов я не выдержал и предложил ей уйти. Она выглядела немного расстроенной, но согласилась. Я подумал, что она расстроилась из-за меня, и на следующий день сделал ей подарок: золотой браслет в виде сердца. Подарок ей понравился, хотя приняла его она немного сдержанно».

Попав в подчиненное положение, партнер обычно теряется. Его может охватить паника, и тогда он начинает прилагать все силы к тому, чтобы завоевать любовь партнера, тем самым еще больше усугубляя дисбаланс.

Так произошло с Михаилом. И с этого момента Виктория первый раз ощутила свое положение «ведущего».

«Когда Михаил признался, что любит меня, я была на седьмом небе от счастья. Мне казалось: вот оно счастье. Мне больше ничего не нужно. Он делал для меня все, что бы я ни пожелала, и был просто очарователен. Но потом появилось чувство, что возник «перебор». Он делал дорогие подарки, возил меня по ресторанам, мы вместе отдыхали и путешествовали по заграничным курортам. Но возникало ощущение, что он стал относиться ко мне собственнически. Мне нравилось работать в его фирме, тем более возникли хорошие перспективы для карьерного роста. Я сосредоточилась на интересном для меня деле, и те маленькие неприятности, которые доставляли мне ухаживания Михаила, стали действовать на нервы. Я думаю, что именно из неуверенности во мне, которую он чувствовал, Михаил хотел побыстрее назначить день свадьбы, но это на тот момент не входило в мои планы. Хотя я знала, что Михаил был бы отличным мужем, мои чувства можно было назвать скорее влюбленностью, чем любовью. Я не могла понять, что происходит. Наверное, я должна была быть счастливой, что он так предан мне, но мне не хватало уверенности в собственных чувствах».

Основное, что чувствует «ведущий», – замешательство. Ум и сердце больше не работают в согласии. С этого момента отношения Виктории и Михаила потеряли баланс; «парадокс страсти» занял в них прочное положение. Чем настойчивее Михаил стремился завоевать любовь Виктории, тем быстрее остывали ее чувства к нему.

В результате она получила неожиданный и нежелательный контроль над его эмоциональной жизнью, обрела власть в отношениях, и эта сила нарушила равновесие.

Если бы Михаил знал о «парадоксе страсти», он мог бы помочь себе и взаимоотношениям. Но ситуация сложилась так, что потеря контроля одновременно разжигала в нем любовную страсть и делала его несчастным. В обстановке кризиса Михаил утратил способность правильной оценки себя и событий. Если бы у него не развилось чувство неуверенности из-за притягательной силы Виктории, их взаимоотношения могли бы обрести равновесие. Но дисбаланс привел к «парадоксу страсти»: Михаил начал наступать, Виктория отступать, одно подхлестывало другое, и еще больше увеличивало дисбаланс в их отношениях. На этой стадии отношений каждый занял прочное положение «ведущего» или «подчиненного».

Какова роль каждого из участников в дисбалансе отношений и к чему он приводит?

Отношениями управляет «ведущий»: он определяет, сохранять взаимоотношения или нет. В жизни каждого из нас бывали моменты, когда мы занимали ведущее положение в отношениях. Все испытывали противоречивые чувства и замешательство, когда вы были нужны кому-то, а он вам нет. Хотя наше самолюбие достигает высокого уровня, возникает ощущение эмоционального опустошения. Мы вынуждены поступать не так, как бы нам хотелось. Даже если ситуация временно разрешилась, мы все равно не получали долгожданного облегчения. Почему это происходит?

Основная особенность «парадокса страсти» заключается в том, что ни один партнер не получает эмоционального удовлетворения.

Поначалу «ведущий» чувствует радость и облегчение от того, что завоевал любовь партнера, но потом эти чувства сменяет замешательство: он начинает понимать, что любовь остывает, но не может понять почему. Противоречивость чувств вызывает дискомфорт и является причиной страданий «ведущего». Первое время «ведущий» старается не обращать внимания на занимаемое положение во взаимоотношениях, пропуская тем самым первые тревожные сигналы и увеличивая динамику «парадокса страсти». Стремление скрыть угасание любовных чувств к «подчиненному» продиктовано тем, что «ведущий» сам некогда был в таком положении. Боль и отчаяние отвергнутого вызывает у него чувство вины, поэтому он попытается не допустить, чтобы подобное случилось с партнером. Но самой веской причиной является то, что «ведущий» так же боится испытать одиночество и риск при поиске нового партнера.

Одним из ранних признаков потери равновесия взаимоотношений может служить одностороннее сокращение периода ухаживания. «Ведущий» больше не чувствует необходимости дарить подарки, тратить деньги, скрывать свои привычки и улучшать внешность. В любых удачных отношениях интенсивное ухаживание обязательно сменяется привычным поведением. Но если оно преждевременно и вызвано дисбалансом, «ведущий» будет прикрывать свое охлаждение к партнеру различными причинами, каждый раз придумывая оправдания. Например, Виктория ссылалась на трудности в работе. Пока взаимоотношения не вошли в кризисный период, «ведущий» может предпринимать ряд действий, направленных на выравнивание отношений. Он может предложить «подчиненному» восстановить изначальную привлекательность.

«Ведущий» попытается любыми способами, прямыми и косвенными, дать понять «подчиненному», чтобы тот изменился так, как нравится «ведущему», например: изменил макияж, цвет волос, стиль одежды, сбросил или набрал вес и тому подобное. Но украшательство «подчиненного» приносит обратный эффект из-за того, что проявленное рвение только укрепляет уверенность «ведущего» в своих силах.

«Подчиненные» в глазах «ведущего» теряют не только свою внешнюю привлекательность, но и другие способности. Сексуальное влечение известно тем, что заставляет не обращать внимания на уровень интеллекта партнера. Отличной иллюстрацией могут служить отношения Владимира и Светланы, которые встретились с помощью моей службы знакомств. Владимир, руководитель московского завода, влюбился в Светлану, которая работала продавцом-консультантом в небольшом магазине по продаже мобильных телефонов. Их взаимоотношения быстро потеряли равновесие.

«Вкусам Светланы более всего отвечали популярные сериалы “Талисман любви”, “Дом-2”, и читала она только женские журналы: “Лиза”, “Сериалы”, – рассказывал Владимир. – Поначалу ее чисто женские предпочтения показались мне очаровательным, потому что она рассказывала удивительные вещи. Потом я стал думать, что ее вкусы объясняются молодостью. Я решил расширить ее кругозор посещением интересных выставок, популярных лекций по философии и психологии. Она с энтузиазмом воспринимала мои предложения и упорно трудилась. Но постепенно я стал замечать ее угнетенное состояние. Она пыталась употреблять “умные” слова и рассуждать на темы, которые, как она полагала, были интересны мне. Это приводило в замешательство моих друзей, и когда она умолкала, я вздыхал с облегчением». Светлана отчаянно пыталась изменить себя и тем самым угодить Владимиру. Но ее усилия сделали разницу между ней и Владимиром еще более очевидной. Из-за своей чрезмерной податливости она оказалась в положении «подчиненного» и тем самым потеряла привлекательность.

Даже если уровень интеллекта почти одинаков, печальный факт состоит в том, что крайнее напряжение, в котором находится «подчиненный», действительно может снизить уровень его интеллекта. Человек при этом может выглядеть зажатым, заторможенным и казаться неловким. «Ведущий» в свою очередь будет чувствовать, что обречен жить с раздражающим, надоедливым и обременительным партнером.

Постепенно у «ведущего» пропадает сексуальный интерес. Секс становится только способом разрядки отношений. Постепенно запутанные чувства «ведущего» обретают определенную форму. Он начинает понимать, что попал в ловушку взаимоотношений с любящим партнером, который, с одной стороны, сильно нуждается в нем, но, с другой, чувства остыли, и «ведущий» перестал быть уверенным в своей любви. Теперь вся стратегия направлена на то, чтобы снять давление на свои чувства и освободиться. Одна из используемых тактик – это любование противоположным полом. Тем, кем любуется «ведущий», не обязательно выглядит лучше «подчиненного». Значение имеет только то, что они другие и «ведущий» не обладает властью над ними. Откровенное любование сильно ранит «подчиненного» и может привести к серьезным проблемам, послужить причиной многих скандалов и обид. «Ведущий» сердится на «подчиненного» за то, что тот разочаровал его, и злится на себя, что попал в такую ситуацию. Раздражение и негодование способствуют еще большему ослаблению чувств. И самая яркая форма негодования – гнев. У гнева, возникшего на фоне «парадокса страсти», есть хорошая сторона: он может быть использован как средство борьбы с самим «парадоксом». На уровне интуиции «ведущий» предполагает, что равноправное выражение накопившегося гнева обоими партнерами позволит сбалансировать взаимоотношения.

«Все чаще Михаил стал раздражать меня. Он терпел все мои капризы. Я стала сознательно провоцировать многие ситуации. Мне хотелось, чтобы он взорвался и показал, на что он способен. Я бы стала больше его уважать», – признавалась впоследствии Виктория, о которой я рассказала выше.

Но, к сожалению, у гнева как лекарства есть побочный эффект – он заставляет «подчиненного» чувствовать еще большую неуверенность, и такая форма провокации не приносит желаемого результата.

Гнев подталкивает «ведущего» уйти, но чувство вины за потерю любви, нежелание интимной близости, критику в адрес «подчиненного» и нечестность по отношению к нему заставляет вспомнить все хорошие моменты взаимоотношений и побуждает остаться, то есть наказать себя за ужасное поведение, которому нет оправдания. Раскачивание чувств от одной крайности к другой включает силу, называемую «маятником желаний». Именно она достаточно прочно удерживает «ведущего» в разбалансированных отношениях. «Маятник желаний» начинает раскачиваться на чувстве противоречия. Механизм запуска осуществляется на одновременном влечении и отвращении к предмету, человеку или действию.

В одном положении маятника все кажется дурным и неправильным. Достигнув пика отрицательных чувств, «ведущий» начинает задаваться вопросом: «Почему я нахожусь с партнером, который мне противен?» Он пытается заставить себя оценить ситуацию и вспоминает положительные качества партнера. Маятник начинает отклоняться в противоположную сторону. Ситуацию усугубляет и то, что, представив себе реальные последствия разрыва отношений, человек впадает в сентиментально-ностальгическое состояние. Вина, сострадание и ностальгия, тайно сговорившись, толкают маятник в сторону обязательств. Иногда перемена положения происходит так быстро, что «ведущему» становится трудно поверить, что он серьезно хотел уйти. Фокус переносится на тепло и уют супружеских отношений, одновременно приходит мысль о неудобствах и неприятностях одинокой жизни. В этом положении у «ведущего» могут возникнуть истинные моменты счастья, и он очень хочет сохранить эти чувства.

Но вскоре динамика меняется. «Ведущий», освободившись от чувства вины и беспокойства, которые сопровождались мыслью об уходе, смотрит на «подчиненного»: тот все такой же, с теми же качествами, которые уже однажды принесли разочарование, и старые мысли опять возвращаются. Теперь он уже не так уверен в своей решимости сохранить эти взаимоотношения.

«Почему я хотел остаться с партнером, из-за любви или боязни возвращения чувства вины и беспокойства?» – думает «ведущий». Теперь недостатки «подчиненного» отталкивают сильнее, чем когда-либо. Фантазии о разрыве возвращаются. Маятник вновь качнулся в сторону отрицательных чувств. Чувство безысходности становится еще сильнее, чем было прежде, и начинается новый цикл.

В состоянии раскачивания маятника «ведущий» предпринимает ряд попыток, чтобы избавиться от безнадежного состояния. Одна из них – тянуть время, снимая с себя ответственность за взаимоотношения и полагаясь на судьбу в определении их исхода. Если при такой ситуации «подчиненный» будет более убедительным, результатом может стать свадьба. Мягким способом порвать отношения будет предложение со стороны «ведущего» пожить отдельно или на какое-то время прекратить встречаться.

Если «подчиненный» принимает предложение временного разрыва отношений, то через некоторое время вне зависимости от первоначальных предположений сам «ведущий» будет удивлен реальностью. Дело в том, что при разрыве отношений «парадокс страсти» не исчезает. Он приводит в действие новую мощную эмоциональную силу, которая приводит к смене ролей, вызывая у «ведущего» состояние «ломки». Когда «ведущий» отпускает «подчиненного», то теряет над ним контроль. Освободившись, «подчиненный» волен делать что ему хочется и имеет желание связать свою жизнь с другим человеком, как правило, для того, чтобы привлечь внимание «ведущего» или наказать его. «Ведущий» начинает беспокоиться и хочет вернуть контроль над ситуацией. Он может уговорить бывшего партера вернуться, убеждая, что совершил ошибку. Если воссоединения не происходит, то «ведущий» в следующих отношениях переходит в положение «подчиненного» и «парадокс» включается снова. Если в новых отношениях вы не достигли баланса, то после разрыва позиция мест опять поменяется. Теперь «подчиненный» опять станет «ведущим», и так по кругу.

Предлагаю вам проанализировать ваши предыдущие отношения с партнерами и определить собственный цикл. На последнем партнере вы увидите, в каких отношениях вы сейчас находитесь и какую роль играете, и если вы готовитесь войти в новые отношения, то кем вы в них будете – «ведущим» или «подчиненным». Эта информация поможет вам проанализировать ваши настоящие и будущие отношения и подстраховать от будущих ошибок.

СХЕМЫ ВАШИХ ОТНОШЕНИЙ:

Заполните эти схемы не менее чем на 3 партнерах, чтобы увидеть рисунок своих взаимоотношений, который, вероятно, ускользал до сих пор от вас, и определить схемы закономерностей вашего попадания в «парадокс страсти».

Ваш мужчина________________(Имя)

Опишите здесь:
Его возраст ________________
Ваш возраст________________

Внешность:
Рост_____________
Тип сложения (худой, мускулистый и т.п.)

Он был похож на (Адонис, приземленный, величественный)

____

____

____

Когда вы встретились? (когда заканчивала школу, хотела уехать из дома и т.д.)

Как вы встретились?

Что привлекло вас в нем?

Что он нашел привлекательным в вас?

Как он обходился с вами? (т.е. всегда принимал, иногда отталкивал)

Чем вы занимались вместе?

Что было лучшей частью ваших отношений?

Что было худшей частью ваших отношений?

Каковы были ваши сексуальные отношения?

Что вы получили от этой связи? (чему научились)

Чего вы не получили?

Другие воспоминания

Как они закончились?

Были ли контакты в дальнейшем?

Ваши чувства относительно окончательного решения?
хорошие, потому что:

скорее плохие, чем хорошие, потому что:

смешанные, потому что:

Чего, на ваш взгляд, вам хотелось бы, если бы вам представился еще один шанс с этим человеком?

Как вы вели себя с этим человеком и какие чувства испытывали, находясь в его обществе?

Что нового он принес в вашу жизнь из того, что вам понравилось?

Что в ваших отношениях потеряло для вас ценность, когда они прекратились?

Что думали ваши друзья, близкие, остальные?

одобряли, потому что:

не одобряли, потому что:

остались безразличны

Моя реакция на их мнение:

Посмотрев внимательно на свои взаимоотношения с мужчинами, вы можете понять, кем вы были в них. Вы также сможете понять, кем является ваш партнер, «ведущим» или «подчиненным», по его рассказам о предыдущих отношениях и тому, какую позицию он может занять в нынешних отношениях.

Рассмотрев роль «ведущего», теперь рассмотрим схемы «подчиненного» положения. В уравновешенных отношениях «подчиненные» испытывают одно из величайших наслаждений в жизни – взаимную страсть. Но быть «подчиненным» в неуравновешенных отношениях – жестокое мучение. Порой «подчиненному» легче пережить смерть партнера, чем его уход. Признаки первого отдаления действительно трудно увидеть, потому что они выглядят естественными для новых отношений. Рано или поздно случается, что один из партнеров забывает позвонить или опаздывает. В уравновешенных отношениях такие ошибки искупаются искренним извинением. Но в неуравновешенных отношениях невнимательное поведение допускает только один партнер, в то время как другой берет на себя весь груз беспокойства. На первой стадии отношений необходимо быть внимательным и придавать особое значение своему беспокойству. Оно может стать союзником, предупреждая о возникновении в отношениях «парадокса страсти». И чем раньше он будет обнаружен, тем больше шансов его исправить.

Проблема заключается в том, что ранние, самые незаметные симптомы отдаления партнера могут углубить чувства «подчиненного», и он может не заметить, что что-то идет не так. Его любовь делает возлюбленного красивее, превращая его в эталон совершенства. Такое же искаженное восприятие пережил Михаил:

«Виктория во всех отношениях была необычайно привлекательной женщиной. Когда наши отношения зашли в тупик, я чувствовал отчаяние, отчасти из-за того, что больше никогда не смогу полюбить другую женщину. Виктория была тем эталоном, с которым я подходил ко всем женщинам».

Такое отношение «подчиненного» к «ведущему» объясняется его надеждой на то, что он наконец-то нашел идеального партнера. Но со временем «подчиненный» начинает видеть явные признаки отдаления «ведущего», который проявляет свою потребность в независимости и делает это открыто: не звонит, опаздывает или не приходит на свидания, выглядит расстроенным и нетерпеливым. Михаил об этом рассказывал так:

«Виктория стала отдавать достаточно много сил и времени своей работе. Мы ни одной ночи не провели вместе за последние три недели, потому что она всегда говорила, что устала или слишком занята. Однажды на деловом ужине в ресторане я столкнулся с Викторией, которая обедала с другим мужчиной. Я чуть не лишился чувств. Я был поражен, когда она подошла к нам и как ни в чем не бывало разговаривала со мной в своей обычной манере. Она вежливо поприветствовала нас и на мой резкий вопрос о том, что она здесь делает, спокойно ответила, что обсуждает с Романом, так звали ее спутника, стратегию ведения процесса, который она сейчас ведет. Я был в затруднительном положении: мне было неудобно перед партнерами, которые знали Викторию и то, что мы собираемся пожениться. Меня не убедил ее ответ, и я чувствовал, что дело не только в этом».

Когда отдаленность «ведущего» становится закономерностью и нормой, для «подчиненного» наступает самый тяжелый период во взаимоотношениях, период на границе страха и надежды.

Страх рождает беспокойство, которое теперь будет постоянным спутником «подчиненного». Но любой знак внимания со стороны «ведущего» рождает новую надежду. Страх и боль сплачиваются в одно ноющее чувство, и оно мотивирует «подчиненного» маневрировать в отношениях, чтобы как-то вернуть контроль и избавиться от мучений. Но, к сожалению, эти маневры облекаются в форму уступчивого поведения, из-за чего «подчиненный» еще больше теряет контроль.

Они могут приобретать следующие формы:

- *Суперухаживание*. Однажды щедрость, заботливость и внимательность помогли завоевать любовь «ведущего», и «подчиненный» решает использовать их вновь. К сожалению, это все равно не работает. Ваш партнер уже обладает над вами и вашими отношениями властью, а «суперухаживание» дает ему еще большую силу, что приводит к росту дисбаланса в отношениях.

- *Решение быть естественным*. «Подчиненный» осознает, что он «немного не в себе». Подсознательно он понимает, что превратился в человека, которого трудно уважать. Чтобы вернуть первоначальное уважение любимого, надо стать прежним. Для этого он пытается быть естественным. Но это желание требует от «подчиненного» преодоления скованности и зажатости, тем более что сильные чувства скрыть почти невозможно — поэтому попытки быть веселым, когда хочется плакать, или не обращать внимания на холодность партнера вызывают еще большую скованность. «Подчиненный» не понимает, что самое разумное в этих обстоятельствах – показывать то, что он на самом деле чувствует.

- *Сексуальная страсть.* Потеря контроля над собой у «подчиненного» компенсируется чувством счастья и страсти и не ограничивается только чувствами. «Подчиненное» положение усиливает половое влечение к партнеру. Секс может стать сильным инструментом удерживания отношений. «Подчиненный» надеется, что секс вновь разожжет любовь «ведущего» и заставит пересмотреть свое отношение. Как правило, это срабатывает, но может привести к новому витку ощущения несвободы у «ведущих». Некоторые мужчины, находясь в «подчиненном» положении, могут быть настолько без ума от любви и настолько возбуждены, что во время близости у них возникают проблемы, вызванные беспокойством.

Все эти маневры «подчиненного» приносят только временное ощущение, что отношения нормализовались. Затем все возвращается к начальной точке, но теперь страх и беспокойство охватывают его с новой силой. Чувства становятся еще более противоречивыми: с одной стороны – боль, с другой – любовь и желание, порожденные эмоциональным риском. Включается «маятник желаний» «подчиненного». Ум спрашивает: «Почему я сохраняю эти отношения? Они приносят только боль и унижения. Мне надо найти другого партнера, который действительно полюбит меня». Но сердце умоляет: «Я не могу расстаться с этим человеком, я никогда не был так влюблен и никогда не был с тем, кого хотел. Может быть, я несчастен с ним, но без него я стану еще несчастнее». Как и в случае «ведущего», «маятник» «подчиненного» работает по тому же принципу, но амплитуда его колебаний намного сильнее. Результатом может стать саморазрушение личности. Дело в том, что постоянным спутником «подчиненного» становится гнев. Он злится на «ведущего» за то, что тот причиняет ему страдания, своим отношением разрушил его жизнь. В уравновешенных отношениях такие чувства, как гнев, страх и чувство вины, считаются естественными и могут многое рассказать о нашем внутреннем мире. Но когда мы стараемся скрывать свои эмоции, это приводит к серьезным проблемам. «Подчиненный» боится проявлять свои чувства из-за нежелания оттолкнуть и так отдаленного «ведущего». Гнев тихо разрастается в коридорах души и затем может проявляться в совершенно неожиданных мучительных формах. Если источник гнева не устранен, это чувство может превратиться во враждебность. «Подчиненный» может вымещать свое зло на близких людях, в том числе и детях, или на самом себе. Саморазрушающее поведение ведет к полной потере самоуважения. «Подчиненный» может забросить все дела или пристраститься к вредным привычкам, особенно к спиртному и наркотикам. Таким поведением он хочет наказать или даже уничтожить свою сущность, которая кажется ему такой никчемной.

Другая форма саморазрушающего поведения – ревность. В гармоничных взаимоотношениях один или оба партнера могут время от времени переживать приступы ревности, которая является следствием их привязанности друг к другу. Но в неуравновешенных отношениях ревность – удел только «подчиненного». «Ведущие» боятся ревности, как анафемы, потому что она показывает, как цепляется за них «подчиненный» и как сильно зависим он от них. У «подчиненных» может появиться навязчивая идея иметь детей от «ведущего». Ребенок может показаться отличным решением проблемы. Это, как правило, вызывает отчаянное сопротивление со стороны «ведущего». Еще хуже, если ребенок появляется: «ведущий» может быть отрицательно к нему настроен.

Чем больше дисбаланс, тем более требовательным становится «подчиненный». Собственническое отношение – это очевидное выражение потребности «подчиненного» полностью распоряжаться «ведущим». Такое поведение еще больше отдаляет «ведущего».

Последние отчаянные попытки «подчиненного» заставляют использовать самое мощное оружие – разыгрывание недоступности. Универсальность этого решения подтверждает то, что большинство людей инстинктивно понимают «парадокс страсти». Разыгрывая недоступность, «подчиненный» хочет показать «ведущему», что тот не управляет им вопреки убеждениям последнего. Это противоречит характеру «подчиненного», но ему уже нечего терять.

Недостаток разыгрывания недоступности в том, что оно не устраняет проблем, лежащих в основе дисбаланса, поэтому получаемый эффект обычно недолговечен.

И вот наступает момент, когда оба партнера, попав в железную хватку противоречий, должны принять решение. Выбор труден для обоих. Самое важное, что вы должны сделать в этом неустойчивом для себя положении, – не винить себя. Поймите, что вы делаете все, что в ваших силах. Любое решение: уйти или остаться – принесет свои выгоды и болезненные потери. Это одно из важнейших решений, которые вы принимали в жизни. Оно никогда не будет легким. Хотя оно и болезненно, по крайней мере вы смотрите в глаза проблеме, а не бежите от нее. Намереваясь разорвать отношения, не старайтесь «смягчить удар», вводя партнера в заблуждение. Если вы чувствуете, что отношения уже не восстановить, скажите все как есть. В конце концов, будет гораздо честнее открыть правду, чем лгать. Этим вы проявите большее уважение и продемонстрируете любовь. Не слушайте советов и не поддавайтесь критике доброжелателей. Советуясь с друзьями, расходиться вам или нет, помните о том, что каждый даст рекомендации, основанные на своем житейском опыте. Если вы обратитесь за консультацией к подруге, которая годами балансирует на грани развода, тщательно скрывая это от посторонних, то она, безусловно, посоветует сохранить отношения, да еще вдобавок отчитает за придирчивость к партнеру. Самый лучший советник в таких делах – голос вашего сердца.

А теперь о том, что следует сделать, если у вас созрело решение расстаться. Прежде всего обсудите все «за» и «против» разрыва с партнером, а не с друзьями. Здесь очень важно, как и что говорить. Находясь в отношениях, подверженных «парадоксу страсти», очень трудно говорить. «Ведущему» придется признаться в своих сомнениях, а «подчиненному» – рассказать, в чем он нуждается. Не пытайтесь вести подобные разговоры, предварительно не узнав, как обсуждать столь тонкие вопросы. Не устраивайте пытку для себя и партнера. Люди так боятся раскрыть «настоящую правду» о своих чувствах, что научились искусно скрывать ее. Для «ведущих» это вопрос доброты. Они не хотят убить «подчиненного», прямо сказав, что больше не любят его, поэтому они, как правило, используют косвенную правду, что с ними что-то не так, обвиняют проблемы на работе или используют другие факторы, отвлекающие их внимание от партнера. К сожалению, эти псевдофакторы становятся предметом обсуждения и далеко уводят от настоящей причины. «Подчиненные» используют другой способ – гордость, призванную скрыть уязвимость. Партнеры чувствуют себя в безопасности под защитой техники маскировки. Но проблема заключается в том, что обеспечивая временную безопасность своего «я», они ставят под угрозу дальнейшие взаимоотношения. Если вы можете говорить «горькую правду», но при этом нашли правильный способ ее выражения, это поможет вам, а не навредит. Конечно, важно, что говорить, но не менее важно, как, в какой форме это будет звучать. Все психологи рекомендуют метод общения без обвинений. Его цель – заставить партнеров прекратить обвинять друг друга и перенести свое внимание в область проблем во взаимоотношениях. Вот несколько тактик.

Первая тактика: *Избавляйтесь от скандалов с обвинениями.*

Наши потребности в самозащите и самооправдании вынуждают нас сражаться с партнером. В качестве тренировки попробуйте после скандала с партнером, уже в одиночку, восстановить ход «битвы», насколько это возможно. Пропишите ваши диалоги. Затем против каждого предложения, содержащего обвинение, поставьте галочку. Уверяю вас, вы будете поражены количеством содержащихся в словах обвинений. Также вы увидите свою модель «парадокса страсти» и ту роль, которую в ней играете. В арсенале «подчиненного» могут быть следующие обвинения: «невнимательный к другим», «бессердечный», «незаботливый» или «эгоист», «негодяй» или «безответственный».

У ведущего колкости могут быть такими: «требовательный», «ревнивый», «зависимый», «почему ты больше не можешь?».

Чтобы нейтрализовать эту тактику, попробуйте не обвинять партнера, а рассказывать о своих чувствах, которые вызваны поведением партнера. Для этого можете использовать метод, названный Барбарой де Анджелис «эмоциональной картой». Суть метода состоит в том, что, находясь в конфликте, вы испытываете эмоции пяти уровней:

1. Злость, обида, негодование.
2. Боль, грусть, разочарование.
3. Страх, беспокойство и чувство опасности.
4. Раскаяние, сожаление и чувство ответственности.
5. Любовь, понимание, признательность и прощение.

Чтобы понять, как работать с «эмоциональной картой», рассмотрим пример Михаила и Виктории.

Однажды Михаил и Виктория вернулись из путешествия. Вечером к ним в гости приехали друзья Михаила. Он с удовольствием рассказывал о своих впечатлениях от путешествия. Виктория постоянно вносила поправки в его рассказ, поминутно перебивая. Михаил был разозлен таким поведением Виктории, но сдерживался. Как только друзья ушли, он дал выход своим чувствам: «Ты отвратительно вела себя с моими друзьями и выставила меня круглым идиотом. Что за невоспитанность – постоянно влезать в разговор? Ты сделала все, чтобы испортить мне вечер».

Правдиво ли Михаил передал свои чувства? Да. Он зол и обижен. Но его гнев – только часть правды, всего лишь вершина айсберга эмоций.

Виктория отреагировала на его гнев с такой же злобой, ведь она не думала перебивать его, лишь оживляла скучный монолог. В результате они поссорились и не разговаривали друг с другом больше недели.

Теперь используем метод «эмоциональной карты», чтобы понять, какие чувства на самом деле испытал Михаил.

Злость. Он явно ее выразил.

Боль и грусть. Почему Михаил разозлился на Викторию? Ему было грустно и обидно, что она неуважительно обращалась с ним на людях.

Страх. За болью скрывается страх и неуверенность в себе: «Я надоел ей. Я потерял былое остроумие и перестал быть ей интересен. Она опять бросит меня».

Раскаяние и ответственность. Под страхом Михаила лежит раскаяние, чувство вины и сожаление, что он сплоховал в данной ситуации и подвел не только себя, но и Викторию. «Сожалею, что допустил неточности в рассказе», «ругаю себя, что был слишком взволнован во время беседы», «каюсь, что мы поссорились».

Любовь и истинные намерения. За всеми этими чувствами скрывалось искреннее намерение Михаила. Он не собирался ссориться с Викторией и отстаивать свою правоту. Он только хотел произвести на нее впечатление интересного собеседника, обладающего чувством юмора, еще раз подтвердив ей, что рядом достойный партнер, которым она может гордиться.

Вот как бы мог Михаил открыть Виктории истинную правду о своих чувствах.

«Виктория, пойми меня. Я очень хочу, чтобы мы были близки. Прежде чем судить, выслушай меня. Я действительно на тебя *сердит* за то, что ты поминутно вмешивалась, когда я рассказывал о нашем путешествии. С твоей стороны это было невежливо, а мне было неловко перед гостями. Я сильно *разочарован* тем, что ты не дала мне выступить в меру моих возможностей. *Боюсь*, что тебе просто наскучило меня слушать, поэтому ты цеплялась к каждому моему слову. Я *сожалею* о том, что мы поссорились. Мне хочется, чтобы мы абсолютно доверяли друг другу. Я люблю тебя. Я ценю твое мнение, поэтому так огорчился».

Откровенно высказав всю правду, Михаил позволил бы Виктории правильно оценить его чувства, не преувеличивая и не преуменьшая их. Использование этой технологии позволит понять характер ситуации, в которую вы попали, и увидеть ее движущую силу. Вы увидите, что взаимные обвинения – это пустая трата времени. Эти знания помогут вам объединить ваши усилия для изменения своих привычек.

Даже после разрыва отношений «парадокс страсти» может возвращаться. Если вы не поймете своей модели поведения, то не сможете с ним справиться. Чтобы сделать «парадокс страсти» своим союзником, необходимы изменения. Для этого попробуйте обсудить проблемы ваших взаимоотношений с партнером, «оставив любовь в стороне». Что это значит?

Использование слов любви может затруднять разговор о взаимоотношениях и не позволяет быть объективными. Например, «ведущий», как правило, думает следующим образом: «Я не чувствую прежней любви, поэтому отдаляюсь». Если перевернуть ход мысли: «Что-то происходит с нашими отношениями, что заставляет меня терять любовь и привязанность», высвечивается проблема, которую необходимо устранить. Вы должны понять, как действуют ваши отношения, а не насколько вы любите друг друга.

Помните, что невозможно спокойно и плодотворно беседовать с партнером, когда вас переполняют негативные чувства. Не зацикливайтесь на том, насколько обоснованы ваши негативные эмоции. Вместо этого представьте, что на пятьдесят процентов они обоснованы, а на пятьдесят – нет. Используя это правило, вы можете сказать: «Конечно, я где-то была не права. Но, несомненно, между мной и партнером произошло что-то, что вызвало эти чувства». Негативные чувства являются барометром тончайших изменений равновесия во взаимоотношениях. При этом не забывайте: вам нет необходимости искать виноватого, вы должны выявить причины и пагубную динамику, лежащую в основе отношений.

Принимаясь обсуждать проблемы взаимоотношений, вы будете испытывать ощущения, похожие на те, которые испытывает пациент, садясь в кресло к стоматологу: вы будете хотеть сделать что угодно, чтобы избежать этого.

Используйте предложенные способы, которые помогут избежать страха перед общением.

1. *Договоритесь обсуждать отношения.* Хорошим началом послужит фраза типа: «Терпеть не могу такие разговоры, но у нас возникли проблемы, и, я думаю, было бы неплохо как-нибудь их вместе обсудить». Затем выберите место и время, удобные для вас обоих.
2. *Предварите разговор предупреждением о возможной сильной эмоциональной реакции.* Вероятно, вы знаете заранее, какую эмоциональную реакцию вызовет у партнера ваш разговор. Поэтому поделитесь своими опасениями, это поможет объединить вас и позволит партнеру подготовиться и с благодарностью принять вашу заботу.
3. *Старайтесь обсуждать проблемы объективно, «оставив любовь в стороне».* Если партнер начнет обвинять вас или себя, не критикуйте его. Лучше постарайтесь

переформулировать его слова с позиции общения без обвинения, используя «эмоциональную карту».

4. *Не бойтесь раскрывать свои секреты и чувства, это не тот случай.* Некоторые пары беспокоятся о том, что искренняя беседа о проблемах уничтожит последний шанс сохранения загадочности и романтичности. Но факт заключается в том, что в несбалансированных взаимоотношениях нет места загадочности и романтике. Когда вы раскрываете перед партнером свои чувства и делитесь страданиями, взамен вы получаете теплоту и понимание, суть истинной близости.
5. *Не бойтесь прибегнуть к помощи профессионала.* Сломать привычное поведение и начать общаться эффективно может показаться непосильной задачей. Если вы не можете общаться по-новому и постоянно возвращаетесь к старым моделям, не отчаивайтесь. Это не значит, что ваша проблема неразрешима. Это лишь значит, что вам необходима помощь профессионала.
6. *Разработайте план.* План позволит вам и вашему партнеру исправлять свои модели поведения и реакции. Например: ваш партнер часто задерживается. Внесите в план пункт, что если обстоятельства вынуждают его задержаться, он предупредит вас по телефону, а вы в свою очередь не будете встречать его с жалобами. Если некоторые пункты плана вызывают у вас чувство неудобства, скажите об этом. Попробуйте привлечь внимание партнера к выявлению того, что именно вызывает в вас это чувство. Рассматривайте это как эксперимент. Если план удался, поздравьте себя. Если нет – эксперимент тоже можно считать удачным, потому что вы поняли: нужна другая тактика.

Одна из жестокостей жизни состоит в том, что мы можем нежно любить кого-то и в то же время быть отчаянно неудовлетворенным этим человеком. Когда вы принимаете решение о том, быть или не быть взаимоотношениям, всегда лучше довериться инстинктам. Но доверяйте им только после того, как вы, с вашей точки зрения, сделали все возможное для восстановления баланса во взаимоотношениях. Если ваши усилия не могут предупредить распад взаимоотношений, пора предпринимать решительные шаги. Пришло время расстаться.

Несколько рекомендаций, которые помогут немного ослабить неизбежную боль в период «эмоциональной ломки».

Этот период может быть очень тяжелым не только для «подчиненных»; у «ведущих» тоже нет к нему иммунитета. Потеря партнера подобна эмоциональной ампутации. Вы будете чувствовать сильное беспокойство, сомнения, одиночество и сожаление. Самая распространенная мысль в этот период: «Я никогда не найду другого возлюбленного». Это не патологическая реакция, а нормальное последствие биологической реакции на природный инстинкт, которая изначально развивалась у вас обоих для обеспечения супружеской связи и продолжения рода. Острая форма длится около шести недель. Душевная боль сохраняется несколько месяцев. В это время помогайте себе душевной поддержкой друзей, родственников, возможно, и психотерапевта. Сопереживайте себе. Воспользуйтесь советами, которые я даю в главе «Трудные времена». Взглянув в лицо своей боли, приняв ее как норму и погоревав об утрате, вы обязательно восстановитесь и наберетесь сил гораздо быстрее.

Парадокс может как оказывать пагубное влияние на взаимоотношения, так и научить нас, как сохранять любовь. Подчинение «парадоксу страсти» означает принятие того факта, что возникновение проблем во взаимоотношениях – это нормально. Знания о дисбалансе помогут вам увидеть его приметы и научиться общаться с партнером. Примите их как реальность и так же тепло, как вы принимаете того, кто усложняет вашу жизнь, но в то же время обогащает ее. Каждый новый путь, который вы избираете, научит вас верить в свое предназначение и не бояться крутых поворотов, ведь главное – не потерять себя. Находясь на перепутье, что бы вы ни выбрали – остаться или идти дальше, – помните, что вам всегда будет сопутствовать любовь. Следуйте велению вашего сердца – и вы найдете то, что ищете.

ГЛАВА 2
НАВИГАТОР ПО ЗНАКОМСТВАМ

Как и где можно познакомиться с мужчиной

Почему у подавляющего большинства людей, у которых были романы, отношения заканчивались неприятностями или просто разочарованием? Скорее всего, потому что они начинали отношения, не представляя, чего же на самом деле хотят. У них не было никаких целей, поэтому они просто пускали ситуацию на самотек. Это одна из причин. Есть и другая: то, насколько наши ожидания, которые имеют место в период, когда люди еще только-только подыскивают себе того человека, в которого чуть позже влюбятся, совпадают.

Работая свахой более пятнадцати лет, я могу с полной ответственностью утверждать, что знакомство мужчины и женщины должно происходить в четком соответствии с ожиданиями сторон. Это фундамент отношений. Только при устойчивом и хорошо рассчитанном фундаменте ваш многоэтажный дом любовной связи не рухнет и не похоронит под собой самые нежные и трогательные человеческие надежды на счастье в личной жизни.

То, о чем сейчас я расскажу, является результатом многолетнего наблюдения за любовным поведением людей, причем в узконаправленном его аспекте, периоде от знакомства до свадьбы. В своих выводах я опираюсь на авторскую статистику, которая и выявила весьма интересные закономерности любовных знакомств.

Это означает, что некоторая часть любовных знакомств уже заранее обречена на то, что вслед за ними либо вообще не последует никаких отношений, либо эти отношения окажутся весьма кратковременными.

Как показывают наблюдения, женщина изначально может получать предупреждающие тревожные сигналы со стороны мужчины. Но чаще всего она о них не знает либо игнорирует их. Я разработала компьютерную программу, которую можно купить в любом книжном магазине, под названием «Как найти мужчину своей мечты и быть с ним счастливой. Тест-прогноз отношений», позволяющую женщине спрогнозировать любовные отношения на любом этапе их развития. Эта глава является ее печатной версией.

«Сердцем» этой программы, из которого будут вытекать все выводы и сами прогнозы, является мужской секрет, или постулат.

Увидев женщину и познакомившись с нею, мужчина практически мгновенно понимает, будет ли это ЕГО ЖЕНЩИНА. Если это ощущение не возникло после 2—3 свиданий, оно не придет НИКОГДА.

Для лучшего понимания этого секрета давайте сравним женщин с лошадьми. Это сравнение не будет выглядеть обидным и предполагает более понятную форму объяснения.

Если бы мужчина был заводчиком лошадей, среди них обязательно была бы лошадь-ФАВОРИТКА. Ценность фаворитки определяется отношением к ней.

Именно она становится для мужчины его ЕДИНСТВЕННОЙ ЖЕНЩИНОЙ. Все остальные женщины – ЛОШАДКИ ДЛЯ ДРУГИХ ЦЕЛЕЙ.

Каждая женщина мечтает стать ФАВОРИТКОЙ, потому что женятся только на них.

Как определить, что вы фаворитка? Очень просто. Мужчина сделает все, чтобы эта женщина была его. Пример: моя подруга познакомилась с женатым мужчиной, через 40 дней он сделал ей предложение, через три месяца они поженились. В этот период он успел развестись со своей бывшей женой и решить квартирный вопрос, зачастую удерживающий мужчин от развода. Ради новой фаворитки, которая стала сильнейшим стимулом, он занялся своей карьерой, которая успешно развивается. Вот что такое фаворитка.

Или мой личный пример. Мужчина моей мечты тоже был женат, но за два года совместной жизни ни разу не сделал попытки развестись. Как только я подняла вопрос о разводе, намереваясь закрепить будущее... Не надо быть ясновидящей, чтобы догадаться, чем это закончилось, хотя по всем признакам (как мне казалось) я была фавориткой. Но в этом и заключалась моя проблема: я интерпретировала знаки внимания с его стороны как отношение к фаворитке, но игнорировала тревожные сигналы. Как только я решила заявить о своем статусе, все сразу стало на свои места – лошадка для других целей. Моя беда и беда многих женщин заключалась в том, что я не хотела слушать мужчину, который всегда говорил правду: «Мне с тобой хорошо, но я не готов к серьезным отношениям», – и подтверждал эту правду своими действиями, никогда не предлагая жениться. Я просто не хотела верить в это, уж слишком горька была правда. Он говорил, что со мной хорошо, что у него не было женщины, которая была бы так внимательна и заботлива к нему, у него не было друга, который бы так помогал ему и материально, и морально. Это приятно, но мы никогда не обсуждали вопросы нашего совместного будущего, не распределяли ответственности, не говорили о том, зачем и для чего мы вместе, а просто удовлетворяли свои насущные жизненные потребности: я со своей иллюзией, а он с хорошей женщиной. Меня не покидало ощущение, что он живет со мной из чувства большой человеческой благодарности. Тревожные сигналы, которые я постоянно получала, свидетельствовали, что он мучается чувством вины. С одной стороны, он злился на себя, что не хочет вкладывать в эти отношения большего, а с другой, он понимал, что я была просто привалом, где можно немного передохнуть, залечить свои душевные раны и отправиться дальше на поиски предназначенной именно для него женщины. Значит, он все-таки обманывал мои надежды. И если быть до конца честной с собой, надо было признать, что это не отношение к женщине, с которой мужчина хочет связать свое будущее, признать, что я не фаворитка, а лошадка, которая предназначена быть другом, сестрой милосердия и, может, просто мудрой женщиной. И именно эта женская мудрость, которая ближе к материнству, позволила мне разглядеть в поведении взрослого, любимого мною мужчины подростковые черты. Только подросток не ведает, что творит, наносит боль и делает это простодушно. Поэтому я отпустила Мужчину своей мечты, хотя и раньше задуманного им срока.

И сделала соответствующие выводы:

Лучше своевременно, еще на ранней стадии, «усыпить» никому не нужные отношения, нежели годами «дружить» только из чувства воспитанности и ложно понимаемой ответственности, а в итоге заставить

страдать не только себя, но и того, кто за это время успел к нам привыкнуть и привязаться всей душой.

Из этого секрета также следует, что не все мотивы любовного знакомства могут стать мотивами жизнеспособных любовных отношений. Кстати, эта фраза не моя, она сказана психологом-мужчиной, поэтому я убеждена, что нужен женский перевод. Давайте для начала определимся, что такое мотив. В психологическом словаре мотивом считается *внутренний побудитель деятельности, придающий ей личностный смысл.* А мотивация – *это вся совокупность мотивов, побуждающих к достижению цели.*

Поэтому, говоря о мотивации, например, мужчины, мы должны учитывать, что у него много мотивов для того, чтобы строить отношения с женщиной. Сложность заключается в том, что мотивация одна (например, строить любовные отношения), а мотивов много, причем они могут быть переплетены. Например, сексуальный мотив, мотив самоутверждения или желание соответствовать своему окружению. И попробуйте во всем этом разобраться! Но не расстраивайтесь, постепенно разберемся.

Предлагаю еще немного поговорить о проблемах с мотивацией. Их может быть несколько.

- Мы можем плохо понимать, какие мотивы для нас приоритетны, другими словами, какие из них главные, а какие – второстепенные. Помните ворону из мультфильма: «Куда хочу? Куда лечу?»

Например: хочу в ближайшее время родить ребенка, но хочу его только от любимого, правда, у меня есть мужчина, я его не люблю, но не хочу отказаться от потрясающего секса с ним. Поэтому хочу мужа, чтоб любил и на руках меня носил, но не верю, что такой существует, да и времени у меня нет.

Чем такая позиция, я имею в виду непонимание собственных мотивов и неумение определить приоритеты, чревата?

Тем, что порождает заведомое недоверие в то, что получится, или приводит к чрезмерной подозрительности к партнеру по отношениям. Чем это заканчивается, все мы прекрасно знаем.

- Многие мои клиентки ошибочно думали, что их мотивы знакомства являются причиной знакомства и для другой стороны. Очень показателен в этом случае пример интернет-знакомств. Начиная переписку с потенциальным кандидатом, женщина, например, рассказывает о том, что недавно рассталась с любимым, и о том, как ей тяжело и одиноко. Мужчина, желая поддержать женщину, может сказать, что ему знакомы ее чувства, так как в недавнем прошлом с ним произошло подобное. И тогда она мысленно переносит собственные мотивы на сознание другого человека, которому на самом деле они совершенно не свойственны, он просто посочувствовал. Здесь и происходит нестыковка. Она через Интернет хочет познакомиться и выйти замуж, а этот мужчина, на самом деле, хочет познакомиться только для того, чтобы пару раз прогуляться с ней возле дома бывшей подруги.

Выход из проблемы – там же, где вход в нее. Как только вы начнете наделять другого человека своими взглядами, одерните и остановите себя. Выводы делайте только на основании его мыслей и взглядов, которые он выскажет вслух, и ищите подтверждение им в его действиях, не то ссоры и конфликты будут вашими постоянными «спутниками».

- Мало того, надо еще учитывать, что, в отличие от женщин, мужчины практически не допускают того, чтобы, познакомившись и начав отношения по одним мотивам, позже руководствоваться другими.

Это означает следующее. Если мужчина познакомился с женщиной из сексуального интереса (секс на один-два раза либо постоянные сексуальные отношения), то по прошествии года или двух у него может возникнуть желание перевести эти отношения в любовно-брачные, так как женщина вполне подходит на роль жены. Но реально это сделать не получается, и вот почему. Как показывает практика, если у мужчины была мотивация завязать только сексуальные отношения, причем необременительные, то он с трудом допускает мысль, что в такую женщину можно влюбиться и захотеть иметь с ней семью. Но если он и влюбляется, то не верит в успешное создание семьи с такой женщиной. Возникает стандартная ситуация «ни туда, ни сюда». Чаще всего такие отношения заканчиваются по инициативе женщины.

Это подтверждает мой вывод. Знакомясь с женщиной, мужчины почти сразу ставят на них некое внутреннее психологическое клеймо, которое зачастую и определяет всю судьбу будущих отношений. Другими словами, поставив клеймо «Лошадка для других целей», мужчина не меняет своего мотива, то есть не женится.

- Чаще всего мы сталкиваемся с ситуацией, когда мужчина всячески сигнализирует, что эта женщина фаворитка, но этот мужчина ей не нравится. Здесь возможны два варианта: либо она его бросает (а значит, буквально бросает человека, который бы женился на ней), или пытается влюбиться в него и получает нужный результат. Так построены браки по расчету, а мы знаем, что они наиболее долговечны. Удачный брак – это встреча с мужчиной, для которого ты ФАВОРИТКА, и он тебе по сердцу. По теории вероятности шансы такой встречи малы, но они существуют. Выбор за женщиной.

Первые шаги стратегического плана. Этап «ЗНАКОМСТВО»

Золотые правила этого этапа:

1. Постарайтесь понять, что любовное знакомство — вещь ОЧЕНЬ СЕРЬЕЗНАЯ!

Есть только две разновидности любовного знакомства, определяющиеся правилами, условиями и результатом по завершению этого этапа.

- Познакомиться быстро и с желанием скоротать с кем-то свободное время. Условия – любые. Правил почти никаких, и главное, без претензий, связанных с тем, что вы неправильно поняли друг друга. Результат, согласно начальному мотиву: получить ни к чему не обязывающий секс, скоротать время и т.п.
- Найти себе друга и мужа, подругу и жену. Об условиях и правилах этой разновидности знакомства мы поговорим далее.

2. Второе правило вытекает из выбора цели (см. первое правило).

Для того чтобы что-то требовать от того, кто будет с вами знакомиться, поймите, чего же вы хотите, еще до знакомства!

Формулировку определения целей я позаимствовала у А. Зберовского, историка и философа, который распределил цели знакомства так: для души, для тела и для дела, поэтому требования и ожидания у вышеперечисленных категорий совершенно разные.

У тех, кто желает создать серьезные отношения, их достаточно много.

У тех, кому достаточно только секса, их значительно меньше.

У тех, кто желает использовать вас для решения своих проблем (материальных, карьерных и иных), требований к вашей личности и поведению почти нет! Им с вами не жить.

3. А из второго правила вытекает третье.

Определив для себя цели знакомства, постарайтесь как можно быстрее понять, какой мотив у вашего потенциального партнера.

Я утверждаю, что понять мотив можно уже на первом свидании, но обязательно довести отношения до второго свидания, чтобы удостовериться в правильности выводов.

Где познакомиться? Плюсы и минусы

Человечество придумало массу способов знакомства. Выбор того или иного способа будет определяться тем, какие отношения вы хотите завязать. Моя книга рассказывает о том, как женщине удачно выйти замуж, значит, мы будем отталкиваться от цели «для души», т.е. завязывания серьезного знакомства. Я перечислю основные способы знакомств с указанием их сильных и слабых сторон относительно вышеуказанной цели. *Но хочу заметить, что по большому счету не важно, куда вы пойдете и какой вариант знакомства предпочтете. По-настоящему имеет значение ваше поведение, ваши намерения и в целом то, что вы собой представляете.* Приятный в общении, уверенный в себе человек имеет куда больше шансов завязать знакомство в очереди к стоматологу, чем высокомерный и критически настроенный ко всему – на престижной вечеринке.

> **Совет:** *Помните, что знакомство — это только Возможность, а не Результат. Результат будет определяться тем, насколько удачно и правильно вы воспользовались Возможностью.*

На этапе подготовки к знакомству важно понять, где может находиться мужчина, которого вы ищете.

Для этого необходимо выяснить, чего вы ждете от вашего избранника: как он выглядит, какой уровень достатка он имеет, его интересы и далее по списку.

Если вы не имеете об этом представления или никогда не задумывались, то ничего не найдете. Это поиск по принципу «Иду туда, не знаю куда. Хочу то, не знаю что». И даже если вы кого-то найдете, мало кто из этих мужчин будет соответствовать вашим неясным ожиданиям. Чтобы определиться в избраннике, можете воспользоваться «Проверочным списком», который я даю в книге «Мужчина мечты: найти и быть с ним счастливой», или описать здесь, какого человека вы хотите привлечь в свою жизнь:

____

____

____

____

Подумайте, что именно вам важно. Стиль жизни этого человека, отношение к деньгам, к работе, к свободному времени, к сексу, к алкоголю, к детям, примерный возраст (если это важно), склад характера, вид деятельности, уровень обеспеченности и образованности и т.д.

Не ленитесь, обязательно сделайте это. И знаете почему?

Нам всем кажется, что мы имеем четкое представление о том человеке, который нам нужен, и как только мы встретим его, то обязательно поймем, что это он. Может ли такое быть?! Для подтверждения попробуйте быстро сформулировать и написать следующее: «Я хочу привлечь к себе ________________ мужчину».

Обратите внимание: вы заколебались или определились сразу? Чаще всего мы не можем определиться сразу. Если вопрос вызвал колебания, поработайте над образом, если вы четко знаете, что нужно, читайте дальше.

Чтобы начинать поиск мужчины, нужна соответствующая тренировка. И для нее подойдет любое место, хотя каждое из них будет иметь свои плюсы и минусы. Например, общественные мероприятия: народные праздники, фестивали, ярмарки, клубные вечеринки, спортивные мероприятия, выставки, автомобильные шоу или даже автомобильные пробки, супермаркеты и т.п.

Плюсы – большой выбор. Минусы – большинство людей идут на эти мероприятия или находятся в местах скопления людей не с целью познакомиться с кем-то, а чтобы приятно провести время или с определенной надобностью. Поэтому вроде выбор и есть, но нет уверенности, что эти люди или каждый мужчина в отдельности хотят с вами знакомиться. Мало того, знакомство в публичных местах у мужчин может вызывать чувство дискомфорта или, проще говоря, страх.

Давно замечено, что мужчины не любят знакомиться в толпе. Заговорить с женщиной в супермаркете, или на выставке, или в любом другом месте, где полно народу, для них непросто. Например, если мужчина, находясь в спортивном зале, захочет подойти и познакомиться с симпатичной девушкой, то для того, чтобы отказаться от этой затеи, ему будет достаточно мысли о том, что как только он это сделает, все присутствующие в зале, особенно мужчины, прекратят заниматься, чтобы не пропустить момент и увидеть, как она его «отбреет». А чувство скованности, которое мужчина испытывает в толпе, может сделать и без того неловкое положение еще более неудобным. Поэтому зачем так рисковать, ведь разве кому-то приятно получить отказ?

Мало того, при первом знакомстве мужчина хочет произвести впечатление на женщину и поэтому очень требователен к себе. Он жаждет сказать нечто, что выделило бы его из сотни других мужчин, которые хотят достичь той же цели. Мужчина хочет быть замеченным женщиной, которая ему понравилась, и желает произвести на нее впечатление, но только при наличии полной уверенности в успехе. На это может повлиять тот факт, насколько УДАЧНО выбрано место для знакомства. Например, там, где собирается большое количество людей (то есть имеется выбор), и все они хотят или стремятся к одной цели, при этом существует уверенность, что человек, в данном случае мужчина, пришел за тем же, что и вы.

Мои исследования в области поиска удачных мест знакомств по принципу от менее эффективных до более результативных, распределились следующим образом. Менее эффективные – это общественные мероприятия, ночные клубы, вечера знакомств и агентства знакомств. Наиболее эффективным вариантом знакомства на сегодняшний день является Интернет. О менее эффективных вариантах я подробно рассказала в своей книге «Мужчина моей мечты – как найти и быть с ним счастливой», в главе «Откуда берутся недостающие мужчины, или Поспорим со статистикой». Поэтому остановлюсь только на Интернете. По поводу ночных клубов у меня есть свое мнение. Я считаю, это место эффективно подходит, извините за сленг, для «съема» молодой и глупенькой девушки, но это история не моей книги. Итак, Интернет.

Чем хорош Интернет?

В нем есть условия, при которых выполнены определенные требования, а именно:

1. Мужчина может выбирать женщину из тех, кто ему нравится, произвести на нее благоприятное впечатление и быть уверенным в успехе.
2. Женщине позволено проявить инициативу знакомства, тем самым подтолкнуть понравившегося мужчину к знакомству с ней.
3. При таком выборе для мужчины обязательно найдется подходящая женщина, которая сможет разгадывать его намерения или понимать, чего он ожидает от нее.
4. Ну а женщина будет иметь не только выбор, но и возможность научиться спрашивать у мужчин то, что ее интересует, чтобы понять их намерения.
5. Все это происходит виртуально, а значит, это хорошая возможность обезопасить себя. Если женщина где-то «прокололась», то не составляет труда ее «удалить», то же самое может проделать и женщина с мужчиной.

6. Нет момента внезапности. Есть время обдумать свои желания и намерения. А реальные встречи, которые оказались не столь успешными, не вызывают разочарования, потому что выбор еще остался.
7. У мужчины (но это касается и женщин) есть чувство востребованности среди красивых избранниц и избранников, при этом нет страха реальной конкуренции. А выбранная потенциальная партнерша или партнер пришли на свидание конкретно к нему (к ней).
8. Из сотни тысяч красивых женщин, вероятнее всего, найдется та, которая будет соответствовать критериям мужчины, что невозможно обеспечить в реальной жизни.
9. Свобода общения. Мужчина имеет возможность просто общаться или не общаться с женщиной. А женщина – без страха спросить его то, что ее волнует и интересует больше всего, и не бояться отказа, потому что опять же есть выбор.

Хочу дать несколько полезных рекомендаций и поделиться техникой, которую я назвала «Система 3 вопросов», которая позволяет успешно искать партнеров и знакомиться в Интернете.

Итак, наиболее интересным для поиска я считаю сайт знакомств MAIL.RU. Он самый посещаемый и простой для восприятия.

Первой, и самой главной задачей является правильное составление своей анкеты. Требования к ней:

1. Хорошие студийные фотографии. Первой обязательно идет портретная. В фотоальбоме их должно быть не меньше 6 штук, чтобы мужчина имел возможность разглядеть вас в разных ракурсах.

Внимание! Никаких фотографий в купальниках. Надеюсь, вам не надо объяснять почему?

2. Заполнение анкеты:

- Анкета должна быть заполнена на 80%. Другими словами, вы обязаны ответить на все вопросы анкеты – кроме сексуальных пристрастий. В этом разделе надо только отметить, что вы гетеросексуальны.
- Особо обратите внимание на блоки «Обо мне» и «Кого ищу». Информация «Обо мне» должна интриговать и завлекать, особенно мужчину. Например, характеристика «Я такая, как и все, но немного лучше» звучит более интригующе, чем «Умная, красивая и успешная женщина», потому что вторая вызывает у мужчины недоумение: «Тогда почему ты такая распрекрасная – и одна?»
- В блоке «Кого ищу» желательно дать такую информацию: «Ищу мужчину с недостатками, и пусть они будут его милыми особенностями». Тогда мужчина понимает, что вы ищете реального человека и при этом обладаете чувством юмора.
- В блоке «Интересы» не пишите, что вы увлекаетесь психологией. Лучше написать «Готовка и путешествие». Не пишите марку своей машины и кем вы работаете, так как это может смутить мужчину.

Как только вы зарегистрировали анкету, рекомендую отключить ее от системы поиска, чтобы ее никто не видел. Это нужно сделать для того, чтобы не нарушать первый закон Дарвина – «выбирает женщина». Отбирать анкеты понравившихся вам мужчин будете вы, так как те мужчины, которые выбирают вас, как правило, вам не подходят, и их анкеты вы все равно удалите, потеряв не только время, но и положительные эмоции.

Теперь о технологии:

1. Главная задача поиска в Интернете – отсеять мужчин, которые являются «виртуальщиками», т.е. мужчинами, которые просто сидят в Интернете и общаются, но переводить отношения в реальную плоскость не будут, и наладить контакт с мужчинами-«реальщиками», которые ищут реальные знакомства. Для этого мной разработана «Система 3 вопросов». Смысл системы в том, чтобы задать 3 вопроса и перейти к реальному знакомству.

Первый вопрос: «Здравствуйте ________________! Как вы смотрите на то, чтобы познакомиться?»

Второй вопрос задается, если мужчина принял приглашение познакомиться: «Вы здесь виртуально общаетесь или ищете реальное знакомство?»

Третий вопрос, если мужчина отвечает, что он реально хочет познакомиться: «Мне приятно, что наши желания совпадают. Как вы смотрите на то, чтобы созвониться? Если предложение подходит, мой номер ____________________». Оставляете свой номер и ждете его звонка. Подробную инструкцию о телефонном звонке я дам немного позже.

Также прилагаю «болванки», чтобы облегчить вам переписку. Вы только вставляете разные имена:

Приглашение к знакомству: ЗАГОТОВКА № 1

Здравствуйте,
Как вы смотрите на то, чтобы познакомиться?
Здравствуйте,
Мне было бы приятно с вами познакомиться.
Здравствуйте,
Буду рада знакомству.

Ответ на предложение мужчины познакомиться. ЗАГОТОВКА № 2

Здравствуйте,

Буду рада познакомиться. А какие ваши приоритеты в общении? Предпочитаете виртуальное или реальное общение?

Здравствуйте,

Мне тоже приятно с вами познакомиться. Если честно, я не мастерица виртуальной переписки, для меня интересно живое общение и реальное знакомство. Если наши желания совпадут, буду рада.

Здравствуйте,

Приятно, что откликнулись на мое приглашение к знакомству. По моему мнению, виртуальное общение не дает правильного представления о человеке. Только личное общение позволит лучше узнать человека. А компьютер – это лишь проводник. А вы как считаете?

Здравствуйте,

Рада, что откликнулись на предложение познакомиться. На мой взгляд, виртуальное общение не дает правильного представления о человеке. Самое полное впечатление можно получить при личной встрече. В этом случае сразу видно, возникнет ли обоюдный интерес в общении. Поэтому мне больше подходит реальное знакомство. А вам?

«Болванки» на предложение созвониться: ЗАГОТОВКА № 3

Здравствуйте, ____________!

Я тоже не сторонница долгой переписки, поэтому рада, что наши желания относительно реального знакомства совпадают. Как вы смотрите на то, чтобы созвониться? Если предложение подходит, мой номер ____ .

Здравствуйте, ______________!

Одна встреча ни к чему не обязывает, а переписка не мой конек. Я здесь не для пустого времяпрепровождения. Поэтому если вам будет интересно, то, пожалуйста, звоните, мой номер ______________. Буду рада.

Здравствуйте, ______________ !

Мне приятно, что наши желания относительно реального знакомства совпадают, так как я тоже не сторонница долгой переписки. Мой номер ____________ .

Мне приятно, что наши желания совпадают. Может быть, попробуем пообщаться по телефону? Что вы думаете по этому поводу?

Эта система познакомила не одну пару. Если сработала у них, не вижу причин, почему не сработает у вас. Удачи!

А теперь в сжатом виде о каждом из способов знакомства

1. Через друзей.

Сильные стороны	Слабые стороны
1. Их рекомендации помогут вам чувствовать себя	1. Знакомство через друзей вызывает у нас некомфорт-

Сильные стороны	**Слабые стороны**
более уверенно, потому что ваш друг или друзья знают этого человека.	ное чувство, что мы чем-то обязаны, или ощущение, что друзья, беспокоясь о нашей личной жизни, указывают нам, что с нами не все в порядке.
2. Нет момента неожиданности. Процесс знакомства подготавливается заранее, значит, вы имеете возможность психологически подготовиться и предстать в лучшем свете.	2. Если потенциальный партнер нам не подошел, то возникает чувство вины, что мы не оправдали их ожидания. 3. Наши друзья не всегда хорошо разбираются в людях, не умеют хранить тайны и понимать наши истинные предпочтения, что выходит нам «боком». 4. Инициаторы этих знакомств почти всегда награждают их теми же сложностями и любовными конфликтами, которые характерны для них самих. 5. При разрыве отношений тех друзей, которые вас познакомили, они, вероятнее всего, начнут настраивать вас друг против друга и указывать на собственный пример как на то, что вас может ожидать в будущем.

2. Ночные клубы, рестораны, бары.

Сильные стороны	Слабые стороны
1. Вы выглядите великолепно.	1. Необходимо помнить, что эти места предназначены прежде всего для того, чтобы расположить людей к потреблению обильной пищи и опустошению сосудов со спиртным. 2. Не хочу показаться занудной, но если вы ищете порядочного мужчину, он вряд ли будет знакомиться с женщиной для серьезных отношений в подобных местах.

3. Магазины, супермаркеты и другие подобные заведения.

Сильные стороны	Слабые стороны
1. Продукты и вещи могут рассказать о том, что собой представляет мужчина.	1. Цель посещения данных мест, как правило, одна: покупать еду и вещи для поддержания собственной жизни, желание знакомиться стоит чуть ли не на последнем месте, но такая возможность не исключена.

Сильные стороны	Слабые стороны
2. Вы всегда можете найти предлог, чтобы подойти.	2. Вы не всегда выглядите подобающим образом, что может существенно повлиять на результат вашей «охоты». 3. Ваши намерения познакомиться могут быть истолкованы неверно.

4. Бизнес-кафе, кафе, где вы проводите свой ленч, или интернет-кафе.

Сильные стороны	Слабые стороны
1. Вы располагаете временем спокойно осмотреться, привлечь внимание и поговорить с понравившимся вам мужчиной. 2. У мужчины есть возможность принять ваш сигнал к знакомству и подойти к вам. 3. У вас есть возможность чувствовать комфорт в общении, если вы удобно сидите. 4. Вы имеете прекрасные возможности вовремя закончить знакомство, ссылаясь на то, что вам пора идти.	1. Знакомство в кафе требует мастерства искусства флирта, т.е. способности привлекать внимание мужчины. Неправильное его применение может отпугнуть мужчину или быть превратно истолковано. 2. Ваше знакомство может незаметно перейти в первое свидание, что противоречит стратегии удачных знакомств «от простого к сложному».

5. Агентства знакомств.

Сильные стороны	Слабые стороны
1. Предоставит подробную информацию о потенциальном партнере. В хорошей службе должен быть психолог, который составит вам его психологический портрет, определит, насколько вы совместимы, и даст полезные рекомендации. 2. Хорошее агентство может дать достаточно высокие гарантии намерений каждого клиента и правдивости информации, которую он указывает в своей анкете.	1. Одним из серьезных недостатков является достаточно небольшая «активная» база данных. 2. Количество обращений интересных мужчин соответствующего материального статуса очень низкое. 3. Чаще всего в агентства обращаются мужчины в состоянии психологического стресса: только что пережившие развод, с комплексами и не способные знакомиться самостоятельно. 4. Коммерческая сторона вопроса превалирует над пожеланиями и интересами клиента.

6. Общественные места: народные праздники, фестивали, ярмарки, спортивные мероприятия, выставки, автомобильные шоу или даже автомобильные пробки.

Сильные стороны	Слабые стороны
1. Большой выбор людей, с которыми можно познакомиться.	1. Большинство людей идут на эти мероприятия с целью не познакомиться с

Сильные стороны	**Слабые стороны**
2. Можно найти людей с общими интересами. 3. Есть темы для знакомства.	кем-то, а приятно провести время, или с определенной надобностью. 2. Знакомство в публичных местах может вызывать у мужчин чувство дискомфорта или, проще говоря, страх. 3. Замечено, что мужчины не любят знакомиться в толпе. Заговорить с женщиной в супермаркете, или на выставке, или в любом другом месте, где полно народу, для них непросто. 4. При первом знакомстве мужчина хочет произвести впечатление на женщину и поэтому очень требователен к себе. В толпе произвести на нее впечатление трудно, т.к. нет полной уверенности в успехе. Так зачем рисковать, ведь разве кому-то приятно получить отказ?

7. Интернет-знакомства.

Сильные стороны	**Слабые стороны**
1. Большой выбор и быстрая передача информации. Эффективность получения результата довольно велика, если правильно использовать технологию этого	1. Слишком быстрая эмоциональная привязка к партнеру. И чем дольше виртуальная переписка, тем дальше от реального образа партнера.

Сильные стороны	Слабые стороны
знакомства, при этом приложить упорство и терпение, в противном случае вы опять можете разочароваться не только в самом поиске, но и в потенциальных партнерах. 2. В Интернете нет строгих правил, кто должен начать знакомство. 3. Виртуальный отказ менее болезненный, чем в реальной жизни. 4. Можно представить себя в более выгодном свете: хорошие студийные фотографии, правильно заполненная анкета.	2. Мужчины думают, что в Интернете нет приличных девушек. 3. Много кропотливой работы. Придется еженедельно просматривать более сотни кандидатов, отправлять им письма, удалять анкеты и снова пополнять свои папки анкетами новых кандидатов. На это уходит много времени и сил. 4. Зацикливание на поиске идеального партнера. Возникает постоянная потребность отказывать кандидатам в надежде на то, что придет кто-то еще лучше.

Рекомендации для успешного знакомства

Для того чтобы перейти к конкретным рекомендациям, которые помогут вам добиться успеха в знакомстве с понравившимся мужчиной, я предлагаю рассмотреть две стороны женской мотивации. Если женщины непредсказуемы, то и мотив, которым мы руководствуемся при знакомстве, может иметь две стороны, и каждая либо увеличит шансы на успех, либо сведет их на нет. Поэтому вы должны научиться поворачивать ситуацию наиболее выгодной вам стороной.

1. Знакомясь с мужчиной, женщина желает услышать, что ее оценили как женщину, тем самым выделив из числа многих.

Одна сторона	**Оборотная сторона**
Любая женщина хочет слышать, что она прекрасно выглядит и способна пленять любого мужчину. Комплименты со стороны мужчины поднимают женскую самооценку. Благодарите за такое хорошее отношение к вам.	Если вам и приятно слышать комплименты в свой адрес, умейте и правильно реагировать на них. Благодарите, но не занижая полученную оценку, например: «Спасибо! Но Вы так меня смутили!» или «Вы переоцениваете мои возможности!»

2. Знакомясь с мужчиной, женщина хочет, чтобы мужчина показал ей, что он не только относится к ней как к женщине, а уважает ее как личность.

Одна сторона	**Оборотная сторона**
Когда нас уважают как человека — это приятно. Если мужчина ведет себя некорректно и грубо, а своим поведением демонстрирует мужское превосходство, проявите себя как личность. Я думаю, что рекомендации здесь излишни.	Но если вы не можете отличить приоритеты мужчины, который знакомится с вами как мужчина с женщиной, а не как будущий деловой партнер, ваша преждевременная оценка и желание пресечь инициативу мужчины приведет к тому, что вы оттолкнете и того, который позже мог бы стать вашим любимым.

3. Знакомясь с мужчиной, женщина желает увидеть, что мужчина принципиально отличается от всех остальных, которые были и есть в ее жизни, и ожидает, что он ее каким-то образом удивит и покорит.

Одна сторона	Оборотная сторона
Если ваш последующий выбор лучше предыдущего — это хороший признак. Не стоит опускать собственную планку.	Но надо помнить, что времена рыцарей и активных мужчин, я имею в виду тех, которые будут удивлять и покорять, как Дон Кихот, канули в Лету. Демократические отношения полов сделали свое дело. Поэтому не стоит категорично требовать от мужчины подобного отношения к вам. Действуйте по принципу «Мало хотеть, надо действовать самой!»

4. Знакомясь с мужчиной, женщина хочет, чтобы мужчина убедил ее в том, что он хочет общаться не «лишь бы хоть с кем-то», а конкретно с ней.

Одна сторона	Оборотная сторона
Правильная оценка мотива знакомства мужчины — залог успеха будущих отношений. Мужчинам без ярко выраженной любовно-брачной перспективы — от ворот поворот.	Знакомство — это не первое свидание, это этап очень нестабильный. Своей категоричностью и неспособностью расположить к себе вы оттолкнете и порядочного мужчину.

5. Это желание вытекает из предыдущего. Знакомясь с мужчиной, женщина желает убедиться в том, что его интерес к ней не ограничивается только сферой секса, и хочет увидеть подтверждение серьезности намерений со стороны мужчины.

Одна сторона	**Оборотная сторона**
Если вы не ищете спонсора или не общаетесь с мужчиной «только от полной безнадеги», другими словами, ваши интересы лежат в сфере любовно-брачных отношений, то в ваших же интересах определить серьезность намерений мужчины. Это означает, что тот, с кем вы знакомитесь, должен нарисовать хотя бы примерную «первичную перспективу» (сегодня пойдем в кино, на следующей неделе в гости к друзьям, а летом поедем на море).	Но будьте внимательны к слишком быстрым проявлениям такого внимания, например, через неделю (при условии, что вы еще не спали вместе) он предлагает вам руку и сердце или требует, чтобы вы больше ни с кем не общались. В любом случае это тревожный сигнал.

Помни! Именно на тебя как женщину ложится главная ответственность за принятие решений сначала о целесообразности знакомства, а затем и о целесообразности всего последующего общения.

Рекомендации, которые помогут добиться успеха в знакомстве

Рекомендация	**Комментарий**
1. Уверенность в себе — залог успеха.	Эту уверенность придаст не только ваша самодостаточность, но и то, насколько вы готовы к знакомству. В любой момент времени имейте при себе минимум необходимого «снаряжения для знакомства»: визитные карточки, авторучку, мобильный телефон.
2. Куда бы вы ни пошли, вы всегда должны хорошо выглядеть.	В период поиска мужчины это правило должно выполняться неукоснительно, даже если вы вышли в магазин за хлебом. Неожиданное, но приятное знакомство может ожидать вас на каждом шагу.
3. Улыбайтесь!	Помните песню: «От улыбки станет всем светлей»? Улыбчивые люди всегда обращают на себя внимание. Улыбка — неотъемлемая часть привлекательности.
4. Ходите туда, куда вас приглашают.	Дни рождения, свадьбы, корпоративные вечеринки, празднования по случаю переезда в новую квартиру или офис, рождения ребенка и т.п. Во-первых, тот, кто вас приглашает, поможет выгодно вас представить и дать важную информацию о челове-

Рекомендация	Комментарий
	ке, с которым вы хотите познакомиться. Во-вторых, у вас будет достаточно времени, чтобы иметь возможность узнать друг друга поближе и сделать это в комфортной обстановке.
5. В период поиска возлюбленного проводите свой плановый или вынужденный отпуск только в местах массового скопления людей.	Например: на море, на лыжных, спортивных и оздоровительных турбазах и т.п. При этом не спешите устанавливать интимные отношения, иначе ваши отношения перерастут в банальный курортный роман.
6. Первой заговаривайте с тем, кто оказался в непосредственной близости с вами, но не спешите знакомиться.	Не важно, что вы будете говорить. Важно уже то, что вы заговорили, а вам ответили. И ведите себя так, как будто за разговором просто коротаете время в светской беседе ни о чем, а не намекаете на целесообразность начала знакомства.
7. Используйте любой повод, чтобы помочь мужчине или хотя бы предложить саму возможность помощи.	Подскажите правильную дорогу, вежливо подскажите время, предложите нуждающемуся свою ручку, дайте совет относительно фильма, блюда и т.д. Благодарность приятного незнакомца всегда будет хорошей основой для продолжения разговора и начала знакомства.

Рекомендация	Комментарий
8. Обращайтесь за помощью сами, даже если не нуждаетесь в ней.	Включите свою фантазию и смекалку. Можете попросить сфотографировать вас на фоне интересного пейзажа. Если вы в кафе, попросите передать вам соль или сахар. В любом офисе вы можете обратиться к тому, кто вам понравился, с просьбой распечатать файл со специально припасенной для такого случая дискеты или флешки. Будьте всегда и ко всему готовы и не упускайте свой шанс.
9. Поддерживайте чужую инициативу и будьте приветливы к тем, кто обратит на вас внимание.	Улыбнитесь и приободрите человека добрыми словами. Даже если он вам явно не подходит, своим добрым отношением вы, по крайней мере, приобретете нового приятного знакомого, который вполне вам может пригодиться. А вдруг он выведет вас в тот самый новый круг общения, где вы и познакомитесь со своим избранником?
10. Не знакомьтесь с целью «просто скоротать время» до появления нормального партнера.	Никогда не теряйте время на общение с людьми, которые, может, и не так уж плохи, но все равно не обладают более-менее полным набором качеств партнера, которого вы ищете. Однажды вам станет жаль расставаться с этим человеком, и если вы себя уговорите связать с ним судьбу, то позже это ляжет первым камнем в

Рекомендация	Комментарий
	фундамент вашей последующей семейной трагедии.
11. Знакомьтесь быстро. Иначе упустите шанс.	Натренируйте себя не упускать свой шанс из-за вашей нерешительности. Ведь еще раз встретить упущенного вами, но такого запавшего в душу мужчину, может, уже никогда не удастся.
12. Будьте готовы к эпизодическим неудачам.	Чтобы найти одного из ста, вам придется познакомиться с девяноста девятью мужчинами. Однако это не должно вас пугать. Судьба благоволит только настойчивым и храбрым. Не думайте, что способность покорять чужие сердца врожденная. Это свойство приобретается опытным путем. Будьте морально готовы к любому повороту событий и не теряйте веры и оптимизма.
13. Время знакомства должно быть ограничено (не более 20 минут).	Это правило выведено опытным путем и основано прежде всего на изучении ошибок. Время, отведенное для знакомства, предназначено для того, чтобы возбудить интерес к себе, а не дать перенасытиться вашим обществом.
14. Не ограничивайтесь первым же успеш-	Оттачивайте свое мастерство, и со временем вы научитесь быстро разбираться в мотивах знакомства со сто-

Рекомендация	Комментарий
ным знакомством. Знакомьтесь еще и еще!	роны мужчины, что позволит однажды остановиться на нужном кандидате. Не лишайте себя свободы выбора и обязательно знакомьтесь сразу с несколькими. Остановиться можно тогда, когда вы четко осознаете, что тот человек, с которым вы начали встречаться, более или менее подходит вам. А определившись, сделайте все, чтобы не только развивать эти отношения, но и бережно сохранять.
15. Будьте только самими собой.	Будьте естественны. Играйте только собственную роль — это залог того, что вы будете востребованы тем человеком, кто как раз и мечтает познакомиться именно с такой женщиной.

Дорогая читательница! Я уже упоминала о том, что, куда бы вы ни отправились и где бы вас ни застал момент знакомства, вы должны быть вооружены как внешней, так и внутренней привлекательностью. Но этого недостаточно. К успеху вас приведет знание правил удачного знакомства, основанных на правильном выборе потенциального партнера, а также рекомендации, базирующиеся на анализе печального опыта ваших предшественниц и наблюдениях за поведением мужчин, и подтвержденные успешным результатом тех женщин, которые руководствовались ими. В следующей главе я продолжу рассказ об этих правилах и о том, как сделать правильный выбор, собирать нужную информацию о кандидате и осуществлять правильный анализ.

ГЛАВА 3
ЭВОЛЮЦИЯ ОТНОШЕНИЙ. ЭТАПЫ: ЗНАКОМСТВО, ПАРА, ПОМОЛВКА, СВАДЬБА

Что куплено на глаз, не надевается на ногу.

Жанна Голоногова

Самая страшная тайна мужских знакомств состоит в том, что основная масса мужчин практически никогда не знают, для чего они знакомятся и нужно ли им это знакомство вообще. Исключение из этого правила составляют знакомства с сексуальным уклоном.

Вывод из всего этого очень прост:

Если мужчины плохо разбираются в своих собственных мотивах любовных знакомств, значит, эта миссия автоматически должна перекладываться на женские плечи.

Поэтому первостепенная задача женщины – уже с первых минут знакомства начинать собирать информацию о новом для себя человеке.

Для чего это нужно?

Хотя бы из-за чувства самосохранения. Тем более, как утверждают сами мужчины, с оговоркой, что об этом они не говорят вслух: *В момент знакомства мужчины всегда врут и скрывают свои истинные причины и намерения.*

Причина: Раздвоение мужского сознания в момент знакомства.

Как это выглядит в жизни?

1. Мужчина одновременно хочет и не хочет покладистости женщины в момент знакомства.
2. Мужчина только делает вид, что ему безразличен ваш прошлый опыт с мужчинами.
3. Мужчина ищет девственницу с опытом секс-гиганта.
4. Мужчины не любят подчиняться, но с удовольствием выполняют просьбы и приказы женщин.
5. Мужчина желает, чтобы после знакомства с ним женщина резко изменила свое поведение. Другими словами: в обществе она должна блистать, а с ним не отсвечивать.
6. Мужчина, познакомившись с женщиной, желает, чтобы она сразу каким-либо образом дала гарантию верности ему.

Вывод: *Ваша способность совместить несовместимое будет являться залогом успеха любовного знакомства.*

Не надо сразу пугаться, дорогая читательница!

Если я произнесу этот вывод по-другому, вам сразу станет понятно, что надо делать, и задача уже не покажется столь абсурдной и невыполнимой. Вы должны убедить мужчину в том, что он особый случай в вашей жизни, что он является «первооткрывателем» самых истинных ваших чувств, которые не смог разбудить ни один мужчина. И что только он, единственный и неповторимый, смог вызвать у вас встречное желание познакомиться.

Варианты поведения мужчины и реакции женщины на это поведение плюс домашние заготовки.

Мужское желание	Поведение женщины
1. Мужчина одновременно хочет и не хочет покладистости женщины в момент знакомства.	Если мужчина, только что познакомившись с вами, хочет продолжить знакомство и приглашает вас к себе домой или напрашивается к вам, необходимо отказать ему в вежливой форме. Например: «Если вам очень хочется со мной пообщаться, позвоните, и я обязательно выделю время для нашей встречи. А сейчас извините, мне уже нужно идти. Приятно было познакомиться...» Или: «Наверное, это можно сделать, но не сейчас, потому что мне пора идти. Если у вас хватит терпения подождать несколько дней, вы можете позвонить мне во вторник (среду и т.д.). Приятно было познакомиться...»
2. Мужчина желает, чтобы после знакомства с ним женщина резко изменила свое поведение.	Путь к сердцу мужчины лежит через его эго. Потешить его вы можете небольшими, но заметными изменениями в своей внешности: постригитесь, поменяйте цветовую гамму или стиль одежды, обновите гардероб. Все это должно сопровождаться одной и той же фразой: «Дорогой, только-толь-

Мужское желание	Поведение женщины
	ко познакомившись с тобой, я стала совершенно другой!» или: «Моя жизнь началась только после знакомства с тобой!» Самое главное — вы не соврете и сделаете приятное мужчине. Они этого ждут и очень хотят.
3. Мужчина только делает вид, что ему безразличен ваш прошлый опыт с мужчинами.	Самая лучшая рекомендация — молчите и не обсуждайте эту тему.
4. Мужчина ищет девственницу с опытом секс-гиганта.	Мужчине очень хочется, чтобы его избранница в этом вопросе была полным профаном (про девственницу — молчу), но сумела в рекордно короткие сроки овладеть всеми премудростями Камасутры. В этом вопросе многое зависит от вашего актерского мастерства в сочетании с женской мудростью. Самое главное — это показывать искренность в желании как можно быстрее приспособиться к пожеланиям любимого человека. Но эта рекомендация не является руководством к быстрому реагированию. Для начала вполне достаточно будет вашего искреннего желания, а не действия.

Мужское желание	Поведение женщины
5. Мужчины не любят подчиняться, но с удовольствием выполняют просьбы и приказы женщин.	Основная масса мужчин с удовольствием выслушивает женские указания и почти с наслаждением выполняет просьбы своих подруг (в разумных пределах). Ключом к удовлетворению женских просьб мужчиной является ваша способность убедить его в том, что на самом деле вы это делаете ради общего блага.
6. Мужчина, познакомившись с женщиной, желает, чтобы она сразу каким-либо образом дала гарантию верности ему.	Самый сложный пункт. С одной стороны, рано заявлять: «Дорогой, отныне я твоя навеки!», но с другой, необходимо убедить его, что вы готовы стать его собственностью. Здесь нужно опираться на индивидуальные особенности конкретного мужчины. Ориентиром правильности пути станет поведение мужчины: вы увидите, что он старательно охраняет вас от посягательства других. Включите свою фантазию.

А теперь подробно об этапе «Знакомство»

На своих тренингах я рассказываю женщинам о том, что отношения с новым мужчиной напоминают поездку на такси, где женщина – это пассажир, а мужчина – водитель. Это сравнение я взяла из фильма «Как выйти замуж». Если людей разделить на водителей и пассажиров и представить, что в автомобиле сидят два водителя, то вероятнее всего оба будут хвататься за руль и спорить, кто поведет, и доедут они только до первого столба. Два пассажира будут сидеть и ждать, кто же наконец поведет машину – но выяснится, что ни один не умеет водить. Поэтому самый лучший вариант – когда есть и водитель, и пассажир. Если вернуться к женщине, то удачное замужество будет зависеть от того, какими правилами она руководствуется при знакомстве и насколько хорошо выбран опытный водитель, который с уважением относится к пассажиру. Например, можно, позвонив в таксопарк, вызвать хорошую чистую машину и без проблем доехать с профессиональным водителем из пункта А в пункт Б, потратив оговоренную сумму. А можно, положившись на авось, просто встать на обочине с поднятой рукой – и поездка на убитой «пятерке» вряд ли будет предсказуемой. Поедете по маршруту «дорогу покажешь, да?» и еще будете отбиваться от попыток взять на борт других женщин, которым «тоже по пути», плюс заплатите в два раза дороже. Это происходит чаще из-за того, что женщина действует под девизом «уж замуж невтерпеж». Мои рекомендации: во-первых, никаких случайных мужчин «на время» только из-за того, что в пятницу не дозвониться до таксопарка. Во-вторых, помните, что время, потраченное на нового знакомого, – тоже время и те же деньги. Вы же не готовы переплачивать таксисту только из-за того, что он сделал лишний круг вокруг Большого театра?

Как знакомиться?

Алгоритм этапа «Знакомство» состоит из следующих пунктов:

1. Установление контакта с тем, с кем вы хотите познакомиться.
2. Собственно знакомство.
3. Очень важный момент – общение во время знакомства.
4. Способность выбрать момент расставания.
5. Анализ или осмысление впечатлений от общения.

Для эффективного использования этого алгоритма нужна тренировка. Хорошим тренажером может стать все тот же Интернет, сайты знакомств, если у вас есть определенные трудности с общением в реальной жизни, Интернет поможет научиться коммуникации. Он хорош еще и тем, что женщина, при желании, научится отличать стратегию соблазнения мужчины, жаждущего обычного «съема», от стратегии хорошего парня, который тоже соблазняет, но для того, чтобы назвать вас Единственной женщиной в своей жизни.

Ваши практические навыки было бы неплохо подкрепить теоретическими знаниями, поэтому рекомендую обязательно прочитать книги следующих авторов (для начала трех книг вам хватит): Филипп Богачев «Русская модель эффективного соблазнения. Самоучитель для подготовки успешных мужчин», Вис Виталис «Женщина: где же у нее кнопка? Пособие для городского циника» и Йозеф Хаусманн «Основы мужского шовинизма, или Все бабы сте...».

Чтобы подробно обсудить возможности знакомства и его шаги, предлагаю сначала поговорить о правилах, которые входят в предложенную мной технологию.

Относительно первого правила вы должны понимать, что Россия была и остается самобытной державой. В некоторых вопросах западный шаблон не срабатывает (я имею в виду демократичный подход к проявлению инициативы при знакомстве). Мною замечено, что у нас действует традиционное правило, а именно:

Женщина проявляет инициативу, выбирая мужчину, сигнализирует о своем желании, а инициативу знакомства проявляет мужчина.

В своей книге «Чего стоит женщина, или Как поднять самооценку» я упоминала о том, что при выборе партнера мы руководствуемся определенными биологическими законами, жестко определяющими наши шансы в борьбе за существование. Эти законы, в свою очередь, определяются программами. С момента рождения включается главнейшая генетическая программа – воспроизводство рода. За выбор подходящего мужчины, который способен воспроизвести здоровое потомство, отвечает женщина. Я не специалист в области генетики, поэтому определю эту способность как программу, которая срабатывает независимо от того, знает о ней женщина или нет. Не хочу оставить без внимания участие мужчин, так как они тоже следуют своей программе. Их программа определяет скорее количество воспроизведенного потомства, женская отвечает за качественную сторону. Следовательно, если женская программа подсказывает женщине, что это тот мужчина, который ей нужен, то она приложит все силы, чтобы завлечь нужного партнера и построить с ним отношения.

Мужчины начинают опасаться, что женщина, или лучше сказать женщины, которые его выбрали, могут ему не нравиться. Это во-первых. И во-вторых, сами женщины начинают возмущаться по поводу того, что им всегда внушали, что инициативу проявляет мужчина. Все правильно. Если выбирает женщина, она должна подать мужчине сигнал, чтобы он проявил инициативу – что он с большим удовольствием и сделает при условии, если женщина ему нравится. А для этого нужны не только условия, но и способности.

При выборе своего избранника (это закреплено в женщине начиная с истории отношений Адама и Евы) женщина ориентируется на то, является ли мужчина мужчиной, а не просто человеком противоположного пола. Отличительный признак здесь: *мужчина должен выглядеть состоятельным и быть состоятельным.*

Буквально: женщина должна чувствовать себя рядом с мужчиной абсолютно защищенной (как за каменной стеной), с одной стороны, и увидеть в нем «бойца» – решительного, сильного, несгибаемого, с другой. Мужчина, который «прогнулся под изменчивый мир», как пел Макаревич, для женщины «ОНО».

Испокон веков одна из самых важных женских проверок потенциального мужчины – это проверка на состоятельность. Выбор осуществляется по внешнему виду (во что одет мужчина и какими аксессуарами пользуется) и по манере поведения. Чем выше социальный статус, тем меньше ресурсов потребуется мужчине для привлечения женщины, причем любой. Я думаю, что, читая эту рекомендацию, мужчина сказал бы: «Ну, все ясно! Это пишет женщина, поэтому и рекомендует, как женщина. Все они одинаковы. Постоянно думают о своей выгоде, все у них с расчетом. А расчет прост: обобрать мужчину, раздеть как липку и найти нового дурачка». Может быть, и так, но, дорогие мужчины, подумайте вот над чем.

Чем руководствуется женщина, выбирая для себя состоятельного мужчину, при этом отказывая мужчине, который более ей по сердцу? Согласно женской логике, которая больше от жизни, она ищет своему ребенку такого отца, который будет здоров, не отбросит коньки через неделю после рождения ребенка и сможет гарантировать ему достойную жизнь.

Это происходит на уровне биологического инстинкта, как у животных, поверьте, здесь мы не оригинальны, и порой сама женщина этого не осознает. Даже если у нее уже есть дети или она давно вышла из репродуктивного возраста, инстинкт не пропадает, а остается в виде этой озабоченности на всю жизнь. Может, внешне ее поведение и выглядит корыстным, если мужчина прибегает к поверхностным оценкам и не догадывается об этой особенности, а поэтому не замечает того, что на самом деле женщина самозабвенно руководствуется этим инстинктом.

Очень точное определение этому факту дал доктор А. Курпатов: «Материнский инстинкт – это не те действия, которые женщина осуществляет в отношении конкретного, родившегося у нее ребенка; материнский инстинкт заставляет женщину заботиться о себе как о продолжательнице жизни. Если она не создает должных условий для себя, то грош ей цена как женщине, потому что она не сможет в этом случае выполнить свою биологическую миссию».

И когда вы, дорогие мужчины, будете осуждать женское корыстолюбие, посмотрите внимательно, а не являются ли эти траты способом, который ваша женщина использует для того, чтобы как-то обустроить будущность и тем самым защитить себя.

И подумайте о том, что, обвиняя нас в корысти, вы поступаете не по-мужски, потому что нам нечего ответить, тем более мы и сами не понимаем, почему ведем себя таким образом.

Следующий тест, который проходит мужчина, – это его поведение. Тут оценивается уверенность в себе, уверенность в своих правах как мужчины и адекватность. К этому нужно добавить и обаяние как результат оптимистического отношения к себе и миру, проявляемый через индивидуальность и душевное богатство. На эти качества не влияет возраст и никакие другие обстоятельства.

Правило для знакомства: *Научитесь правильно нарушать личное пространство при знакомстве. Это очень мощный инструмент успешного знакомства как для мужчины, так и для женщины.*

Вы наверняка слышали такой термин, как «личная зона человека». Эта зона, которая есть у каждого из нас и которую мы считаем очень личной, своей и особенной. Когда человек приближается к нам ближе, чем мы можем допустить, и тем самым вторгается в личную зону, у нас возникает дискомфортное состояние. Пример – толкучка в общественном транспорте или очереди. Замечено, что наша личная зона представляет собой не шарообразное пространство, ее структура в виде кокона. Спереди у человека личная зона достигает той же длины, что и его рост, сзади она длиннее этой величины в семь или десять раз, сбоку равняется ширине ладони – поэтому очевидно, что лучше подходить сбоку. Санкционированное разрешение нарушить личную зону является результатом наивысшего доверия.

Развивайте в себе эту способность, она поможет вам быстрее сблизиться и установить доверительное отношение.

Как работает это правило, я наглядно показываю на своем тренинге «Экспресс-знакомство», предлагая принять участие в упражнении «Личное пространство». Задача упражнения – определить, при каких условиях у испытуемых возникает чувство доверия и большего желания общаться с партнером. Для этого участникам предлагается пообщаться на любую тему с предлагаемым партнером при одном общем условии: им завязывают глаза, чтобы испытуемые не видели границы личного пространства – свои и партнера. Сначала участники сидят напротив друг друга за столом, который и определяет границы. По расположению тела относительно партнера и закрытости поз участников видно, что хотя у них есть чувство безопасности, но именно оно и не позволяет им сблизиться. *То есть мы в безопасности, но это нас не сближает.*

Затем участников размещают по-другому, предлагая сесть на стулья таким образом относительно партнера, чтобы они ощущали комфорт. Стола между ними уже нет. Как вы уже догадались, участники выберут для себя безопасное расстояние. Затем им предлагается опять надеть маски или повязки на глаза. Здесь и начинается самое интересное. С момента начала разговора большинство участников непроизвольно начинают придвигать стулья друг к другу. Повязка на глазах не дает возможности контролировать собственные границы, поэтому они начинают руководствоваться только собственными ощущениями. Мало того, перед началом упражнения все участники видят друг друга и могут определить степень симпатии. Поэтому если партнер симпатичен и при этом имеет приятный голос и обладает умением вести разговор, к нему придвигаются довольно быстро. Может произойти и другой вариант. Если партнер не произвел благоприятного впечатления своей внешностью, но в разговоре был интересен, то и здесь наблюдается положительный результат: стул придвигается. Отрицательный результат имеют пары, которые изначально не симпатизировали друг другу и не произвели благоприятного впечатления при общении. В этом случае стулья остаются на месте или один и даже оба партнера отодвигаются друг от друга. У меня был случай, когда на тренинг пришел мужчина, который буквально за пять минут настроил против себя всю женскую аудиторию. Все участницы, которым пришлось быть с ним в паре, в ситуации без стола держали дистанцию с риском не расслышать слова собеседника, а своим видом демонстрировали открытое игнорирование.

В качестве примера я предлагаю вам следующие фотографии. На первой фотографии вы видите, что участники сидят за столом. Расположение тел и позы говорят о закрытости.

Вернемся к нашей технологии.

Напомню, чтобы познакомиться:

1. Надо установить контакт с тем, с кем хотите познакомиться.

Для того чтобы установить контакт, вы должны овладеть искусством привлекать к себе внимание, даже не открывая рта. Об этой форме привлечения внимания давно известно, а название ей ФЛИРТ.

Искусство флирта

Флирт имеет давнюю историю, но окончательно он оформился в куртуазной субкультуре Франции XVII–XVIII вв. Изначально флирт представлял собой умение преподносить цветы особам противоположного пола. Рождение нового смысла описал английский писатель лорд Честерфилд. По его словам, на одном из великосветских приемов леди Френсис то открывала, то закрывала свой веер, то прятала за него все лицо, то только глаза. И когда беседовавший с нею мужчина в шутку сделал ей замечание за такое дразнящее поведение, она ответила, что это только «флирт», она всего лишь машет веером. С ее легкой руки это слово получило большое распространение сперва в Великобритании, а затем по всему миру.

Флирт, как форма привлечения внимания, включает в себя определенную технику, состоящую из ряда шагов.

1. Прельщение.

Первое – это внешний вид. Даже привлекательная по природе, но неухоженная женщина вряд ли привлечет внимание, даже если она владеет всеми последующими приемами флирта.

Первый шаг флирта – умение показать свое тело. Ноги, грудь и волосы – это женское «оружие массового поражения». Мастерство в этом шаге определяется открытостью этих частей тела, но в рамках приличия.

2. Привлечение взглядом. Во флирте главное – показать заинтересованность. Оружие женщины – это взгляд. Наглый взгляд смущает, отсутствие взгляда обозначает холодность. Поэтому классика флирта – это взгляд украдкой, отведение взгляда, как только мужчина заметил его. Отведение взгляда символизирует скромность – традиционную женскую добродетель.

Технология проста. Выбираете объект, пристально смотрите на выбранного вами мужчину, слегка опустив веки, в течение 5 секунд, т.к. 3 секунды – это вежливость, 4 секунды – недостаточно, 5 секунд – достаточно для того, чтобы мужчина понял, что женщина им интересуется. Ваш взгляд должен быть направлен на глаза, губы или грудь мужчины.

Затем, не спеша, отводите глаза в сторону одновременно с легким поворотом головы. Это дает завораживающее ощущение и дразнящий намек на то, что за тобой украдкой подглядывают.

Потом опять переводите взгляд на мужчину.

Запомните! Второй взгляд должен быть лукавым. Убедитесь, что объект поймал ваш второй взгляд. Еще раз опустите глаза, улыбнитесь и вновь посмотрите на него все с той же лукавой улыбкой. Улыбка и кивок усиливают впечатление от взгляда.

Этого вполне будет достаточно, чтобы переместить «чашу весов» в вашу сторону. А ощущения, которые возникнут, могут воспламенить практически любого нормального мужчину. Как утверждают они сами, это придает уверенности и решимости познакомиться с женщиной. Тем более что на этом этапе флирта женщина должна сделать все возможное, чтобы мужчина захотел познакомиться только с ней.

Если мужчина вам понравился, попробуйте закрепить результат. Ненавязчиво продемонстрируйте свою физическую привлекательность. Повернитесь к нему или поменяйте позу, если у вас получится, откиньте красиво волосы назад рукой. Рекомендую обязательно потренироваться перед зеркалом, чтобы движения были не только привлекательными, но и, самое главное, естественными.

3. Удерживание.

Третье – это умение удержать. Когда мужчина подойдет к вам, не старайтесь думать о том, как завести разговор – это проблема мужчины, или (напоминаю) водителя. Пусть задает вопросы, предлагает темы для разговора, ваша задача – его поддерживать. Сколько мимолетных знакомств не имеют продолжения! В беседе женщина должна подчеркнуть заинтересованность и уважение к мужчине, восхищенно смотреть на него и соглашаться, усилить половое влечение лестью. Это называется *комплимент*. Например:

Доверительно сообщите: «Еще никто в мире не мог похвастаться тем, что сумел познакомиться со мной так быстро! А именно вам это удалось, потому что я чувствую, что вы хороший! И это самое настоящее чудо! Даже как-то неловко, что я так быстро попала под ваше влияние!»

На этом этапе также важно умение войти в личное пространство, то есть приблизиться на расстояние тонкого запаха духов, *прикосновения* (случайно прикоснуться к его руке, рукаву или плечу). Ничто так не возбуждает мужчину, как чувство значимости. Тщеславие хотя бы в какой-то степени свойственно любому человеку.

Не бойтесь смотреть ему в глаза и обязательно улыбайтесь, это придаст мужчине уверенности и покажет степень вашей благосклонности.

И вот *контакт* установлен, и ваш мужчина делает первый шаг или уже приближается к вам, чтобы познакомиться.

Теперь вам надо пообщаться.

Помните: чтобы поговорить с вами, мужчина преодолел страх отказа и смущение. Постарайтесь быть учтивой. Мужчина приближается не для того, чтобы вас обидеть, а потому, что вы ему понравились.

Общение

Общение – это этап сбора информации. Первый разговор, как правило, идет по определенному сценарию, в котором используются одни и те же заготовки. Например, все мы не раз слышали: «Чем занимаетесь?», «Где учитесь?», «Чем увлекаетесь?» и т.п.

Рекомендую женщинам не быть критичными, требуя от мужчины оригинальности. Прервав его, вы лишите его возможности перейти к чему-то более содержательному. Чтобы «дверь открылась, а не захлопнулась», поддержите мужчину, и он с радостью отступит от общепринятого сценария.

Мужчины очень любят комплименты, постарайтесь найти хоть один. Например, похвалите симпатичный галстук или скажите, что он решительный мужчина, который так легко может подойти и заговорить с женщиной. В разговоре реагируйте на реплики не просто вежливо, а с живостью: мужчине приятно видеть, что он вам не безразличен.

Милые дамы! Научитесь, наконец, с достоинством реагировать и отвечать на мужские комплименты. Будьте чуткими к ним и обязательно благодарите, но не делайте это с чувством неудобства. Если вы восторгаетесь красотой розы, ваши чувства естественны. Если бы вы были розой, то знали бы, насколько красивы, а то, что вызываете чувство наслаждения – это естественно для вас. Благодарите мужчину за то, что он сумел найти нужные слова, чтобы выразить свои чувства, а не за то, что он вообще сказал, что вы красивы.

Несколько вариантов ответа на комплименты:

- Вы знаете, как ваш комплимент поднял мне настроение!
- Спасибо за ваши приятные слова!

Совет: *Не обижайтесь на то, что адресованные вам комплименты могут быть не совсем изящными. К сожалению, наших мужчин этому никто не учит.*

Подыгрывайте понравившемуся мужчине. Результатом женских хитростей и игр может стать прочная любовная связь. Думаю, что вы со мной согласитесь.

Ваше отношение к происходящему можно передавать не только при помощи слов, но и посредством мимики и жестов, но не переусердствуйте. Во время знакомства мужчина, несомненно, нуждается в поощрении, но некоторые женщины определенно «перехватывают через край». Они буквально набрасываются на мужчину, окатывая его волнами сексуальности. Возможно, мужчина не прочь одержать столь быструю победу, но если вы хотите заполучить достойного партнера для долгосрочных отношений, применять такую тактику не стоит.

И опять правило:

Период от момента знакомства до второго свидания — это только время произвести хорошее впечатление и возможность понять по полученной информации истинные намерения мужчины. Помните! Знакомство — это не первое свидание!

Знакомство и само общение должно быть недолгим, где-то около 20 минут. Это требование относится к тем случаям, когда вам понравился мужчина и вы хотите развивать отношения. Тогда ваша задача заключается в том, чтобы у мужчины возникло желание продолжить общение с вами, то есть вы должны возбудить его аппетит, а не дать перенасытиться вашим обществом. Он должен захотеть вложить свои усилия в этот процесс и побыть в состоянии драйва. Не бойтесь, нормальный мужчина это оценит.

И еще несколько правил в рамках темы «водитель и пассажир».

1. Говорите о чувствах. «Пассажир» говорит только о своих чувствах: «Я чувствую» и никогда: «Я думаю». Думать – это прерогатива «водителя».
2. Если «пассажир» чего-то не хочет делать или попал в неудобную ситуацию, то надо обратиться к «водителю» со словами «Я чувствую себя неуютно» или «Я чувствую себя неловко».
3. Не спорьте! «Пассажир» никогда не должен спорить с «водителем». Вы не должны мешать ему вести ваши отношения по заданному маршруту. В конфликтных ситуациях «пассажир» обращается к «водителю» со словами: «Я понимаю», но при этом вы не должны отказываться от своей позиции.
4. Не думайте о чувствах мужчины. Если «пассажир» считает, что обидел «водителя» своим отказом или отстаиванием своей позиции и переживает по этому поводу, это неверно. «Пассажир» не ответственен за чувства «водителя», он обязан отвечать только за свои чувства и думать о них.
5. Не поддавайтесь на провокации. «Водитель» хочет понять, кто вы: такой же «водитель», как и он, или «пассажир». Поэтому во всех ситуациях ведите себя как «пассажир».
6. Не бойтесь отсева. «Пассажиру» важно найти опытного «водителя», который будет заботиться о «пассажире» и сможет быть ответственным за отношения. Если «водитель» по каким-либо причинам не готов принять ответственность за «совместную поездку», «пассажир» не должен бояться расстаться с таким «водителем».

Мы так устроены, что вечно общаться с другим человеком не можем, поэтому общение должно плавно перейти к *расставанию*. Когда правильнее расстаться?

Если мужчине понравилось с вами беседовать, он захочет снова вас увидеть, поэтому начнет прикидывать, как бы узнать ваш номер телефона. Все мы прекрасно осведомлены о мужских страхах. По-моему, уже нет ни одной психологической книги, где бы об этом не писалось. Мужчина боится показаться непочтительным или боится услышать «нет». Женщине позволительно осторожно намекнуть или подбодрить мужчину сделать первый шаг. Вы можете в разговоре отметить, что он приятный собеседник и что вы хотели бы увидеть его снова.

Например: «Мне было приятно с вами познакомиться, и я с удовольствием продолжила бы разговор на столь интересную для нас обоих тему».

Если мужчина не реагирует на ваши намеки, то, скорее всего, вы его не заинтересовали, или ему это было не надо, или он не уверен в себе. Если мужчина вас не заинтересовал, но решился попросить у вас телефон, я считаю, что ему нужно честно отказать, а не давать фальшивый номер. Во-первых, это попросту невежливо, а во-вторых, чем меньше мы будем давать мужчинам поводов считать нас «динамистками», тем лучше для нас самих. Ведь на такое поведение у мужчин естественная реакция. Чему тогда удивляться, что они отыгрываются за наше же поведение на нас самих и «расплачиваются» той же монетой. Уважающий себя человек уважает другого. Неуважительное отношение к другим, прежде всего, характеризует самого человека, поэтому ему стоит задуматься о самооценке.

Есть еще одна тонкость. Мужчинами давно замечено, что если женщина не дает свой номер телефона, а берет его у мужчины, это означает, что она не собирается ему звонить. Это одна из форм отказа. Мужчины тоже иногда так себя ведут. Но если вы действительно планируете поддержать отношения с этим мужчиной, желательно показать новому знакомому ваши намерения. Можно уточнить, когда вы будете ему звонить. И обязательно сделайте это. Женщина способна ранить мужское самолюбие, поэтому они так осторожны. Наша обязательность и уважительное отношение подбодрит мужчин и вернется сторицей.

И прежде чем дать новому знакомому свой телефон, обязательно скажите:

«Хорошо, я дам вам свой номер телефона! Хотя, честно говоря, сама поражаюсь тому, что я готова это сделать... Ведь вокруг так много мужчин, которые не умеют себя вести, грубят и хамят. Я еще совсем не знаю вас, однако вы уже успели произвести самое приятное впечатление, и я надеюсь, что вы сможете оправдать мое доверие... В общем, я вам на самом деле доверяю и рассчитываю на то, что вы окажетесь достойным мужчиной. Мой номер ...»

После расставания вы обязательно захотите проанализировать впечатления о встрече.

Их эмоциональная окраска будет зависеть от того, насколько приятным или неприятным было общение. В положительной эмоциональной окраске общения, особенно для женщины, есть серьезный подвох. Реальный взгляд на полученные факты могут подменить фантазии. Прекрасно, если мужчина произвел на вас приятное впечатление, но не забывайте о том, что дальнейшее развитие событий и качественная сторона самого знакомства будет зависеть от того, чем вы руководствуетесь на этом этапе, здравым смыслом или только чувствами. Не давайте воображению слишком разыграться, потому что мужчина размышляет на эту тему совсем по-другому.

Первый телефонный звонок

Познакомившись с женщиной и записав ее телефон, мужчина не заглядывает в будущее дальше первого телефонного звонка.

Для любой женщины логична следующая последовательность событий: раз первая беседа прошла удачно, а это означает, что, вероятнее всего, вы подходите друг другу, то мужчина, с которым она познакомилась, должен и будет звонить. Не факт. И чаще всего он не звонит. Почему?

С вопроса: звонить или не звонить – начинаются мужские размышления, цель которых оценить все плюсы и минусы от предполагаемых ожиданий. И чаша весов, как правило, перевешивает не в сторону желания позвонить. Сами мужчины говорят: «Мы можем изобрести массу причин, чтобы не позвонить».

Какие это могут быть причины?

- Мужчина, имеющий опыт общения с женщинами, знает одну ее особенность. Он никогда не может быть уверенным в том, как женщина отреагирует, или прогнозировать с большой степенью вероятности, как поступит женщина в той или иной ситуации. А если нет исходных данных, а самое главное, возможного прогноза женской реакции, то он становится беззащитным перед такой ситуацией. Например: «Вспомнит ли она меня? Ждет ли звонка? Вдруг при нашем знакомстве у нее было хорошее настроение, а сейчас может оказаться, что она не в духе? Может быть, она уже нашла кого-то?» и т.д. и т.п. Значит, вероятность отказа очень велика.

- Мужчине нужно время, чтобы осмыслить встречу, проанализировать свои ощущения и попытаться понять, все ли он делал правильно, а главное, вспомнить, какова была реакция женщины и есть ли в этом скрытый смысл. Анализ позволит определить, стоит ли женщина тех усилий, которые он собирается в нее вложить. И опять будут вопросы и сомнения: «Не слишком ли она экстравагантна или эмоционально открыта? Она предпочитает активный отдых, а он привык ходить куда-нибудь не каждый вечер». Решающим аргументом может стать ощущение того, что вспышка физического и эмоционального влечения была недостаточна. Особое значение, которое будет влиять на решение, ухаживать ли за новой знакомой и позвонить ли ей, имеет совпадение реальных черт характера женщины с теми, которые ценит именно этот мужчина. Если что-то идет вразрез с его склонностями, мужчине будет нетрудно забыть о собеседнице.

Совет: *нет никакого смысла казаться не такой, какая Вы есть на самом деле. Рано или поздно Ваше истинное «я» даст о себе знать, и станет понятно, были ли Вы изначально несовместимы. Еще раз напомню схему, которую не следует игнорировать и которая срабатывает у всех женщин.*

> *Вкладывая силы в отношения, вы привыкаете к ним. Привычка рождает близость. Близость рождает надежду. А для женщины самое страшное – это крушение надежды.*

- Одна из моих главных рекомендаций при знакомстве – это напоминание о том, *что период от момента знакомства до второго свидания – это только время произвести хорошее впечатление и возможность понять по полученной информации истинные намерения мужчины.* К моему сожалению, в правдивости этих слов женщина убеждается только путем собственных ошибок, одна из которых – упомянуть о своей занятости или позиционировать себя как слишком занятую деловую женщину. Не давая оценок, мужчина считает, что с такой женщиной нормальные отношения не построишь. Поэтому и не звонит.

А может быть и такое:

- Его целью было просто получить телефон.
- Он вам не звонит, потому что не думает о вас.
- У него дурные манеры. Если он дает обещание, а потом подводит вас по мелочам, будьте уверены: то же самое случится, когда дело дойдет до более серьезных вещей. Помните об этом и имейте в виду, что этому мужчине не составит труда разочаровать вас.
- Он слишком занят. Слово «занят» подобно оружию массового поражения, которое одним залпом может разрушить любые отношения. Чрезвычайная «занятость» может показаться убедительным оправданием, но на деле за этим понятием всегда скрывается мужчина, который

не был заинтересован в том, чтобы вам позвонить. Помните: у мужчины всегда найдется время, чтобы добиться того, чего он хочет.

Этот список можно продолжать до бесконечности, а стоит ли?

ВЫ ЗАСЛУЖИВАЕТЕ ТОГО, ЧТОБЫ ВАМ, ЧЕРТ ВОЗЬМИ, ПОЗВОНИЛИ!

Лучше подумайте вот над чем.

Мы, женщины, прекрасно знаем, что мы умные. Мы все понимаем. Мы знаем, что мужчины должны быть заботливыми, внимательными и обходительными. Мы знаем, что если они пообещали, то должны позвонить и таким образом проявить внимание и заботу.

И вот мы встречаем мужчину, у которого на самом деле есть идеальное оправдание его дурного поведения: его семья разваливается, и ему приходится думать обо всех ее членах. Он покупает новую квартиру или переезжает и раньше себе представить не мог, как это сложно. У него действительно завал на работе, и он не может выделить для нас времени, и бла-бла-бла-бла... «Но все это только временные трудности, – говорит он, – надо немного подождать».

Мы знаем, что нелегко встретить мужчину, который привлекает и волнует нас. И всегда хочется верить, что мужчина, с которым мы знакомимся, честный, добрый и имеет в отношении нас самые благие намерения. Но когда нам впервые режет глаз проблеск его дурного поведения, то сначала больше всего хочется надеяться, что это было совсем не то, что мы думали. Но правда одна. Мы не настолько ему понравились, чтобы он не желал нам сделать больно.

Встречи и свидания с человеком, который нравится, должны приносить радость, а не боль. И хватит находить мужчинам нелепые оправдания. Хватит дергаться, дежурить у телефона и ждать, когда он позвонит. Хватит расстраивать планы провести вечер с друзьями из-за того, что каждые десять минут мы начинаем узнавать, не оставил ли он для нас сообщения. Хватить ненавидеть себя за то, что позвонили ему, хотя знали, что не должны были этого делать.

Мужчина, которому вы действительно понравитесь, окружит вас такой заботой и вниманием, что все эти телефонные глупости вообще не будут волновать вас.

Все мужчины, которых я опросила на тему телефонного звонка, заявили, что всегда найдут минутку, чтобы позвонить женщине, которая им действительно нравится. Мужчина умеет определять для себя приоритеты. А первый телефонный звонок станет хорошей возможностью сделать вашу встречу реальной.

Рассказывая об этапе «Первый телефонный звонок», я всегда делаю акцент на том, что его основная задача – возможность назначить первое свидание. Вы можете быть уверенными, что свидание произойдет, если получили такие сигналы:

- Мужчина позвонил на следующий день и поблагодарил вас за приятное знакомство.
- Он позвонил в назначенный срок, как и обещал.
- Во время вашего разговора он был внимательным слушателем, казался чутким, а сам разговор был непринужденным и интересным для вас обоих.

> **Совет:** *нет необходимости раскрывать все свои достоинства в телефонном разговоре, это можно сделать только при личном общении, поэтому обсуждение серьезных тем лучше отложить до первого свидания.*

- Мужчина проявил гибкость при обсуждении места и времени вашей встречи, и вы поняли, что он планирует ваше свидание. А в конце разговора, как результат, он приглашает вас на первое свидание.

Или ситуация может развиваться и по другому сценарию. Например, перечень тревожных сигналов:

- Он позвонил слишком скоро, вы даже не успели доехать до дома. Не путайте эту ситуацию с возможной вежливостью вашего нового знакомого, их можно отличить по тому, что именно говорит вам мужчина. Если он позвонил, чтобы убедиться, что вы благополучно доехали до дома, и желает вам спокойной ночи, такое отношение только прибавит ему бонусы к вашей симпатии. А если он продолжает разговор и начинает обсуждать новые темы, это тревожный сигнал.
- Он обещал позвонить в одно время, а позвонил позже. Мало того, что не дал никаких объяснений, он перед вами не извинился.
- Он звонит в неурочный час и предлагает сразу встретиться.
- Ваша беседа выглядит бессмысленной, или он неохотно отвечает на ваши вопросы.
- Вам показалось, что он говорит неискренне или что-то недоговаривает.

- Ваш разговор превращается в сеанс психотерапии.
- При выборе места вашей встречи он зовет сходить на мужское развлечение: встречу с его друзьями, спортивное мероприятие, в спорт-бар, где будет проходить интересный матч, или предлагает встретиться в метро, у памятника, подъехать к его работе или пересечься где-нибудь, когда он поедет по своим делам, другими словами, предлагает именно то, что устраивает его, а не вас.
- Ваш первый телефонный звонок превращается в череду звонков, а в результате вы никак не можете договориться о встрече или он постоянно ее откладывает.
- В конце разговора он не приглашает вас на свидание, а использует распространенную форму отказа – слово «созвонимся».

Как показывают наблюдения, вы можете получить один тревожный сигнал или весь комплект, но в любом случае сценарий ваших отношений один: если они и будут развиваться, то только по схеме, которую я назвала «лошадка для других целей».

Об этом мы говорили в третьей главе.

И вот, когда все складывается замечательно и этап «Первый телефонный звонок» пройден без тревожных сигналов, то есть вы договорились о месте и времени свидания, вы на пороге следующего испытания, или уровня игры под названием «Первое свидание».

Первое свидание

Как показывает опыт, вероятность встретить подходящего мужчину, который бы позвонил, назначил свидание и, наконец, пришел на него, ничтожно мала. Почему? Среднестатистический мужчина позвонит приблизительно пятой части женщин, телефоны которых он записал. При этом чаще всего он может столкнуться с ситуацией, когда среди номеров, которые он все-таки решился набрать, может оказаться несуществующий, или он услышит автоответчик. А если он и дозвонится, то рискует услышать отказ или вступить в бессмысленные объяснения, откуда он и кто ему дал этот номер. Мало того, свидание может так и не произойти из-за трудности выбора времени: женщина слишком занята, мужчина чересчур занят или оба не готовы приложить усилия, чтобы встретиться. И если даже между вами и пробежала искра симпатии, пламя может быстро угаснуть. О том, что делать, я уже подробно рассказала.

В своих инструкциях я постоянно напоминаю о необходимости приложить максимальные усилия для произведения благоприятного впечатления о себе. Задача женщины во время первого свидания сводится к тому, чтобы завладеть мыслями мужчины и мотивировать его вновь встретиться с ней.

Но для начала женщине надо научиться не совершать ошибок, которые могут превратить идеально начавшееся свидание в кошмар. Наиболее частые претензии мужчин сводятся к следующему:

- Самая серьезная претензия, которую мужчины (не без основания) предъявляют женщинам – это потребительское отношение к мужчине. Если вам кажется, что это не заметно, вы ошибаетесь. Мужчина практически мгновенно понимает, рассматривает ли его женщина как своеобразный арендно-инвестиционный проект. Со слов мужчин, это вариант «дойной коровы» или некое взятое напрокат имущество (денежный мешок, полезный механизм и рабочая сила в придачу).

Женщина, которая ведет себя таким образом, уверена, что мужчины ей чем-то обязаны. Предлагая себя в качестве объекта инвестирования, взамен она требует определенных услуг. Плата за ее общение с мужчиной предполагается в явной или скрытой форме.

Явная – это полная оплата совместных трат: от билетов в кино, ресторанного счета и т.п. до бесконечности, в зависимости от ее фантазии. (Только не надо путать ситуации, когда это совпадает с добровольным желанием самого мужчины.)

Скрытая – подарки, выполнение работ по дому и даче, решение различного рода проблем, вплоть до оплаты жилья, питания и покрытия всех возможных расходов, таких как развлечения, путешествия, покупки и карманные деньги.

Далее по списку:

- Собеседница не слушает, не поддерживает разговор или заботится только о том, чтобы рассказать собственную историю. Отстраненность, или одностороннее общение, не доставляет удовольствия.
- Форма подачи информации. Женщина слишком подробно рассказывает о своих прошлых отношениях или о приятеле, с которым только что рассталась. Нет разницы, в какой форме вы об этом говорите, хвалите бывшего или сетуете на него. У мужчины, который рядом с вами, нет желания ни соперничать, ни оценивать себя. Его цель, как и ваша, лучше узнать собеседника, сосредоточиться на том, чтобы наладить с ним от-

ношения, а рассказывая о бывших, вы едва ли достигнете этой цели.

- Выбор темы. Серьезные темы, такие как рассказ о трагических событиях, произошедших в вашей жизни, или темы, связанные с планами на будущее (я имею в виду желание выйти замуж или родить детей) – не лучшая возможность заинтересовать и произвести благоприятное впечатление. Приберегите эти разговоры для более позднего периода отношений.

Все эти ошибки выявляют вашу неспособность быть интеллектуально привлекательной.

> **Совет:** *поскольку вы недостаточно знаете собеседника, у вас не будет нового шанса произвести благоприятное впечатление, поэтому на первом свидании действуйте осмотрительно. Общаясь с незнакомыми людьми, мы оцениваем каждое сказанное слово, и чаще всего неверно его истолковываем, а это может привести к тому, что и о нас сложится неверное представление.*

Первое свидание пройдет успешно, если вы продемонстрируете самое важное женское качество – УМЕНИЕ БЫТЬ МИЛОЙ, или эмоциональную привлекательность. Ни один мужчина не устоит перед обаятельной, нежной и ласковой женщиной. Мужчинам нравится доброта и внимание, приветливость и уступчивость. Но не старайтесь угодить настолько, чтобы вас стали воспринимать половой тряпкой.

Не перебарщивайте в своем желании казаться умной, сексуальной и соблазнительной. Мужчинам достаточно того, чтобы вы излучали уют, спокойствие и непринужденность. Первое свидание – это всегда стрессовая ситуация. Будьте деликатной, способной ослабить нервозность совместно проведенного вечера, и мужчина вам будет очень благодарен. Например, поблагодарите за выбор места, куда вас пригласили, или любым другим способом выразите свое удовольствие. Подробные рекомендации я опубликовала в своей книге «Мужчина твоей мечты: найти и быть с ним счастливой» и посвятила им две главы: «Женская сущность и ее противоречия» и «Тропою “стервы”». Не поленитесь, найдите и прочитайте. Полученная информация будет хорошей страховкой от неудач.

Ваше первое свидание пройдет успешно, если:

1. Ваш мужчина был настолько галантен, что предложил заехать за вами. Не стоит воспринимать как тревожный сигнал ситуацию, если мужчина предложил встретиться на нейтральной территории и вы доехали туда сами.
2. Точность – вежливость королей. Хорошее отношение к вам мужчина может продемонстрировать тем, насколько он руководствуется этой пословицей. Если мужчина опаздывает, у него есть возможность предупредить вас. В противном случае рекомендую ждать не более 15 минут.
3. Хорошее воспитание никто не отменял. Мужчина знает, как ухаживать за женщиной. Умеет открывать перед ней двери, сделать заказ, спросив, чего вы желаете, подарить цветы, помочь вам снять и надеть верхнюю одежду. Не игнорируйте эти знаки внимания.
4. Весь вечер вы чувствовали его интерес к вам. Он пытался произвести на вас впечатление, был искренен, весел, интересовался вашей жизнью.

5. Ваша встреча проходила в кафе или ресторане, и мужчина оплатил счет. Помните! Нормальный мужчина обязательно сделает это.
6. В конце свидания он заговорил о возможности встретиться с вами еще раз.
7. Он предложил проводить вас.

Женщины часто меня спрашивают относительно того, стоит ли позволить мужчине проводить их до дома. Этот вопрос продиктован прежде всего чувством безопасности. Я рекомендую руководствоваться своими желаниями. Если вы по каким-то причинам не хотите этого, поблагодарите мужчину за приятно проведенное время и озвучьте свое желание ехать одной. Но при этом помните, что в следующий раз вам придется его попросить о сопровождении.

Не стоит удивляться, если мужчина, с которым вы только что провели первое свидание, попросит вас встретиться с ним уже на следующий день. Мужчина – создание импульсивное, руководствуется своими желаниями, и порой ему бывает трудно планировать встречи заранее. И при этом ему нравятся женщины, способные на спонтанные решения.

Но не следует слишком расстраиваться, если мужчина не отреагировал сразу. Большинству необходимо некоторое время для осмысления и переваривания полученной информации, а также достижения уверенности, что вы непременно захотите его увидеть снова. Если у мужчины есть хоть малейшее подозрение, что он не понравился, его «мысленные весы» качнутся в сторону отказа, и он не позвонит. Это может быть результат неверно истолкованных сигналов, полученных от женщины – например, негативных флюидов, которые излучала женщина (мужчины очень восприимчивы к ним), или неверно интерпретированная случайно брошенная фраза. Причина – страх возможного получения отказа со стороны женщины.

Вот история одной моей клиентки. Катерина познакомилась с Андреем через Интернет. Они несколько раз беседовали по телефону, и их разговоры отличались легкостью и откровенностью. Андрей предложил встретиться. Первое свидание решили провести в небольшом ресторанчике. Оба были взволнованы предстоящей встречей. К удивлению Андрея, за ужином Катерина почему-то была немногословна и хранила непробиваемое молчание. Он пытался втянуть ее в беседу, но это оказалось безнадежным занятием, – позже описывал он мне свои впечатления. Он не мог поверить столь разительной перемене: женщина, которая была такой откровенной и красноречивой в телефонной беседе, оказалась такой молчаливой при личной встрече.

«Что же произошло?» – думал он. Андрею показалась, что ей неприятно его общество, и он решил завершить встречу как можно быстрее и никогда больше не звонить. Когда они уже собирались домой, спутница извинилась за неразговорчивость, объяснив, что жутко устала после неожиданно затянувшегося рабочего дня. Андрей попытался взглянуть на дело по-иному и задумался – не увидеться ли с ней снова. Однако он уже принял первое решение расстаться, когда его «мысленные весы» застряли на негативной отметке, и они больше не виделись.

На решение Андрея больше не встречаться с Катериной повлияло одно мужское правило, а именно: *мужчина, приняв в отношениях решение, редко его меняет, или решение в отношениях (уйти или остаться) принимает мужчина, женщина лишь руководствуется этим решением.*

Более конкретное понимание этого правила вы получите на примерах, когда мы будем рассматривать развитие отношений на следующих этапах, а сейчас примите эту информацию как аксиому.

> Не надо расстраиваться по этому поводу, и вот почему. Любая женщина способна повлиять на решение или подвести мужчину к принятию нужного именно ей решения.

Например, женщина может не только создать благоприятную атмосферу для общения и поблагодарить за приятно проведенный вечер, но и продублировать свою благодарность телефонным звонком на следующий день. Мужчине это нравится. И не нужно бояться, что вы утратите притягательность, мужчина будет счастлив получить от вас весточку. Но телефонный звонок должен быть только *благодарственным*. Не переусердствуйте с предложением назначить или вынудить провести с вами второе свидание. Только поблагодарите и дайте понять, что были бы рады увидеть его вновь. Когда это произойдет, мужчина должен решить сам. Ваш звонок может положить конец его сомнениям, и он удостоверится, что понравился вам.

Если вы все сделали правильно, произвели впечатление, посылали верные сигналы и понравились мужчине, он обязательно позвонит и назначит второе свидание. Это может произойти, когда у мужчины спадет напряжение и он будет готов продолжить общение с вами. Вы также обязательно почувствуете степень симпатии к вам по тону беседы и поймете, нравитесь вы ему или нет. А именно:

1. Он будет расспрашивать вас о вашей семье и работе, интересоваться последними событиями вашей жизни.

2. Вы отметите для себя, что он помнит, о чем вы говорили во время свидания.
3. Продолжительность разговоров и эмоциональная окраска – это тоже показатель его заинтересованности. Если мужчина долго и с интересом беседует с вами по телефону (не путайте с первым звонком), это признак того, что он питает к вам симпатию и всегда найдет время с вами поговорить, чтобы узнать вас получше.

Но бывают и ситуации, когда ваши отношения будут развиваться по другим сценариям. К тревожным сигналам вы можете отнести следующие особенности поведения мужчины:

1. Вам никак не удается заранее спланировать свидание (кроме случаев, когда свидание откладывается из-за вас), или он предлагает встретиться в последнюю минуту.
2. Он неприлично опаздывает (больше 15 минут), не извиняется или не приезжает совсем.
3. Во время встречи он не проявляет к вам интереса или делает все, чтобы быстро уйти, ведет себя непристойно: груб, стебается, смотрит на других женщин.
4. Обсуждение скользких тем говорит либо о невоспитанности мужчины, либо о его желании вас оттолкнуть.
5. Критические рассуждения о женщинах в целом или о своей бывшей партнерше.
6. Ваша встреча превратилась в сеанс психотерапии.
7. Вы чувствуете неискренность мужчины. Он не отвечает на ваши вопросы, раздражается, становится категоричным в высказываниях. Такое поведение является своеобразной формой защиты или желанием быстрее расстаться с вами.

8. Он предлагает вам заплатить за себя.
9. В конце свидания предлагает вам продолжить вечер у него или настойчиво просится к вам. На ваш отказ обижается или становится грубым.
10. Он говорит «созвонимся» или не предлагает встретиться еще раз.

> **Совет:** *печально знаменитые слова «созвонимся» или «я позвоню» сейчас означают более спокойную форму отказа, хотя совсем недавно это было не более чем восклицание, то, что можно произнести перед уходом, предоставляя женщине делать любые предположения. В любом случае не стоит пытаться расшифровать смысл этих слов, потому что с уверенностью можно сказать, что этот мужчина вам не позвонит.*

Будьте особенно внимательны, если вы на первом свидании получили тревожные сигналы и мужчина желает продолжить знакомство с вами. Дальнейшее развитие отношений пойдет по сценарию «лошадка для других целей». В результате они все равно закончатся, так и не перейдя на другой уровень близости, либо вы зависнете в них, что приведет к ситуации «отношения топчутся на месте».

К сожалению, женщина чаще всего не обращает на это внимания и имеет свойство быстро все забывать. Правдивость моих слов подтверждают, например, такие тревожные сигналы:

- Ваш мужчина настойчиво звонит вам целыми днями, но только в обеденный перерыв, или уезжает из города и не предупреждает вас. Стоит ли уточнять, что телефоны есть везде?

- Во время ваших встреч своим поведением он доставляет вам массу неудобств, заносчив, цепляется к вам и к окружающим с замечаниями или заигрывает в вашем присутствии с другими женщинами, и вы не можете освободиться от чувства дискомфорта. Его полное неуважение к вам может быть завуалировано. Он принимается подкалывать вас, отпускать саркастические замечания. С момента вашего знакомства он делает непристойные сексуальные намеки, касающиеся вас самой или других женщин, которые находятся рядом с вами, провоцирует вас на обсуждение скользких тем.

Не надо питать иллюзий относительно того, что это просто недоразумение и он изменит свое поведение, как только вы станете ближе друг для друга или сможете его переделать.

Не забывайте, что ни один мужчина не станет вести себя таким образом в присутствии женщины, которой он увлечен.

В сценарии «лошадка для других целей» труднее всего распознать мужчину, который встречается с другой женщиной (я имею в виду «с серьезными намерениями») или женат. Мотивация мужчины может быть разная. Используя вас, он пытается понять, насколько любит другую, или переживает трудности в отношениях с подругой, или еще бог знает что. Предупреждающие сигналы могут выглядеть следующим образом:

- Вы до сих пор не знаете его номера, или он часто говорит, что не может сейчас разговаривать, и сам перезванивает.
- Ваши свидания проходят только по будням или тогда, когда удобно ему. Есть один проверенный способ прояснить ситуацию – форсируйте события сами. Например, попросите его номер теле-

фона или назначьте свидание на выходные. Если на ваше предложение он начинает злиться или по разным причинам отказывает вам в просьбе, значит, он морочит вам голову, и вам стоит задуматься, имеет ли смысл продолжать отношения.

Не сбрасывайте со счетов еще одну категорию мужчин, поведение которых говорит о том, что они не собираются строить серьезные отношения. Одним из вариантов может быть мужчина, который хочет с вами просто переспать. Он может быть весьма сексуальным и умным, потому что владеет техникой, как «завести» женщину, построенной на способности внушить ей надежду. Он умеет обхаживать женщину по высшему разряду, и, вероятнее всего, вы замечательно проведете с ним время, ведь благодаря богатому опыту общения с женщинами он научился массе всяких хитростей. Понять его намерения, к сожалению, можно, только переспав с ним. Потом он может позвонить недели через две или как-нибудь вечером, а то и в два часа ночи, горя желанием заняться с вами сексом.

Теперь вам должно быть понятно, что этап знакомства не только важный, но и очень нестабильный. Вам может казаться, что все идет замечательно, но на самом деле у мужчины совсем другое мнение.

Этап отношений «ПАРА»

Мы знакомимся с человеком, он нам нравится; в какой-то момент мы ощущаем необходимость в принятии обязательств как средства упрочнения наших отношений и задаемся вопросом: «Захочу ли я когда-нибудь выйти за него замуж?» И очень хочется получить ответ на поставленный вопрос, но больше всего хочется быть уверенной, что и партнер также задумывается об этом и готов к серьезным отношениям. Такая ситуация обязательно требует действий, но чаще всего мы ничего не делаем, надеясь, что все разрешится само собой. А те женщины, кто, к своему несчастью, набрался смелости и поднял эту тему, попадают в ситуацию, аналогичную той, которая произошла со мной. Что же нас пугает? Неверное понимание слова «обязательства». *Мы понимаем слово «обязательства» как равнозначное слову «брак».*

Я уже отмечала, что существует четыре этапа отношений. Каждый уровень имеет обязательства, через которые отношения проходят по мере своего развития. Какие обязательства первого уровня, которые позволят вам перейти на этап «ПАРА», вы должны сначала обсудить, а затем принять?

1. Вы и ваш партнер понимаете, что у этих отношений есть будущее, они могут перерасти в нечто большее и дойти до уровня «Брак» или закончиться совсем.
2. Вы договариваетесь о том, что согласны работать над дальнейшим развитием отношений, не утаивая своих чувств друг к другу, будете внимательными и заботливыми, добиваясь полного взаимопонимания.
3. Вы будете больше времени проводить вместе, делиться своими мыслями и переживаниями, постараетесь лучше узнать друг друга, чтобы на этой основе создать прочное долговременное партнерство.
4. Вы вместе приходите к соглашению, что будете друг для друга единственными сексуальными партнерами.
5. И главное, вы будете думать о себе и о нем как о «нас».

Совет: *хочу обратить ваше внимание на то, что реакция мужчины, вероятнее всего, будет такой, как в описанном мною примере, не пугайтесь и не расстраивайтесь. Дайте партнеру время все обдумать. Не задавайте ему вопрос, когда он будет готов к этому уровню обязательств. Просто предложите время на обдумывание, например: «Давай вернемся к обсуждению этого вопроса через неделю». И обязательно обсудите его по истечении назначенного срока.*

Если мужчина отказывается или уклоняется от принятия обязательств уровня «Пара», то ничего хорошего из ваших взаимоотношений не получится. Они не могут развиваться дальше без соблюдения верности друг другу, и если партнер не в состоянии понять и оценить по достоинству то, что вы предлагаете, вы не настолько ему нравитесь, чтобы он связал с вами свою судьбу. Оставьте его.

Одна моя клиентка встречалась с мужчиной уже более полугода. Время от времени она обсуждала со мной вопросы, касающиеся отношений с этим мужчиной, и у нее складывалось убеждение, что они имеют будущее.

– Я чувствую и вижу, что нравлюсь ему. Нам хорошо вместе, и мы замечательно проводим время. Наши друзья и знакомые считают, что мы пара, да и сама я чувствую, что у него серьезные намерения.

– Почему вы так решили? – спросила я.

– Он говорит, что любит меня, и проводит со мной все свое время. Мы вместе ходим на разные мероприятия, планируем выходные. Частенько наши встречи заканчиваются в спальне. Правда, сейчас они стали немного обыденными, и мне хочется немного большего, но я думаю, что он скоро сделает серьезный шаг.

– А с чего вы решили, что будете вместе? Почему вы думаете, что в один прекрасный момент он скажет: «Будь моей женой»? – задала я следующий вопрос.

– Как же иначе? Тогда зачем он говорит, что любит? – возмутилась моя клиентка.

– Вполне вероятно, что он вас любит, но по-другому и не настолько, чтобы вы стали его супругой. Вы можете предположить, что такое возможно? – продолжала спрашивать я.

Мои слова заставили ее задуматься. Я предложила ей взять инициативу в свои руки и поговорить с партнером, что она и сделала. После разговора выяснилось, что он не собирается ограничить себя только встречами с ней. Его устраивают отношения без обязательств. После этого она нашла в себе мужество расстаться с ним.

Этот пример – скорее исключение, чем правило. Многие женщины надеются, что отношения будут такими, как им бы хотелось, а события будут развиваться по намеченному сценарию, как в фильмах про любовь, где чувство дарит людям вдохновение, побуждает их совершать удивительные поступки, где героиня находит мужчину своей мечты, чтобы до конца жизни быть с ним рядом.

Но правда жизни такова, что отношения могут развиваться по другим сценариям, например, таким: девушке нравился парень, но он не приглашал ее на свидания, придумывая бесконечные и нелепые оправдания. Она не отставала от него, умудрилась переспать с ним, когда он был под воздействием алкогольного опьянения, и добилась того, что они начали встречаться. Потом он постоянно изменял ей, она страдала, но понимала, что если будет требовать верности, он ее бросит. Сама сделала ему предложение. На свадьбе «счастливый» жених напился от безысходности, и потом они жили долго, мучаясь от не приносящих удовлетворения отношений, которые были построены на столь убогом фундаменте.

Такие сценарии не нравятся никому, и в ваших силах сделать, чтобы они не стали вашими. Это возможно только при условии, что вы будете ценить себя, тем самым дадите вашим отношениям больше шансов дойти до счастливого конца. Тогда вы сможете строить взаимодействие с мужчиной так, чтобы он относился к вам лучше, чем вы сами готовы ему это позволить. Я как женщина знаю, что определенные обстоятельства заставляют нас довольствоваться малым и ничего от мужчин не требовать. А давайте на минуту представим себе, что было бы, если бы все женщины вместе начали бы настаивать на том, чтобы мужчины сдерживали свои обещания, относились к нам с уважением и были более внимательными к нашим просьбам и к нам самим. Тогда, я думаю, в мире появилось бы гораздо больше мужчин, которые научились бы вести себя как следует. И это не лозунг феминистки.

Если научитесь понимать, как думают и чувствуют мужчины (а об этом я подробно рассказала в предыдущей главе), вы узнаете правду о них, примете ее как данность и начнете руководствоваться здравым рассудком – и поверьте, все изменится, и вы получите от жизни то, чего достойны и о чем мечтаете. И перестаньте оправдывать его поведение и отношение, которое вам не нравится. Например, не стоит говорить себе: «Неразумно бросать мужчину из-за того, что он не хочет жениться. Я дам ему столько времени, сколько надо, чтобы он смог поправить свое финансовое положение, а лучше помогу деньгами, чтобы ускорить этот процесс» или: «Надо немного подождать, и за это время мы лучше узнаем друг друга. Я знаю, что наши отношения имеют перспективу, ведь он любит меня, и если я не буду его напрягать, то он скорее поймет, что я нужна ему. Кроме того, я сама пока не готова к браку, как бы там ни было. И время ждет». Задайте себе вопрос: «Я хочу замуж или нет?»

Если хотите, то в этом желании нет ничего плохого, никакого повода чувствовать себя несамодостаточной или несвободной. У мужчины, который прибегает к таким «отмазкам», подобной цели точно нет. Мы, женщины, всегда спотыкаемся на слове «пока» и с пониманием выслушиваем оправдания мужчины. Например, такие: он только что развелся и не готов строить новые отношения, у него плохо с деньгами, или его бизнес действительно переживает не лучшие времена. А если все не так плохо с работой, то карьерный рост только в самом начале, и нет времени отвлекаться на что-то другое. Другое, заметьте – это вы. Это мужские оправдания и отговорки.

Мужчин, которые говорят вам: «Я не готов», объединяет одно – они не уверены, что вы та женщина, которая им нужна. Это самое популярное оправдание в мире, и оно почему-то всегда срабатывает.

Почему нам, женщинам, нравится так терпеливо ждать, пока мужчина «подготовится»? Не странно ли, недоумевают сами мужчины. Женщины с ужасом следят, как их биологические часы неумолимо тикают, но с такой легкостью разбазаривают свое время, когда дело касается «немного подождать». А ведь ждут не день, а год, а некоторые и того больше. Но знаем ли мы хотя бы один пример из собственного опыта или опыта близкого окружения, когда женщина дождалась? Ответ очевиден.

Однажды, будучи в такой ситуации, я пролистала свой дневник и нашла там интересную запись. Я написала себе следующее: «Роза! Если твой мужчина не готов перейти на уровень «Пара» уже более двух лет, то сколько ты готова ждать, чтобы он предложил тебе руку и сердце?» Далее шла запись: «Я не готова ждать ВЕЧНОСТЬ!»

К сожалению, мы даем себе разумные советы, но порой вспоминаем их слишком поздно.

Послушайте, все мы знаем людей, которые встречаются пять лет, восемь лет и все еще не женаты. Мы знаем, что у таких пар все заканчивается не лучшим образом. Неужели вы недостойны того, чтобы с вами был рядом мужчина, который сразу поймет, что вы – самое прекрасное, что случилось с ним в его жизни?

Для достойного мужчины встреча с женщиной, с которой он хочет разделить свою жизнь, всегда становится настоящим событием. Не лишайте ни себя, ни его этого счастья. И когда вы опять услышите от мужчины: «Я НЕ ГОТОВ», – помните, что все банально и просто: этот мужчина не хочет построить дом – с вами, посадить дерево возле дома – для вас, и родить сына – от вас.

НЕ ВЫ ЕГО ЕДИНСТВЕННАЯ ЖЕНЩИНА!

1. Мужчины умеют говорить о своих чувствах, даже если ты отказываешься слушать или не веришь в их признания. «Я не готов к серьезным отношениям» значит только одно – «Я не готов к серьезным отношениям с тобой» или «Я не уверен, что ты именно та женщина, которая мне нужна».
2. Попахивает неопределенностью? Хорошего не жди.
3. Если вашему мужчине нужна только ваша дружба и немного секса, это хорошая позиция и возможность

избежать ответственности, которую, как правило, приходится брать на себя официальному бойфренду.

4. Если ваш мужчина вовсе не беспокоится о том, что вы можете встретить кого-нибудь еще, вы не его женщина.
5. Сами мужчины утверждают, что боязнь серьезных отношений никогда не удерживала их от того, чтобы начать новый роман. «Боязнь серьезных отношений» – это миф, который придумали мужчины для женщин, которые в действительности не очень-то им нравятся.
6. Если ты не понимаешь, что происходит в ваших отношениях, то нет ничего страшного в том, чтобы притормозить и задать пару вопросов.
7. НА СВЕТЕ ЕСТЬ МУЖЧИНА, КОТОРЫЙ ХОЧЕТ СООБЩИТЬ ВСЕМ И КАЖДОМУ, ЧТО ОН ВАШ МУЖЧИНА, А ВЫ ПАРА.

ХВАТИТ ВАЛЯТЬ ДУРАКА, ПОЙДИТЕ И НАЙДИТЕ ЭТОГО МУЖЧИНУ!

Что поможет вам усвоить это?

Мужчины, как и женщины, стремятся обрести чувство защищенности и безопасности, когда видят, что отношения становятся серьезными. Один из распространенных способов добиться этого – заявить свои права на любимого человека. Как ни странно, мужчины сами говорят: «Я хочу быть твоим единственным мужчиной». Это значит, что мужчина, который увлечен вами, захочет, чтобы вы принадлежали ему безраздельно.

И позвольте мне еще раз напомнить:

- Вы имеете право знать, что происходит между вами и вашим партнером и куда движутся ваши отношения. И чем больше будет крепнуть ваша уверенность в том, что вы заслужили это право, тем легче вам будет задавать «важные вопросы».
- Вам нужен мужчина, который хочет вас, регулярно звонит вам и заставляет вас чувствовать себя самой сексуальной и желанной женщиной на свете. Он жаждет видеть вас чаще и чаще, потому что с каждым разом его чувство крепнет, перерастая из симпатии в настоящую любовь.

А теперь протестируйте ваши отношения.

Если Ваш партнер:

1. Все свободное время проводит с вами.
2. Знакомит со своими друзьями и родителями.
3. Стал открытым и искренним.
4. Оставляет безбоязненно (на виду) телефонные книжки и органайзер.

Если Ваши отношения развиваются по такому сценарию:

5. Вы ссоритесь, но всегда приходите к согласию.
6. Свободное время вы проводите вместе.
7. Вы обсуждаете или затрагиваете вопросы совместного будущего.
8. Вас не напрягают совместные дела, вы делаете их вместе, помогая друг другу.
9. Он предлагает вам стать его девушкой.

Если дело обстоит именно так, можно сделать следующий прогноз: если вы проявите терпение и дадите мужчине свободу выбора, предложение не за горами, можете присматривать свадебное платье. Но радуйтесь пока молча, не оповещая подруг и родных в стиле: «Ты не поверишь, еду с Якиным в Гагры!» — а то может выйти конфуз.

Тревожный прогноз — если Вы получили следующие сигналы:

1. Вы встречаетесь, когда ему удобно и где удобно.
2. В выходные и праздники он занят.
3. Ваши отношения становятся скучными, а встречи проходят только в определенные дни, как «по расписанию».
4. Вы видите перемены в отношениях: появляется закрытость, холодность, отчужденность, постоянная занятость.
5. Он говорит, что не готов к серьезным отношениям или «поживем–увидим».
6. Ваши отношения ограничиваются в основном только сексом.
7. Он постепенно теряет интерес к сексу, объясняя это своей занятостью и усталостью.
8. Он начал скрытничать, и трудно понять, что у него на уме.
9. Он уклоняется от разговора про будущее ваших отношений.
10. Он забывает значимые для вас вещи и не задает важных вопросов.
11. Он не посвящает вас в то, что важно для него, говорит фразу: «Ты многого обо мне не знаешь!»
12. Он сердится или равнодушно реагирует на ваши отказы, просьбы или проблемы.
13. Он не ходит вместе с вами в общественные места.
14. Он разрешает вам делать то, что раньше категорически запрещал.

15. Его встречи с друзьями стали чаще обычного, а на ваши претензии или сомнения он отвечает: «Не веришь? Спроси...»
16. Выходные дни вы все чаще проводите отдельно.

Если дело обстоит именно так, то вы для него:

- вариант досуга («Спасибо, крошка, за сладостные мгновения!»);
- вариант «приятель» («А разве на друзьях женятся?»);
- вариант «секс ради секса» («Не бежать же из-за такой ерунды в загс»).

Также есть смысл быть готовой к тому, что:

- ваши отношения могут принять меркантильный характер;
- возникнет «любовный треугольник»;
- возникнет конфликт неоправданных ожиданий: у кого-то лопнет терпение в ходе ожидания предложения о переходе на новый уровень обязательств, или вы поймете, что не подходите друг для друга;
- отношения уничтожат внешние обстоятельства: кто-то переедет в другой город или еще дальше, после стрессовых ситуаций радикально изменит свой характер и жизненные цели, заболеет или, не дай Бог, умрет; в любом случае постарайтесь быть готовыми к окончанию ваших любовных отношений.

И не допускайте, чтобы перспектива отношений зависела только от решения мужчины, пока он не решит сам: «Всем спасибо, все свободны».

Особенности этапа «Пара»

Вы пришли к соглашению, то есть поговорили с вашим мужчиной и достигли взаимопонимания. Теперь на укрепление союза вы можете затратить некоторое время, но не больше шести месяцев – это в случае, если вы твердо решили выйти за него замуж, или нескольких лет, если у вас есть другие соображения относительно ваших отношений (но это не наш случай).

На перспективу развитий отношений на этапе «Пара» может влиять масса обстоятельств, например возраст.

Если вам немного за двадцать, то вполне вероятно, что вы будете слишком торопливы и склонны к скоропалительным решениям. Вы должны понимать, что вам необходимо время, чтобы понять тонкости взаимоотношений, поднабраться опыта, чтобы ваша любовь опиралась на прочный фундамент. Но не забывайте, как я уже упоминала, о шести месяцах и не затягивайте этот этап.

Если вам за тридцать и вы понимаете, что отношения с партнером серьезные, это значит, что вы оба представляете, кто вы друг другу и чего хотите от отношений. Тогда вы, возможно, не нуждаетесь в столь длительном периоде для развития партнерства и уже в течение трех месяцев можете приступать к созданию совместной будущей жизни. В любом случае каждая пара решает этот вопрос самостоятельно, с учетом обстоятельств и личностных особенностей.

Что же особенного будет происходить с вами на этом этапе взаимоотношений? Как вы вместе станете строить партнерские отношения?

Вот несколько существенных моментов, на которые стоит обращать внимание. Очень важное событие, особенно для мужчины, которое может произойти, — *это знакомство с близкими друзьями и родителями*. Если мужчина принимает решение познакомить вас с родителями, он считает ваши отношения серьезными и перспективными, и это верный признак того, что он не только относится к вам с уважением, но и готов изменить статус ваших отношений. Замечено, что мужчине может потребоваться до полугода регулярных встреч, прежде чем он решится познакомить подругу со своими близкими. Но если за это время вы так никого и не увидели, это тревожный сигнал.

Рекомендация.

Очень аккуратно поднимите эту тему в разговоре, проявив интерес к его близким, и скажите о своем желании с ними познакомиться. Если мужчина ищет отговорки или вы видите его нежелание идти вам навстречу, можете быть уверенными, что он вообще не намерен делать этот шаг для укрепления ваших отношений, что означает: вы «лошадка для других целей».

Первые месяцы вы будете стараться показать себя с лучшей стороны. Мы пускаем в ход лесть, приспосабливаемся, лишь бы доказать, что идеально подходим для любви и совместной жизни. Наш мужчина тоже включается в эту любовную игру. Даже если ему неинтересно, он будет ходить с нами в кино, театр, а исключительные мужчины даже будут сопровождать нас по магазинам. Но, к сожалению, их хватает ненадолго. Через пару месяцев вы заметите, что мужчина меняется. Но он не меняется, а возвращается в привычный для него ритм жизни и перестает скрывать свои привычки. Чаще всего наши привычки безвредны, но если вы начинаете замечать, что ваш мужчина злоупотребляет алкоголем или чем-либо еще, включая работу или спорт, необходимо что-то срочно предпринять.

Например, ваш мужчина постоянно пропадает на работе, но он вам так нравится, что вы смирились и готовы заплатить такую цену, чтобы встречаться с успешным и деловым парнем. Чрезвычайная занятость может показаться убедительным оправданием, но на деле за этим понятием всегда скрывается мужчина, который совсем не заинтересован настолько, чтобы думать о вас как о потенциальной супруге. В любом случае это не слишком успешное начало совместных отношений.

Любовные отношения устроены по принципу сообщающихся сосудов: поведение одного партнера мгновенно отражается на поведении другого. Поймите эту особенность внутреннего устройства любовных отношений и используйте ее для укрепления верности и любви партнера.

Чтобы ваши отношения имели хорошую перспективу на будущее, вы должны больше времени проводить вместе и посмотреть, что из этого выйдет. Если вы станете скрывать свои чувства и играть в «самозащиту», отношения могут потерпеть крах.

Не скупитесь на щедрость в словах и, особенно, в делах. Приятные маленькие подарки будут расцениваться как залог ваших нежных чувств.

Я вспоминаю один случай, который произошел со мной. Я люблю получать и, особенно, дарить подарки. Однажды увидела очень симпатичный деловой аксессуар, который купила и с удовольствием преподнесла своему мужчине. Но реакция на мой подарок была неадекватной. Мужчина был растерян и не знал, как расценивать мой поступок. Потом он мне объяснил, что женщины никогда не дарили ему подарки просто так

(Новый год, день рождения и 23 февраля не считаются). Для него стало привычным поведение женщины, которая считает, что не должна ни за что платить и ни на что тратиться, поскольку и так занимается сексом со своим мужчиной. Мой поступок тронул его до глубины души.

Безусловно, мужчине приятно внимание со стороны женщины, но поиск подарка для любимого может стать серьезным испытанием вашего терпения.

Вот несколько практических советов.

- Выбирайте не то, что нравится вам, а то, что должно понравиться ему. Понаблюдайте за своим мужчиной, и вы обязательно увидите то, что ему было бы приятно получить. Не покупайте то, что совсем не в его стиле. Мой мужчина пользуется парфюмом только определенной фирмы, поэтому если подарить ему косметику другой фирмы, он может решить, что я пытаюсь изменить его пристрастия, и почувствует себя задетым.
- Желание купить что-то из одежды может обернуться серьезным промахом, быть истолковано двояко и не в вашу пользу.
- Полотенца, постельное белье или кухонная утварь имеют слишком личный характер, чтобы без опасений дарить их мужчине.
- Не дарите свои фотографии, даже если вы приобрели потрясающую рамку. Это можно сделать только тогда, когда он сам у вас их попросит, вот тогда и рамка пригодится.
- Не спешите дарить различные «прибамбасы», например, для его машины или компьютера. Мужчины весьма разборчивы в этих вещах.

А теперь немного о сексе

Как взрослая женщина, вы имеете представление об особенностях своей сексуальности и не столь наивны в понимании того, что секс для нормального мужчины является господствующей идеей сознания, уступающей лишь инстинкту самосохранения. У современного мужчины уже нет причин беспокоиться о выживании своего рода, да и современная женщина весьма продвинулась в сексуальном вопросе, поэтому мы прекрасно понимаем, что сексуальная энергия должна получить выход, чтобы человек чувствовал себя физически комфортно. Если потребность в сексе не удовлетворена, напряженность возрастает и человек не только теряет способность расслабиться или сосредоточиться, но и становится раздражительным и неадекватным. Поэтому, находясь еще в начале пути отношений, мужчина хочет поскорее покончить с вертикальной плоскостью общения и поскорее перейти в горизонтальную.

Когда начинать сексуальные отношения?

Для женщины же секс – это конечная станция на пути, во время которого спутники обретают душевное родство и сердечную привязанность. В сексе женщину, прежде всего, привлекает эмоциональная близость, а мужчину – физическое наслаждение, сродни тому, что они получают от вкусной еды или изысканных напитков.

Если вы начнете половые отношения слишком рано или слишком долго будете их откладывать, то можете упустить шанс выйти замуж. Обе крайности в сексуальной стратегии в равной степени ведут к неудаче. Не забывайте: всему свое время.

Давайте попробуем разобраться, каким образом секс способствует браку.

Одна из главных рекомендаций заключается в том, что сексуальные отношения должны начинаться, когда присутствует и сексуальное любопытство, и сильная симпатия. Дайте мужчине развить в себе сексуальное любопытство к вам. Прежде чем вступать в интимную связь, вы должны выстроить отношения – они и будут гарантией того, что он не бросит вас, удовлетворив свое сексуальное любопытство. Ведь добившись своего, мужчина, как правило, теряет к женщине большую часть интереса, а неокрепшие чувства могут улетучиться. Сам по себе секс не может быть основным, а тем более единственным оружием, с помощью которого вы рассчитываете завоевать сердце понравившегося мужчины. Поэтому для перспективы ваших отношений нужна не только виртуозная техника владения телом, но и душевная теплота и способность понять и принять внутренний мир находящегося рядом мужчины. Даже самый искушенный в сексе мужчина после бурных ласк и страстных объятий стремится излить душу и получить в награду сочувствие и понимание.

Житейская мудрость гласит, что нужно встретиться с мужчиной десятки раз, прежде чем вступать в интимные отношения. Если женщина не особенно требовательна и легко вступает в интимную близость, никакой мужчина не будет долго и упорно ухаживать за ней. Зачем? Все и так само идет в руки. Легкую добычу мужчины вычисляют безошибочно, словно внутри них есть особый прибор, безошибочно улавливающий исходящие от женщины флюиды легкомыслия. Не стоит путать сексуальную доступность с сексуальной привлекательностью. Доступность свидетельствует о заниженной самооценке, которая толкает женщину на контакт с первым встречным, чтобы доказать себе и окружающим свою женскую состоятельность. Сексуальная привлекательность, напротив, говорит о том, что женщина знает себе цену, уверена в собственной неотразимости и мастерски владеет искусством обольщения. Она главный стратег, а мужчина лишь тактик, который действует в соответствии с планом, выработанным генеральным штабом. Только при такой субординации женщина может избежать горьких разочарований и выковать свое счастье.

Уловки, которые применяют мужчины, чтобы склонить женщину к сексу

Нет никого щедрее на обещания, чем мужчина, объятый желанием. В начале отношений мужчина буквально атакует женщину. В ход идет все: от цветов и комплиментов до клятв в вечной любви и дорогих подарков. А самые смелые могут даже пообещать жениться и назначить день, когда вы пойдете подавать заявление.

Женщина, как правило, сдается при таком натиске, ведь ей очень хочется удержать этот волшебный миг и продлить его как можно дольше. Но горе той дурочке, которая поверит всему, что говорил ей мужчина накануне. Мужчина до и после – это два разных человека. Первый – пылкий и страстный, второй – холодный и равнодушный. Получив то, чего так хотелось, мужчина мгновенно забывает все обещания и старается поскорее отделаться от ставшей уже скучной и неинтересной барышни. Возможно, он опять через некоторое время вспомнит о вас и будет белым и пушистым, расскажет трогательную историю о болезни лучшего друга или нечто подобное – это называется игра на жалость. Ни одна женщина не устоит перед бедным и несчастным, одиноким и заброшенным, покинутым и непонятым. И вы сдадитесь, и все повторится, но только теперь вы будете чувствовать себя вдвойне униженной.

Принося в дар свое тело, которого так настойчиво добивается мужчина, вы совершите ошибку, думая, что этот поступок упрочит ваши отношения и будет залогом их надежности. Никогда не стоит идти на унижения, чтобы удержать мужчину возле себя. Это обязательно кончится полной психологической зависимостью, избавиться от которой будет крайне тяжело.

Безукоризненная техника любви

Если мужчина предлагает, а вы хотите оттянуть начало интимной связи, не дразните его и не возбуждайте в нем страсть. Зов природы звучит в мужчине намного настойчивее, чем в женщине. Если он сильно возбудится и не получит удовлетворения, то может рассердиться за то, что вы его только раздразнили. Чтобы удержать мужчину, не вступая с ним в близость, дайте ему понять, что сделаете это, как только лучше узнаете его и когда он будет готов к моногамным отношениям. Не хочу показаться пуританкой, но речь идет об отношениях, которые мы ведем к замужеству. И поверьте, в отношении мужчин к этому вопросу ничего не изменилось со времен, когда Ева захотела узаконить отношения с Адамом. И этот способ достичь вожделенного кольца на пальце срабатывает до сих пор.

Ваша задача – отклонить сексуальные контакты, но не отвергать самого мужчину.

Внушить ему, что готовы заняться с ним сексом, если он готов к продолжительным моногамным отношениям. Если вы слышите в ответ: «Я не готов», «Не позволю собой манипулировать» или что-то в этом роде, не спорьте и даже не мешайте ему уйти. Аргументируйте свою позицию тем, что вы обязаны позаботиться о себе, лично для вас СЛУЧАЙНЫЙ СЕКС исключен, но вы уважаете его позицию. Если через некоторое время ваш мужчина позвонит и скажет, что созрел для долгой моногамной связи, сделайте так, чтобы первый сексуальный опыт с возможным мужем был как можно более насыщенным переживаниями и незабываемым. Если нет, продолжая аналогию с путешествием на автомобиле, он не тот «водитель», который нужен вам. Как «пассажир» вы не можете пуститься в путешествие, если «водитель» едет не в том направлении и не соблюдает моногамию «за рулем».

Как сделать ваши сексуальные отношения более приятными

Пришло время показать все, на что вы способны. Большинство мужчин хотят жениться на женщине, компетентной в сексуальной сфере. Но женщина с большим сексуальным опытом часто пугает мужчину. Если вы знаете тысячу способов и пользовались всеми, то держите свои знания при себе, по крайней мере в начале отношений. Обычно мужчине хочется думать, что его познания в области секса не уступают познаниям его партнерши.

Вы мало чем отличаетесь от других женщин, если говорить о вашей сексуальной технике. Однако вы сможете выделиться среди других, если создадите до интимной близости и после нее приятную атмосферу. Используйте свою фантазию и индивидуальные особенности своего мужчины. Если вы занимаетесь любовью у себя дома, купите для мужчины халат, чтобы ему было что надеть, когда он придет. Об использовании приятной музыки и неяркого света для создания ощущения тепла и комфорта, думаю, напоминать не нужно. Если ваши встречи проходят у него дома, рекомендую обзавестись домашними туфельками. Я называю это «пометить территорию». Требования к этой, одной из самых эротичных деталей вашего гардероба следующие. Это не вьетнамки, не дежурные тапочки для гостей, это ваша личная обувь. Она должна выглядеть как туфельки. Можно на каблучке, с пуховой оторочкой, расшитые бисером, чем оригинальнее, тем лучше. В них вы будете всегда выглядеть сексуально, даже если наденете футболку вашего мужчины. У них особая роль. Когда вас не будет рядом, мужчина, натыкаясь на них, моментально будет вспоминать о вас. Даже если в гости придет другая женщина (не дай Бог), то, будучи ей предложенной, ваша обувь сработает неким громоотводом, вызвав у посторонней женщины взрыв ярости или ревности, что тоже неплохо. На чужой каравай рот не разевай.

Ваша сексуальная совместимость

Чтобы определить, совместимы ли вы с партнером сексуально, выясните естественный цикл вашего мужчины, чтобы понять, соответствует ли он вашим желаниям. Для этого вы можете определить минимальные или максимальные интервалы его сексуального цикла. Минимальные интервалы определяются отказом от близости до тех пор, пока он не откажется дальше ее откладывать. Период времени между кротким согласием и недовольством указывает на минимальный предел его сексуальности.

Максимальный интервал определяется обратным способом. Просто начните интенсивные половые акты и увеличивайте их частоту до тех пор, пока он сам не начнет отказываться. Одна моя клиентка, которая хотела определить реальный цикл своего партнера, предложила ему не видеться десять дней, но просила позвонить, если он захочет встретиться с ней. Он позвонил ей на четвертый день, и она получила ответ на свой вопрос.

Для чего это нужно?

Если ваши циклы не совпадают, например, ваши потребности в сексе ниже, чем у вашего партнера, и вы станете отказывать ему в близости, он бросит вас как фригидную женщину. И наоборот, вы потеряете мужчину, если постоянно будете изнурять его, и он сочтет вас нимфоманкой. Мужчина также оценивает собственные способности удовлетворить вас. Вы его потеряете, если ему будет трудно это сделать, решив, что не он отвечает вашим требованиям. Он поступит так же, если ему самому будет трудно достичь удовлетворения.

Не забывайте хвалить сексуальные достоинства вашего мужчины и ждите того же с его стороны. Чем больше положительных эмоций вызовет у него близость с вами, тем выше он оценит вас.

Вот несколько рекомендаций, которые не позволят вашему мужчине отказаться от мысли жениться на вас.

- Не отказывайтесь от близости с ним для того, чтобы выиграть спор или получить подарок, т.е. ни в коем случае не прибегайте к половому воздержанию как средству настоять на своем. Правда, есть ситуация, которая является исключением из правила. Это оружие можно использовать только один раз, когда мужчина не решается предложить вам руку и сердце. Но об этом подробнее в следующей главе.

- Если вы больны или что-то еще мешает вашей близости, конкретно объясните мужчине, в чем дело. Если вы не скажете ему, что вас беспокоит, он может подумать, что вы просто отказываете. Не говорите: «У меня болит голова» или «Мне сегодня не хочется». Объясните, что случилось.
- Не впадайте также в другую крайность, предлагая мужчине свое тело, когда вам не хочется близости. Я вспоминаю одну ошибку, которая дорого обошлась мне. Я, как и большинство женщин, проходила сексуальные университеты на собственных ошибках. Ну не было у нас в стране секса, как и толковых пособий на эту тему. Так вот, став мастером в этой области отношений, я поняла, что здесь нужна не только определенная психологическая подготовка, но и житейская мудрость. Поначалу я была уверена, что в сексе нужно быть открытой и честной, но один случай, который произошел со мной, дал понимание того, что это правило работает не всегда. Однажды, проснувшись утром после страстной ночи любви, мой мужчина захотел продолжения. Но я была не готова вновь включиться в любовные игры. Я подумала и честно сказала своему мужчине, что люблю его и не хочу лишать его радости, поэтому он

может воспользоваться моим телом для удовлетворения своего желания и не переживать, что я не получу оргазма. Мужчина не отказался от столь приятного подарка, но первое, что последовало после этого — обвинения в мой адрес о неуважении его мужского самолюбия. Я сделала вывод, что в некоторых ситуациях лучше имитировать оргазм, чем объяснять, почему ты не хочешь.

Конечно, вы вправе обвинить меня в том, что это не лучший способ решения проблемы. Но речь идет не о проблеме, когда вы постоянно имитируете оргазм, что свидетельствует о том, что секс не приносит вам удовлетворения в течение длительного времени из-за того, что вы не подходите друг для друга. Речь о житейской мудрости женщины, которая заключается в том, что вы с определенного момента знаете, что надо говорить и делать, а что ни в коем случае говорить и делать нельзя.

- Никогда не жалуйтесь на его сексуальные способности, если не хотите прервать с ним отношения. Хвалите и поощряйте, когда возможно.
- Берегите своего мужчину. Дайте ему поспать или отдохнуть после занятий любовью. А если он должен уйти, не отдохнув, предложите ему перекусить, что придаст заряд бодрости.
- Не лишайте ни его, ни себя секса, одной из самых приятных сторон наших отношений.

Желаю вам открыть для себя волнующий и захватывающий мир эротики и вкусить его в полной мере и во всех его проявлениях. Чтобы почувствовать вкус вина, надо его выпить. Так и в сексе.

Кризисы этого этапа отношений

На протяжении всей своей истории человечество бросает вызовы Природе. Длительные любовные отношения без рождения детей и общей материальной основы – из той же серии. С точки зрения биологических законов продолжения рода эта ситуация является нонсенсом. Поскольку современные мужчины и женщины в самый репродуктивный период жизни занимаются карьерным ростом, приобретением собственного жилья и материального благополучия и не в состоянии позволить себе такую «роскошь», Природа начинает считать возникшую любовную связь явно бесплодной и всеми способами провоцирует ее окончание и смену партнеров. Конечно, можно воспринимать эту версию с некоторым скептицизмом, но жизненная практика показывает, что после первых месяцев общения подавляющее большинство пар почти всегда балансируют на грани кризиса, да и сами партнеры начинают выражать недовольство относительно затянувшихся отношений, что говорит о том, что природная программа любви не в силах работать так долго и не терпит длительных простоев.

Многие пары, сознательно или бессознательно, начинают чувствовать надвигающуюся опасность кризиса отношений, но в силу различных причин еще не готовы к официальному браку и в попытке перехитрить замыслы матушки-Природы идут на создание так называемого гражданского брака, в простонародье – сожительства.

Каждый взрослый человек знает, что такое сожительство. В классическом варианте это совместное проживание двух любовников под одной крышей. Все остальное имеет второстепенное значение. А такая форма отношений является своеобразным побегом от обязательств друг перед другом.

Совместное проживание – это нечто большее, чем договоренность о том, чтобы закрывать крышку унитаза после посещения туалетной комнаты или распределение хозяйственных забот. Сожительство – это отношения, которые включают в себя вещи более серьезные и взрослые. Я не случайно завела разговор о сожительстве на этом этапе отношений, так как опыт многих пар, которые решили проверить свои еще не окрепшие чувства через совместное проживание, выявил определенную закономерность – большинство отношений заканчивались разрывом любовной связи.

Подобно любым человеческим отношениям, отношения сожительства зачастую таят в себе неожиданные сложности. Из многочисленных женских исповедей вырисовываются основные типичные и часто встречающиеся сценарии, в которых кроется опасность:

1. Вам предлагают совместную жизнь просто потому, что жить свободно в одиночку элементарно скучно. Однако в вашей паре обязательно найдется тот, кто скоро начнет требовать полного отчета от другого, а тому такая ситуация не понравится.
2. Нет собственной квартиры и финансовой уверенности в завтрашнем дне.
3. Ваше терпение явно заканчивается, и партнер понимает, что, если он не предпримет каких-то шагов в нужном направлении, это может привести к потере вас.
4. Партнер не уверен, что вы подходящий вариант для супружеских отношений, и предлагает перевести отношения в плоскость «практических занятий по подготовке к настоящей семейной жизни».

5. В вашей паре имеются нерешенные проблемы с прошлым официальным браком: кто-то никак не может решиться на развод.
6. Ваш партнер не так давно разорвал прошлые семейные отношения и пока хочет немного отдохнуть от характерной обязаловки, предлагая какое-то время пожить просто так, не имея друг перед другом никаких моральных обязательств.
7. Невозможно жить дома: пьющие родители, семья живет в нищете или достали родственники.

Дополнительные предостережения

Существуют особые обстоятельства, попадая в которые, мужчины или женщины оказываются повышенно уязвимыми, причем некоторые типы мужчин и женщин более подвержены рискам и с большей вероятностью оказываются в критических ситуациях, чем другие. Особенно ярко это проявляется при сожительстве.

Женщины, которые вписываются в приводимую ниже характеристику, входят в такую группу риска.

- Женщина имеет ярко выраженную неспособность быть независимой.
- Она не устроена материально.
- Она нс имеет опыта самостоятельной жизни или никогда не была замужем.
- Она не любит быть в одиночестве.
- Она имеет набор личных проблем, особенно в сфере первенства и значимости собственных потребностей.
- У нее обнаруживается недостаточная зрелость и снижена способность трезво оценивать ситуацию.
- Она не обладает чувством собственного достоинства.

Напоминание женщинам! Если к вашему мужчине применимо хотя бы одно из следующих определений, то сейчас не время решаться на сожительство с ним.

- Ваш мужчина страстно в вас влюблен или переполнен вожделением.
- Он только что заново начал холостяцкую жизнь.
- Он находится в депрессии из-за несчастной любви.
- Он не может жить один.
- У него проблемы с карьерой и материальные трудности.

Отсюда следующий совет: если у вас есть хоть какая-то крыша над головой и угол, где вы можете жить самостоятельно, – никогда не съезжайтесь полностью. Встречайтесь хоть каждый день, ночуйте вместе, но иногда живите у себя дома. Только так вы сможете защитить себя от обид и унижений со стороны более материально обеспеченного партнера, а само наличие «запасного аэродрома» в виде своей квартиры будет все время действовать на нервы партнеру, ненавязчиво подталкивая его в сторону ЗАГСа.

О том, как сделать сожительство или гражданский брак успешным мероприятием на пути к семейным отношениям, не разочароваться в партнере и оправдать его ожидания, мы поговорим в главе «Женится или обманет. Помолвка».

Любовные отношения – это всегда столкновение интересов и конфликты из-за неоправдавшихся ожиданий. Они могут быть под угрозой, если вы замечаете следующие признаки:

- Ваши встречи уже не вызывают эмоционального подъема.

Они стали до такой степени предсказуемыми, что не имеют для вас эмоциональной окраски. В ночь с субботы на воскресенье ваш мужчина ночует у вас, и вы займетесь сексом, в остальные дни – очередной созвон. Общаетесь вы по привычке, не потому что интересно, а потому, что вроде уже так надо.

- Вы считаете, что ошиблись в выборе партнера.

Вам все чаще приходит в голову мысль, что партнер вам не подходит, вы испытываете внутреннее раздражение оттого, что так много времени потратили, чтобы это понять, и не скрываете своего разочарования в беседе с подругами и друзьями.

- Вам лень бороться за эти отношения.

Когда приходит очередное разочарование, вы думаете или говорите примерно так: «Если бы я захотела, то давно бы вышла за него замуж. Просто у меня сейчас другие планы». Или: «Стоит мне только захотеть, как выстроится очередь желающих со мной встречаться». Дело в том, что когда люди хотят продолжать отношения, они говорят по-другому либо вообще не говорят, но делают конкретные шаги.

Если вы не предпримете определенных шагов, чтобы реанимировать ваши отношения, то все по тому же замыслу матушки-Природы включится механизм их самоликвидации.

Если вы чувствуете, что за ваши отношения еще стоит побороться, воспользуйтесь моими рекомендациями.

- Подогрейте чувства друг друга.

Костер ваших взаимоотношений может периодически затухать. Ваши чувства не могут постоянно находиться под воздействием любовного напряжения. Вы или ваш партнер начинаете остывать. Чаще всего тот, кто «остывает» первый, как бы подбрасывает дрова в костер любовных отношений вопросом «Любишь ли ты меня?» Например, мужчина, стыдясь того, что его любят, а он – нет, начинает поддерживать силу своих чувств ответными словами или поступками. Видя такое поведение, вы в свою очередь начинаете копировать поведение партнера, так же подбрасывая дровишки. Костер пылает с новой силой.

- Не сидите дома и чаще совершайте какие-то совместные действия.
- Проводите совместный досуг как можно разнообразнее и пользуйтесь каждой удобной возможностью прильнуть друг к другу поплотнее.

Успех или провал любовных отношений зависит только от вашей воли, вашего разума и целеустремленности в желании оставаться вместе. Леность и пассивность – прямая дорога к краху отношений. Чем умнее и активнее вы будете, тем сильнее будет держаться за отношения ваш партнер. Любовные отношения похожи на игру в настольный теннис, и правила игры диктуют последовательную подачу шарика от партнера к партнеру. Не заиграйтесь, не то не заметите, что вашего партнера давно уже нет возле теннисного стола.

И еще одно правило, которое действует всегда:

Если вы находитесь на этапе «Пара» и у вас вроде бы все хорошо, но ваш мужчина не спешит перевести отношения на следующий этап отношений «ПОМОЛВКА», то хорошим стимулом послужит возобновление встреч с другими мужчинами, но при условии невступления с ними в интимные отношения и соблюдения договоренности о моногамии. Прекра-

тить встречаться с ними можно только после того, как мужчина сделает вам предложение.

Мы подошли к последнему шагу на пути, который вел отношения к браку. Теперь поговорим о создании взаимозависимости друг от друга, или о том, как научить вашего мужчину быть вашим мужем. Этот этап называется «ПОМОЛВКА».

Этап взаимоотношений «ПОМОЛВКА»

Самый старый и проверенный способ привести мужчину к браку – стать для него незаменимой и показать, как он вам необходим. Это нужно ему, как воздух. Мужчина ищет женщину, которой он нужен, потому что она вряд ли его отвергнет, а это придает ему уверенность в отношениях.

Как показать мужчине, что он вам нужен?

Во-первых, не гордитесь своей независимостью. Печальная реальность такова, что своей излишней независимостью женщина отталкивает мужчину. Удачливая женщина обычно гордится своей независимостью, она сама обеспечивает себя пищей, жильем, развлечениями. Если она хочет абсолютной независимости от мужчин, это будет стоить ей замужества.

Главное предназначение мужчины, который должен быть рядом, – сделать вас счастливой. Чтобы показать мужчине, как он необходим вам, определитесь со своими потребностями. В книге «Мужчина твоей мечты: найти и быть с ним счастливой» я подробно об этом рассказывала. Ниже я привожу только одно упражнение, которое позволит вам разобраться в том, что вы хотите от мужчины, или какие у вас потребности. Это упражнение позволит выяснить ваш внутренний «тест на пригодность», которому вы подвергаете каждого мужчину.

Задание называется «Проверочный список».

Перечислите все качества, все таланты, все возможные требования к идеальному мужчине – все, что вы хотели бы увидеть в нем. Хорошо подумайте над этим. Не пожалейте времени и постарайтесь вспомнить все, что сможете. Здесь нет никакой необходимости исходить из реальности, не ограничивайте себя. Полученные критерии внесите в таблицу.

В качестве примера приведу обобщенный список требований, встречающихся чаще всего.

Обязательные	**Желаемые**
Должен иметь устойчивое финансовое положение	Должен быть высоким, стройным, широкоплечим
Должен иметь большую отдельную квартиру	Должен быть вдохновенным
Должен иметь хорошую и дорогую машину	Должен быть решительным
Должен ценить меня и мое мнение	Должен иметь много друзей
Должен быть надежным и обладать отличными связями	Должен быть сильным
Должен обладать здоровым чувством юмора, с ним должно быть легко	Должен иметь красивые, добрые глаза

Обязательные	**Желаемые**
Должен быть в восторге от меня	Должен уметь хорошо готовить
Должен иметь хорошее воспитание и образование (красный диплом)	Должен быть хозяйственным
Должен быть щедрым Должен помогать мне и моей семье	Должен быть мудрым как мужчина
Должен быть ласковым, понимающим и прощающим	
Должен бесподобно решать насущные проблемы Должен быть хорошим любовником	
Должен быть стильно одет, опрятен и аккуратен И так далее.	

Определив свои потребности, вы можете дать мужчине больше ориентиров относительно того, как он может показать свою необходимость для вас.

Теперь покажите, что вы нужны ему.

Вот несколько способов, как стать необходимой. Например, участвуйте в его увлечениях, станьте его «рекламным агентом», рассказывая всем, какой он замечательный. Если вы сможете вдохновить мужчину на то, чтобы он полагался на вас в своей жизни, то и мужчина в ответ научится поступать так же.

Предлагаю использовать нижеперечисленные приемы – либо в комплекте, либо тот, который наиболее подходит с вашей точки зрения.

1. Вырабатываем условный рефлекс на ассоциации

Этот метод напоминает опыты русского ученого Павлова с собаками. Помните школьную программу? Перед кормлением собаки включалась лампочка, со временем пища собаке не давалась, но при включении лампочки у животного начиналось слюноотделение. Вы можете использовать этот ассоциативный процесс и в отношениях с мужчиной. Самым действенным является ваш запах. Я не имею в виду личный запах. Речь идет о персональном парфюме, который вы используете, том, что мужчина почувствует, когда вас не будет рядом с ним. Для этого вы можете использовать подушки, ночную сорочку или вещи, которые хранятся у вашего мужчины. Предупреждаю: не переусердствуйте. Надо подобрать именно тот парфюм, который, во-первых, нравится вашему мужчине, и во-вторых, не обладает резким запахом. В качестве более спокойного варианта можно использовать, например, выбранную вместе приятную музыку (она должна быть популярной). Ставьте ее постоянно, когда бываете вместе. Каждый раз, когда он ее услышит, он будет вспоминать о вас.

Можно придумать лозунг или девиз, касающийся ваших отношений. Повторяйте его каждый раз, когда хотите напомнить мужчине о себе, и пишите его везде: на подарках, которые вы ему дарите, в записках или эсэмэсках, которые вы оставляете или которыми обмениваетесь, например: «Ты мой крыксеночек», «Твоя

Донна Роза». Конечно, это шутка, но самый лучший девиз вам подскажет собственный опыт. Не случайно этот принцип используется в рекламе.

2. Поощрение

Дельфина можно приручить порцией рыбы, обезьяну – бананом, хорошего работника – премией. Это имеет отношение и к вашему любимому. Поощряйте его за хорошее отношение к вам. Сделайте ему что-то приятное, например массаж, обнимите и поцелуйте его, постоянно совершайте хорошие поступки и повторяйте, чтобы это вошло в привычку.

Вы можете его научить быть хорошим мужем, если будете предварять свои просьбы словами: «Дорогой, не мог бы ты сделать для меня одну любезность...» или «Пожалуйста, милый ...»

3. Психологами замечено, что люди особенно восприимчивы к идеям, когда они устали. Если вы скажете своему мужчине, что вы прекрасная жена для него, в 7 часов вечера, он вполне может вам возразить. Но если вы проделаете эту процедуру в 2 часа ночи, у него не хватит сил опровергнуть ваше утверждение. Это неплохое время для того, чтобы набить себе цену. Женщина, которая не подчеркивает своих преимуществ, обычно проигрывает.

4. Я не раз говорила о том, что реакция на подарки должна быть достаточно бурной. Дело в том, что сильные ощущения учат быстро. Любые сильные воздействия оставляют в нас эмоциональный след, который связан с определенными людьми, местами или предметами. Именно это свойство нашей души я рекомендую вам использовать, чтобы проложить до-

рогу к сердцу любимого. Когда он делает вам что-то приятное, реагируйте бурно и по-особому. Целуйте его, бросайтесь на шею, прыгайте или хлопайте в ладоши от радости, приготовьте ему любимое блюдо. Будьте уверены, он обязательно повторит свой поступок.

Если вы хотите, чтобы ваш брак процветал, вы должны соответствовать потребностям своего мужчины и показать будущему супругу все свои преимущества. Для этого изучите его конкретные потребности. Потребность – один из важных аспектов любви. Люди редко любят кого-то, не испытывая потребности в нем. Вам необходимо привести множество причин, по которым ему необходимо на вас жениться.

Определите свои лучшие качества, затем решите, какие из них могут понравиться мужчине, и подчеркните их. Это один из важнейших этапов «продажи» себя своему избраннику.

Во-первых, удовлетворяйте физические потребности мужчины. Постарайтесь создать ему все удобства. И, безусловно, в нужное время подключайте секс. Здесь могут быть выделены следующие ваши достоинства: красивые глаза, ноги, упругая грудь, приятный голос, спортивность или что-то другое.

Во-вторых, старайтесь удовлетворить интеллектуальные потребности мужчины. Вы должны оправдать его интеллектуальные ожидания. Достоинства: умеете слушать, любите пошутить, веселый нрав, интересный собеседник, интеллигентность, успешная карьера.

В-третьих, удовлетворяйте его эмоциональные потребности. Стимулируйте его похвалой и критикой. Создайте ему душевный комфорт рядом с вами. Достоинства: хорошая хозяйка, прекрасно готовите, приятный голос.

В-четвертых, помогайте ему добиваться целей, которые он считает необходимым достичь любой ценой. Если вы мешаете, а не помогаете, он, скорее всего, не женится.

Чтобы сохранить любовь, необходимо поддерживать равновесие между тем, что он делает для вас, а вы для него. Все ваши усилия будут напрасными, если рядом с мужчиной вы не чувствуете себя абсолютно счастливой. Значит, это не тот мужчина. Не нужно путать сексуальное наслаждение и душевный комфорт. Гармония в интимных отношениях – фактор, конечно, немаловажный, но из постели вам все-таки придется вылезать. Не спешите связывать судьбу с человеком, встречи с которым приносят гораздо больше боли и разочарований, чем удовольствия и радости. Живите по принципу разумного эгоизма. Делайте то, что вам нравится, научите мужчину считаться с вашими интересами.

Семейные отношения подразумевают определенные компромиссы, но все должно быть в разумных пределах.

Идеальных супругов не существует, это значит, что вы никогда не получите мужчину с полным комплектом того, что вы от него ожидаете. Поэтому вам надо изучить его характерологические особенности и подобрать комплект, который потянете. Каждый человек соткан из достоинств и недостатков, и ваш фон супружеских отношений будет строиться на том, как вы относитесь к «маленьким слабостям» своего партнера.

Ничего не значащие пустяки, например привычка громко слушать музыку или манера оставлять вещи в разных местах, могут оказать чрезвычайно большое влияние на взаимоотношения. С недостатками любимого легко мириться, когда мы встречаемся время от времени. Но если они будут перед глазами 24 часа в сутки, то могут привести к постепенному накапливанию недовольства, которое, в свою очередь, приводит к разрыву. Чтобы этого не произошло, вам потребуется разумный расчет, терпение, способность не обращать внимания на мелочи или найти компромиссный вариант. Я вспоминаю собственный случай. Мой мужчина по непонятной мне причине бросал свои носки куда придется. Единственное, что в этом было хорошего – чаще всего он оставлял их в определенном месте. Ни замечания, ни просьбы не помогали. Тогда в магазине ИКЕЯ я купила симпатичный ящик, который хорошо вписался в интерьер комнаты, и поставила в то место, куда периодически попадали его носки. Конфликт был исчерпан. Мало того, я стала замечать, что мой мужчина бросает носки в эту корзину, как баскетболист, пытаясь попасть в нее с первого раза. А мне только оставалось переложить содержимое в корзину для грязного белья.

Совет: *не воспринимайте все происходящее в вашей жизни слишком серьезно. Доля здорового доброго юмора сделает отношения только лучше.*

Как подвести мужчину к принятию решения

Естественный ход развития отношений, а это приблизительно полгода, приводит вас к той самой точке, когда должно произойти еще что-то, чтобы вы решили пожениться. Ведь решение предложить женщине руку и сердце – одно из самых значительных в жизни мужчины. Он станет откладывать его до тех пор, пока не будет абсолютно уверен, что женщина ему подходит. Я имею в виду мужчину самодостаточного, мыслящего и действующего. Мужчину, который не хочет ошибиться, потому что он знает: если его брак окажется неудачным, в жизни начнется кавардак, годы тяжелого труда и преданности своему делу пойдут насмарку. Поэтому он хочет избежать кошмара неудачного брака любой ценой. Чтобы придать ему уверенности в решении этого вопроса, вы должны показать, что соответствуете его запросам, и, хотите вы того или нет, вам придется подвести его к мысли о женитьбе либо в завуалированной форме сделать предложение. Чтобы сделать его ПРАВИЛЬНО, нужно учесть некоторые обстоятельства.

- Среднестатистический мужчина, как правило, ленив. В начале книги я приводила вам выдержку из анкеты мужчины. Напомню: «*...мы очень ленивые! То есть в наше время развития отношений, как правило, добивается та женщина, которая сама проявляет активность в отношениях, а не ждет предложений от парня. Я, как яркий представитель рода "русских москвичей", очень привыкаю к тому человеку, с кем много общаюсь, и уже практически не могу без него, ради такого человека я готов на многое, начиная с преодоления всех своих недостатков, и даже жениться!*»
- Мужчины осознают срочность проблемы для женщины и ее беспокойство по поводу «биологических часов» и рождения детей. Но больше всего их беспокоит другое: объявлять о помолвке или подождать еще немного, авось подвернется что-нибудь получше? Мужчине некуда торопиться. Даже если он сильно любит вас, то все равно думает: «В других полях трава зеленее».

На принятие решения о помолвке может повлиять и тот факт, женаты ли его друзья. Если приятели холосты или разведены, он не беспокоится, что может остаться не у дел. У него все равно есть компания, с которой можно пообщаться. Но если друзья один за другим женятся, у мужчины появляется тревога: а вдруг он останется последним? Такая мысль подвигает его к заключению помолвки.

- И, возможно, каждая замужняя женщина, которую вы знаете, особенно ваша мать, рассказывала вам сказку о том, как ее тогда еще будущий муж вставал на колени и романтично просил ее руки. На самом деле все гораздо интереснее, но редкая женщина согласится признаться, что пользовалась какими-нибудь уловками, чтобы завлечь своего избранника, тем более если предложение фактически сделала она.

Поэтому не стоит пускать такое важное дело на самотек и руководствоваться столь непредсказуемой помощью. Не поднимает вопроса – не надо, возьмите ситуацию под свой контроль.

Все будет завесить от ситуации, т.е. исходных данных: например, если мужчина безумно влюблен в вас, то усилий затратить придется меньше, но если мужчина колеблется в принятии решения, а чувство привязанности к вам более спокойное, тут потребуются все ваши способности.

В первом варианте вы можете помочь своему избраннику сделать вам предложение, если скажете примерно так, но обязательно в шутливой форме: «Милый, мне очень хорошо с тобой, и ты стал мне так дорог, что если ты в течение двух месяцев не сделаешь мне предложение, то я сделаю его сама». Или если будет задан вопрос, что вам подарить на день рождения

(8 Марта, Новый год, Рождество и т.д.), обязательно скажите: «Себя». Не просите кольцо, потому что для мужчины, который находится на грани того, чтобы подарить вам себя, это будет звучать слишком материалистично.

Ситуация, когда мужчина относится к вам со спокойной симпатией, более сложная и потребует от вас терпения и способности быть внимательной, но настойчивой.

Начнем с легких вариантов.

Заставьте его подумать о своем будущем и изменить его ориентиры на жизнь.

Если вы замечаете, что ваш мужчина слишком много работает, или вы чувствуете, что он колеблется в принятии решения, сводите его на кладбище, чтобы немного вернуть к реальности.

Попросите его об услуге съездить на могилу ваших близких родственников (думаю, в этом он не откажет) или организуйте экскурсию на старое историческое или национальное кладбище, где много посетителей. Читайте надписи на могильных камнях, и пусть само мероприятие даст ему понять, что он не вечен и что надо бы подумать о личном будущем, включая женитьбу на вас. А если вам не удастся вытащить мужчину на кладбище, используйте другой способ, чтобы напомнить о скоротечности бытия на земле. Спросите, какую надпись он бы хотел иметь на своем могильном камне или как бы он хотел распорядиться остатком своей жизни.

Я допускаю, что такой способ может слишком напугать не только самого мужчину, но и вас, поэтому воспользуйтесь другим вариантом.

Вы наверняка слышали или читали о способе «Трех “да”». Чаще всего он используется в бизнесе на деловых переговорах. Метод прост. Вы должны задать два вопроса так, чтобы оппонент ответил на них утвердительно – «да», тогда, когда вы зададите третий вопрос-просьбу, у него не возникнет желания с вами не согласиться.

Протестируйте ваши отношения

Чтобы подвести мужчину к принятию столь важного для вас обоих решения, я рекомендую еще раз протестировать ваши отношения.

Отношения имеют хорошие перспективы, и вы можете с уверенностью строить планы на свадьбу, если:

- *Ваш мужчина говорит, что любит вас.*
- *У вас хорошие сексуальные отношения.*
- *Он внимателен к тому, что с вами происходит, и вы чувствуете, что он дорожит отношениями.*
- *Вы знакомы со всеми значимыми для него друзьями и близкими людьми.*
- *У вас есть совместные планы на будущее.*
- *Мужчина предлагает вам пожить вместе.*

На протяжении последних десятилетий миллионы пар всех возрастов выбирали сожительство либо в качестве прелюдии к браку, либо в качестве альтернативы ему. Мы с вами выяснили, что сожительство на этапе «Пара» имеет больше отрицательных моментов, а именно: преждевременная совместная жизнь, когда вы недостаточно созрели в плане обязательств и эмоциональной стабильности, может привести к тому, что отношения не выдержат давления начатой совместной жизни и развалятся.

Это произойдет из-за того, что они не сформировались настолько, чтобы вы не боялись близости, то есть не боялись высказывать собственное мнение и не избегать конфликтов, которые помогают находить компромиссные возможности. Если вы будете предпочитать сохранять мир путем умалчивания обид или возникающих проблем или будете уделять партнеру меньше внимания, тем самым меньше ценить его (он ведь и так никуда не денется), это не будет способствовать упрочнению самих отношений.

Если, например, ваш партнер не принял на себя обязательства третьего этапа, то совместная жизнь может восприниматься им как возможность пользоваться близостью партнера и одновременно избежать финального обязательства вступить в брак. Наверное, каждой женщине знакома ситуация (поверьте, они имеют место!), когда мужчина живет с ней и пользуется преимуществами семейной жизни, но ему нет никакого резона просить ее выйти за него замуж. Это имеет отношение не только к мужчинам, женщины, испытывающие страх перед обязательствами, ведут себя аналогичным образом. Чтобы выяснить, так ли это в вашем случае, задайте самый простой вопрос: «В каких мы отношениях?» – и по ответу вы все поймете.

Поэтому до момента, когда вы примете решение съезжаться, обсудите, что каждый из вас ожидает от этих отношений, чтобы избежать недоразумений. Приняв решение жить вместе, обязательно определите срок, к концу которого вы произведете переоценку ваших отношений и решите, готовы ли вы к брачным узам, и добейтесь полного понимания.

Но с другой стороны, собственный опыт и наблюдения убедили меня, что парам на этапе отношений «Жених и невеста» полезно пожить вместе перед принятием решения о вступлении в брак, чтобы получить возможность узнать лучше друг друга.

Когда партнеры находятся вместе почти двадцать четыре часа в сутки, они обязательно сталкиваются с теми проблемами, которых избегали, встречаясь по выходным или от случая к случаю.

Живя с партнером и наблюдая его в «естественной среде обитания», вы обязательно столкнетесь с такими сторонами его личности, которые были вам неизвестны или вы не обращали на них внимания, и это будет являться хорошим тестированием для вас обоих. Вы столкнетесь с разными состояниями. Поймете, как он ведет себя, когда болен, рассержен или разочарован. Будете иметь полное представление о человеке, с которым живете. Бывает очень приятно любить человека, но неприятно жить с ним.

Некоторые мужчины могут быть потрясающими любовниками, но никуда не годными мужьями. А некоторые женщины могут быть изумительными партнерами для периодического времяпрепровождения, но жены из них получаются жуткие. Но самое неприятное, что те качества, которые побудили вас полюбить этого человека, могут оказаться недостаточными для создания повседневной психологически комфортной жизни.

- *Он дарит вам кольцо как залог своей любви и объявляет о своих намерениях жениться на вас.*

Ваш мужчина предложил вам руку и сердце. Вы принимаете предложение. С этого момента вы приняли обязательства третьего этапа отношений. Вы становитесь ЖЕНИХОМ и НЕВЕСТОЙ. Мне кажется, что этот этап отношений наиболее важен как подготовка или закладка тех гарантий, которые вы получите в БРАКЕ. Но в жизни мы его практически пропускаем из-за того, что больше заняты подготовкой к самому событию – свадьбе. Если у нас появляется чувство дискомфорта, это достаточный сигнал, что что-то идет не так. К сожалению, мы его обычно игнорируем, считая, что это просто страх перед женитьбой (синдром жениха и невесты). Чаще всего это не так, а значит, есть серьезный повод задуматься. В жизни мы забиваем этот страх еще большим страхом: что скажут и подумают другие, ведь мы не оправдали их надежд. А что делать с расходами на заказ ресторана, тратами гостей на подарки и многим другим? И мы идем к алтарю с чувством смятения в душе и глазами, полными страха, как животные идут на живодерню. Если вы не согласны, обратите внимание на женихов и невест в загсе. Все ли они выглядят счастливыми? Нет. Что же необходимо понять и увидеть на этом этапе отношений, чтобы с радостью произнести слово «ДА»?

Обратите внимание на следующие тревожные сигналы:

- *Вам не удается стать ближе: либо он, либо вы оба боитесь совместного будущего.*
- *Ваш мужчина скрывает свои чувства, вы постоянно натыкаетесь на стену отчуждения.*
- *Вы перестаете быть внимательными друг к другу, отношения становятся будничными и скучными, без эмоциональной окраски.*
- *Вас начинают раздражать мелочи.*
- *Из секса исчезла прелюдия, появляется впечатление, что это чистый секс, а не занятие любовью.*
- *Ваш избранник стал проявлять меньше интереса к вашей жизни, избегая разговоров о семье.*
- *Он перестал ночевать у вас или избегает оставлять вас в своей квартире.*
- *Чтобы не встречаться с вами, он приводит глупые оправдания, несвойственные ему.*

- *Вы не говорите о ваших отношениях и перестаете думать о совместных планах на будущее.*
- *Ваш мужчина игнорирует ваши замечания, хотя знает, что причиняет вам боль, но ничего не желает менять.*

Чаще всего подобные сигналы в отношениях свидетельствуют о том, что женщина утрачивает «инстинкт невесты», она перестает быть объектом охоты. Звание «фаворитки» – статус переходящий. В любом случае прогноз неутешителен. Либо ваши отношения будут «топтаться на месте», как и на этапе «Пара», и вы перейдете в категорию «лошадка для других целей», либо они закончатся, и вы разъедетесь по своим квартирам, а со временем, может быть, станете просто хорошими знакомыми.

Теперь вам должно быть более понятно, для чего необходимы этапы развития ваших отношений и уровни обязательств? Насколько продуктивнее вы пройдете каждый из них, настолько вам легче будет развить свою приспособляемость к партнеру и создать все те условия, которые помогут вам облегчить жизнь с ним.

Вы могли бы избежать многих проблем, а отношения могли бы сложиться иначе и более благоприятно, если бы вы внимательно отнеслись к тревожным сигналам со стороны мужчины на каждом этапе отношений.

Некоторые мужчины, сначала обнадежив вас, внезапно начинают сопротивляться дальнейшему сближению или вдруг заявляют, что не готовы брать на себя серьезные обязательства. В этом случае избегайте жестких ультиматумов, но и быть слишком мягкой не следует. Никогда не подталкивайте мужчину к вступлению в брачный союз, если вы недостаточно уверены в том, что он любит вас или готов к этому шагу. Обязательно убедитесь в том, что он уже «созрел». Есть один очень рискованный способ проверить эту готовность, и чаще всего он срабатывает. Сделать это можно так.

Если вы заводите разговор о женитьбе, а ваш мужчина в качестве отговорки говорит «я не готов», то вы на это отвечаете следующее: «Дорогой, я очень тебя люблю, но не могу позволить себе находиться в отношениях без перспективы на будущее. Я должна позаботиться о себе. Позвони мне, когда ты будешь готов и решишь сделать мне предложение!» Эту фразу нужно произнести доброжелательно, мягко, но твердо. С этого момента вы не встречаетесь с мужчиной и не отвечаете на его звонки. Ваша задача – заставить мужчину испытать чувство незащищенности и зависимости от вас. Как правило, через некоторое время мужчина будет названивать вам, тестируя и проверяя серьезность ваших намерений. Терпение, последовательность ваших действий и способность знать, когда «пора», – вот залог успеха. Если мужчина любит вас и боится потерять, он сделает предложение. Ну а если вы ошиблись в расчетах или перестарались со своей недоступностью и задели чувства мужчины, то ваш мужчина пропадет совсем либо это вынудит его отказать вам, что одно и то же.

Ну что ж! Видно, для этих отношений была предопределена именно такая судьба. Дайте себе время пережить это расставание, проанализируйте ошибки и начинайте все снова.

Анатомия супружеских отношений

Прежде чем я расскажу о самой помолвке, которая требует не меньше усилий, чем вы уже потратили, придя к решению пожениться, мы поговорим о роли, которую вы отведете себе в вашем партнерстве, и о ваших позициях в браке.

Создав не один десяток брачных союзов, я не перестаю удивляться человеческой беспечности: каждый норовит совершить те же ошибки, которые до него совершили множество людей. Граблям и отдохнуть некогда.

Оглянитесь по сторонам. В современном обществе полным-полно женщин, которые страдают от бесконечной череды мужских измен или пытаются прийти в себя после стресса, пережитого в результате развода. Чтобы союз был прочным и счастливым, женщине надо хорошенько подумать, какую модель или сценарий семейной жизни они с супругом будут воплощать. Совместная жизнь с партнером потребует разделить власть и ответственность. Вам придется принимать решения, касающиеся финансов, питания, домашних обязанностей и приобретений, и, согласно модели семьи, вам будет предоставлена роль, которой вы обязаны руководствоваться. Поэтому хорошенько продумайте будущий сценарий и ту роль, которая вам отводится в этом партнерстве.

Подобных моделей существует множество. Основные:

Патриархальная модель с полным главенством мужчины и второстепенной ролью женщины при принятии важных решений. Понятно, что в такой семье муж должен быть тем самым «сильным плечом», зарабатывать больше жены, смело принимать решения и добиваться их исполнения, а ваша роль соответствует стереотипному представлению о домохозяйке. Если вы заиграетесь, возможно следующее развитие событий. Домохозяйка может полностью раствориться в домашних проблемах, забыв о собственной индивидуальности, чувствах, интересах. Такая женщина становится слишком предсказуемой и, не побоюсь этого слова, примитивной. Со временем все ее действия мужчина воспринимает как должное, не испытывая благодарности за создание уюта и удобства в их совместной жизни. Общение партнеров может сводиться только к обсуждению рыночных цен, соседских сплетен и необходимости покупки различных предметов. Ко всем своим обязанностям «домохозяйка» относится добросовестно. Проблема в том, что интимную жизнь она тоже воспринимает как одну из своих обязанностей. Партнеру нужен секс, так значит, он его получит. Хорошей иллюстрацией является героиня Бри, пытающаяся сохранить разваливающийся брак, в многосерийном фильме по драме Роберта Дункана МакНила «Отчаянные домохозяйки», который недавно прошел на канале СТС. Жизнь с «домохозяйкой» отличается удобством и спокойствием, однако отсутствие эмоций, страсти и динамики отношений делает ее ужасно скучной. Мужчина, пресытившись этим однообразием, неизменно обращает свой ищущий взор сквозь прутья комфортабельной клетки на прелестных кокеток, великое множество которых снует вокруг. И главное качество, которое он ценит в них, – отсутствие стремления постоянно чистить кастрюли и ежесекундно смахивать пыль.

Те женщины, которые не слишком любят заниматься домашними делами, зачастую впадают в другую крайность. В модели под названием *матриархальная семья* женщина выбирает роль «заботливой мамочки», которая стремится всячески опекать своего партнера, оберегая его от потрясений, неприятностей и всего окружающего мира. Женщина свято верит в то, что избранник без ее деятельного участия шагу не может ступить, потому что все равно что-то испортит или чего-то не сумеет. Женщина с такой моделью поведения преследует лишь одну цель – завоевать любовь мужчины. И главное, к чему она стремится, – убедить мужчину в собственной незаменимости, потому что тогда, по ее мнению, он никогда не сможет с ней расстаться. Но чрезмерная опека и давление на личность убивает в душе мужчины трепетные чувства. Он перестает испытывать к своей партнерше сексуальное влечение, ощущать себя сильным, желанным и независимым. Выхода два: смириться или поменять партнершу. Но даже если он выберет первый вариант, этот союз вряд ли можно будет назвать счастливым.

Есть еще модель, называемая *демократическая семья*, где супруги равноправны, имеют свои области интересов и примерно равные доходы, а важные решения принимаются в результате обсуждения и выработки устраивающего обе стороны решения. В этой модели семьи женщине легче оставаться именно «женщиной», невзирая на условия и жизненные обстоятельства. С этой «женщиной» никогда не скучно, потому что не знаешь, что за сюрприз она может преподнести. «Женщина» не сводит свою жизнь к ведению общего хозяйства и интересам партнера. Она никогда не забывает о собственном «я» и заставляет окружающих с ним считаться.

Выбирая модель своей семьи, не стоит ориентироваться только на демократическую. Если вам ближе патриархальная или матриархальная модель, не стоит от нее отказываться. Истинная женщина всегда займет достойное место в любом союзе. Не забывайте о главном: ваши старания увенчаются успехом только в том случае, когда рядом с вами будет достойный партнер, ради которого стоило бы прилагать усилия.

Психолог Вильгельм Райх, один из первых поднявший проблему супружеского благополучия, предложил еще восемь супружеских сценариев, по которым могут развиваться супружеские отношения, аллегорически обозначив их буквами латинского алфавита.

Он писал:

«В случае "А" брак начинается как вынужденный, как средство для чего-то. Партнеры далеки друг от друга, но вскоре находят определенную связь, например родившегося ребенка. Это представлено горизонтальной чертой буквы "А". С течением времени они становятся все ближе и ближе и наконец сходятся, и заботы их становятся общими. Это представлено вершиной буквы "А".

Брак "Н" начинается подобным же образом, но партнеры так и не становятся ближе друг другу, и брак поддерживается единственной связью (у каждого своя). Во всем остальном партнеры движутся так, как они двигались до брака.

Брак "I" от начала до конца происходит в условиях, когда пара слита в нечто единое.

Брак "О" вертится и вертится по кругу, никогда ни к чему не приводит, повторяя те же шаблоны, пока не прекращается из-за смерти или из-за развода.

Брак "S" блуждает кругом в поисках счастья и, наконец, приходит к точке выше и правей той, где он начинался, но никогда не идет дальше этого. Это вызывает у партнеров разочарование и раздражение, делая их хорошими кандидатами для психопатии, поскольку в этом браке есть много такого, из-за чего они не хотят развода.

Брак “V” начинается с близости партнеров, но они сразу же начинают расходиться, может быть, после медового месяца или даже после первой ночи.

Брак “X” начинается, как “A”, затем в некоторой точке возникает единственный момент блажёнства. Партнеры ждут его повторения, но он никогда не возвращается вновь, и они вскоре начинают отдаляться друг от друга.

Брак “Y” начинается хорошо, но трудности множатся, и постепенно каждый находит собственные отдельные интересы и идет своей дорогой».

Сам автор утверждает: «Существует много других типов брака, но их трудно символизировать буквами алфавита, который у нас есть, так что оставим их до появления более сложной системы классификации». Возьмите эту информацию на заметку.

Ваша помолвка

Помолвка – это переходный этап к семейной жизни. Он начинается решением пожениться и объявлением о предстоящей свадьбе и заканчивается самой свадьбой. Этот период не гарантирует happy end’a в конце вашей любовной истории и потребует от вас не меньше усилий, чем было уже потрачено. Но вы вполне можете насладиться отношениями и предстоящими приготовлениями к самому знаменательному дню вашей жизни и оградить себя от наиболее часто совершаемых ошибок.

Что вам надо знать о помолвке

Ну, во-первых, вы должны обладать полной информацией о вашем партнере, прежде чем создать с ним семью. Удивительно то, что многие молодожены, вступая в брак, даже не знают:

- точный возраст своего партнера;
- какие обязательства несет партнер (бывшие супруги, дети, родители или близкие родственники);
- предыдущие связи и их эмоциональные последствия;
- финансовое положение, включая недвижимость, доходы и долги;
- национальные особенности;
- отношение к деньгам и семейные ценности;
- так называемые «скелеты в шкафу», неожиданности, которые впоследствии могут вызвать неловкость или непринятие партнера.

Каждый из партнеров имеет право знать истинное положение дел своего супруга, чтобы иметь представление о том, удачным ли будет брак, и выяснить причины будущих конфликтов. Если вы были внимательны к партнеру в самом начале отношений, слушали его рассказы о себе и задавали нужные вопросы, то по его ответам вы уже, вероятно, составили представление по пунктам вышеуказанного списка. Мало того, в период строительства отношений вы имели возможность найти подтверждения полученной информации.

Во-вторых, женщина в этот период не должна расслабляться и воспринимать своего мужчину как должное, именно из-за этой причины расстраивается большинство свадеб.

Еще не так давно было не принято, чтобы мужчина дарил невесте кольцо как признание в любви и залог серьезности намерений. Самое интересное, что этот обычай не пришел к нам с Запада, а был хорошо знаком нашим прабабкам и широко распространен до революции 1917 года. Это потом он стал пережитком прошлого, но сейчас опять занимает достойное место в традициях помолвки, ведь это так романтично. Но будьте внимательны относительно этого атрибута любви! В вашем желании иметь кольцо с большим бриллиантом нет ничего плохого, но ваш жених может иметь на этот счет свое мнение. Вот несколько рекомендаций:

- Если мужчина хочет вам купить очень дорогое кольцо, обязательно скажите ему, что вам приятно получить любое кольцо и вы будете носить его с гордостью, независимо от цены. Пусть выбор будет за ним.
- Кольцо не должно затмить вашу личность в случае, когда мужчина хочет продемонстрировать свое положение и благополучие. Кольцо не прибавит и не убавит вашей истинной ценности и неповторимости.
- Не вздумайте пойти и оценить стоимость этого подарка. Мир слухами полнится. Это больно заденет вашего мужчину, ведь самая большая ценность – это он.
- Кольцо при помолвке не обязательный атрибут. Не обижайтесь на своего мужчину, если он не сделал вам этого подарка. Приняв его предложение, выберите день, когда вы вместе отпразднуете помолвку и обменяетесь приятными подарками. Поверьте, он сделает все как надо.

Если вдруг помолвка расстроится, обязательно верните кольцо мужчине, оставить его можно только в том случае, если он сам отказывается его забирать.

Будьте готовы к маленьким пакостям со стороны мужчины

Наверно, нет ни одного мужчины, который бы не захотел взять свои слова обратно или не совершил хотя бы одну маленькую пакость перед свадьбой как последний жест сопротивления. Неважно, на чем строятся его подсознательные мотивы: на том, чтобы проверить вашу любовь к нему, или на боязни совершить, как он считает, «роковой» для себя шаг, ведь остались еще миллионы женщин, которых он не встретил и теперь уже не встретит. Пребывая в таком состоянии, он может вас сильно обидеть на самом пороге семейной жизни. Будьте готовы к этому, и тогда конфликта можно будет избежать. Как правило, партнер скоро приходит в себя и опять становится внимательным и любящим. Не позволяйте себе его осуждать, а обстоятельствам – отклонить вас от намеченного курса.

Продолжительность помолвки

Продолжительность помолвки определяется обстоятельствами и индивидуальными особенностями партнеров. Обычная оптимальная продолжительность – три месяца, но вы можете установить свой срок, который будет наилучшим способом соответствовать вашим планам. Только не затягивайте его, разве что в исключительных случаях.

Я обращала ваше внимание на то, что этот период не гарантирует счастливого продолжения ваших отношений. Либо вы сделаете все, чтобы укрепить ваши отношения, либо своими непродуманными действиями спугнете мужчину.

Совместное обсуждение планов, связанных со свадьбой, – одна из хороших возможностей обеспечить надежный фундамент дальнейшей совместной жизни. Я не случайно упомянула о совместности. Женщина может испортить свадьбу, если не будет ясно представлять себе интересы мужчины. День свадьбы – это не женский день. Это день для двоих.

Традиции свадебного торжества предусматривали, что расходы несла семья невесты. Однако в наши дни расходы чаще всего делятся пополам, поэтому многие мужчины имеют собственное мнение относительно свадебного торжества и хотят, чтобы их идеи обязательно учитывались. Обязательно посоветуйтесь с мужчиной по основным аспектам торжества и заручитесь его полным согласием.

Свадьба на широкую ногу, особенно если это идея родителей, может представлять особую опасность для ваших отношений. В принятии столь важного решения не руководствуйтесь только мнением родителей. Если вы стоите перед выбором, ваше решение должно определяться принятием стороны будущего супруга, потому что именно сейчас он больше всего нуждается в вашем внимании и новых подтверждениях вашей любви.

Я искренне желаю вам, чтобы день вашей свадьбы был наполнен любовью и счастьем. Свадьба хороша как праздник, подтверждающий соединение двух любящих и уважающих друг друга людей, которые готовы без принуждения и претензий жить вместе долгие года. Если вы считаете, что у вас все будет именно так, я желаю вам успеха!

ГЛАВА 4
ПСИХОЛОГИЯ СЕМЕЙНЫХ ОТНОШЕНИЙ

Обязанности мужа и жены в семье. Качества истинной жены

Образ идеальной жены всегда представлялся чем-то расплывчатым и не имеющим определенных характеристик. В разные времена пытливые мужские умы старались дать точную характеристику совершенной супруги и, надо сказать, преуспевали в этом. Одни из самых известных правил прописаны в «Домострое», произведении 16 в., регламентирующем нормы поведения горожанина в семье и в обществе. Однако с тех пор претерпел изрядные изменения не только тезис «Жена да убоится мужа своего», требования к супруге также были забыты основательно. Кстати, изначальный смысл этого тезиса заключался в том, что жена обязана была бояться унизить своего мужа, а не страшиться наказания. Но речь не только об этом. Я хочу поговорить с вами об обязанностях мужа и жены, и вот почему.

Испокон веков повелось, что мужчина – это добытчик, и с тех давних времен ничего не изменилось. Более того, современная социальная политика возлагает на мужчину обязанности более высокие, чем те, что он когда-либо нес раньше. Теперь от мужчины требуется, чтобы он не просто обеспечивал семью – жену и детей, но и создавал для них наивысший уровень комфорта и обеспеченности. От него также требуется, чтобы он взял на себя обязанности, ранее считавшиеся традиционно женскими: уборка, стирка, готовка, и тем самым избавил женщину от этих хлопот. Правда, с мужчины никто не снимает его традиционно мужских обязанностей – надеюсь, вы понимаете, о чем идет речь. И получается, что мужчина должен не только выполнять свои прежние мужские обязанности, но и взвалить на себя еще дополнительные, ранее считавшиеся женскими.

А что будет делать современная женщина или жена с тем свободным временем, которого у нее теперь предостаточно? Конечно, использовать его для своего комфортного существования, для реализации, например, карьерного роста. Или для хождения по дорогим бутикам и салонам. К чему приводит такой стиль жизни, мы прекрасно знаем.

Наши женщины стали жить для собственного удовольствия, семейная жизнь, т.е. забота о семье и муже, уходит на задний план, а на первый выходит желание обеспечить себе независимость любыми путями, в том числе солидными алиментами через развод.

Современный «идеал» брака для женщины теперь заключается в том, чтобы муж не был главой семьи. Вместо брака «согласия», в котором мужское начало любви является первенствующим, получаем иной брак – «равенство», в котором обе стороны равноправны, ни за что не отвечают, любят только самих себя, свою самость (отсюда слова: «самец» и «самка»). Это приводит к тому, что женщина теперь не только живет ложными семейными ценностями, но и фактически превращает мужчину в крепостного раба. О каком уважении к мужчине тогда может идти речь?

Женщина, вероятно, забыла, что муж – не только муж, но и отец, т.е. тот, без которого нет и не может быть материнства. Детям нужна не только мать, но и отец, которого мать никогда заменить не может.

К сожалению, вынуждена констатировать тот факт, что на смену истинным женщинам, которыми всегда гордилась Россия, успешно пришло новое поколение женщин, которое уже принципиально не рассматривает возможность исполнения любых женских обязанностей, но при этом обладает гипертрофированными требованиями к мужскому полу. Отсюда и статистика разводов, и низкая рождаемость.

Я провела анализ тех требований к мужчине, которые предъявляет современная женщина, и систематизировала их по степени значимости.

Первое и главное: мужчина должен иметь цели в жизни и стремиться к ним. Эти цели направлены на то, чтобы как можно больше ЗАРАБАТЫВАТЬ.

Второе – он должен не быть ЖАДНЫМ, что значит красиво ухаживать: оплачивать счета в ресторанах, кино, цветы и подарки к праздникам и просто так, без повода (естественно, дорогие).

Третье – он должен быть ЗАБОТЛИВЫМ. Оказывать помощь в трудную минуту: провожать поздно ночью с корпоративной вечеринки домой, быть готовым отвезти на вокзал, в аэропорт, а также встретить. Когда женщина болеет, ухаживать за ней, а если ей нужны дорогущие лекарства, предложить помощь деньгами.

Четвертое – он должен быть ХОЗЯЙСТВЕННЫМ (желание сделать свой дом уютным) и ДОМАШНИМ (больше времени проводить дома, вместе что-то делать: готовить ужин, заниматься спортом и т.д.).

Пятое – наличие высшего образования, а лучше двух. Наличие энциклопедических знаний, т.е. способность поддержать разговор на любую тему. Чувство юмора. И постоянное желание путешествовать на дорогие курорты.

Шестое – РАВНОПРАВИЕ. Это значит, что для мужчины нет понятия «это только женские обязанности» или «ты должна стирать мои носки». Он не имеет права навязывать своего мнения, может только предложить совет, принимает право женщины на личную жизнь, личное пространство, невмешательство в личные вещи, должен разрешать встречи с друзьями (мужчинами) и подругами.

Седьмое – ОТНОШЕНИЕ К СЕМЬЕ. Я и наши отношения для мужчины на первом месте. Мужчина обязан любить и уважать меня и моих родственников. Обладать умеренной ревностью (без сцен и скандалов). У него должно быть желание иметь детей. При этом он не должен настаивать на рождении детей, если в данный момент женщина не готова к этому.

Если подытожить все эти требования, то получается, что мужчина нужен для того, чтобы с ним было легко, тепло, весело и приятно. Чтобы он обеспечивал, заботился и оберегал. Чтобы он был умный, красивый, душевно тонкий, щедрый, с чувством юмора и, конечно, богатый. Т.е. кошелек, пылесос, холодильник и стиральная машина в одном флаконе. Хорошо бы это чудо техники еще и колыбельную могло спеть. А за это женщина обещает посвятить ему лучшие годы, отдавать ласку, любовь и стимулировать на еще большие достижения.

Это больше смахивает на потребительское отношение. Вот и получается, что мужчины не без основания обвиняют нас, женщин, в таком отношении к ним.

Я думаю, что пришло время посмотреть правде в глаза и признать свою женскую несостоятельность. Пора навести порядок не только в отношениях с мужчинами, но и, главное, в собственной голове.

И для начала вспомним те истинные качества жены, которые всегда приводили женщину к счастливой семейной жизни.

Всем нам прекрасно известны качества хорошей жены. Жена должна быть доброй, справедливой, экономной, добросовестно вести домашнее хозяйство, рожать и воспитывать детей, а также стать близким другом своего мужа. Это значит, что, живя рядом с мужем, женщина не просто ведет хозяйство, а изучает характер своего мужа, знает его привычки и желания. Эти способности дают ей возможность успокоить крутой нрав супруга, дать дельный совет, когда он в нем нуждается, помочь ему расслабиться после трудового дня.

Я думаю, что всем известен тот факт, что мужа оценивали по жене, в данном случае имеется в виду мужская успешность в обществе или, скорее, отношение к нему. Моя бабуля не уставала мне повторять прописные истины: жена – адвокат своему мужу, что бы он ни сотворил, она обязана его защищать. Это дома ты ему «мозг вынесешь», а на людях ему нужна твоя поддержка. И сор из избы не выносят – это свято. Но большинство современных жен в ситуации, когда у мужа наступает тяжелый момент в жизни, вместо поддержки выдают ему нотации или претензии относительно его несостоятельности. Или еще хуже, он становится темой сплетен с подругой, либо жена начинает ему изменять. А наши прабабки свято соблюдали неписаные семейные законы.

Говорят: «Хочешь быть счастливым – будь». Каждый из нас, в меру своих способностей, делает себя счастливым. Но нет ничего ценнее, чем когда твой близкий делает все для того, чтобы твоя жизнь наполнилась счастливыми моментами. Мы, женщины, утратили способность не только желать своим мужьям счастья, но приносить им его. Для детей стараемся, а для самого близкого человека, каким является муж, – нет. Наши прабабки знали, что счастье мужчины не в заботе и создании уюта, а в уважении к нему. Уважение строится на понимании того, кто в доме хозяин и какую ответственность он несет. Если команда на корабле не станет подчиняться своему капитану и не будет выполнять его указания, то грош цена такому капитану и самой команде. Без уважения команды к капитану корабль далеко не уплывет. В семье те же законы.

Правда, женщины часто задают вопрос: «А что, если мой муж не достоин, чтобы его уважали?» Я отвечаю, как моя мудрая бабушка: «Все равно уважай его». Эта житейская мудрость проста и очень действенна.

Если муж не имеет каких-то качеств, жена должна пытаться их в нем найти. Здесь надо быть очень внимательной, так как, во-первых, их надо заметить, а во-вторых и в-главных, порадоваться, чтобы закрепить результат. И муж, поверьте мне, постепенно становится таким, каким хочет видеть его жена. Если жена радуется любому хорошему поступку мужа, то и муж получает удовлетворение от радости жены, а значит, ему захочется все больше и больше ее радовать, делать ей приятное – то, чего она хочет. Но для этого потребуется не только женское терпение, но и опытность.

Кстати, об опытности жены. Я не раз говорила вам о том, что жена играет главную роль в сохранении семьи, поэтому она должна не только знать основные правила жизни семьи, но и обладать житейской мудростью, т.е. быть опытной. И знаете почему? «Хорошими мужьями не рождаются, – не устаю повторять я. – Хороших мужей делают хорошие жены. С момента знакомства». Опытная жена так выстраивает отношения с мужем, что он становится уважаемым членом общества. Как это происходит?

Если государство – это семейство семейств, а семья – это древнейшее государство, то обязанность мужа – быть главой своего маленького государства, его опорой, его защитой. А задача семьи – заботиться не только о процветании своего маленького сообщества, но и о процветании всего общества. Это обязанность мужа, а целью жены является счастье каждого члена семьи, вот тогда семья будет считаться сильной и благополучной. А сильная семья – это сильное государство. Исторически сложилось, что работа, которой занимается мужчина, идет на благо общества, а средства, которые он получает от своей деятельности, идут на благо семьи. Все четко и понятно. Россия всегда была сильнейшим государством, потому что в ней был порядок. Я всегда напоминаю своим детям о том, что если не будет порядка в голове, значит, беспорядок будет и в жизни. Что, собственно, мы сейчас и имеем. Беспорядок в женской голове, не без участия самих мужчин, позволил женщине заняться мужской деятельностью, вот она и отодвинула семью на задний план. На основании каких мужских претензий чаще всего рушатся семьи? Не на основании измен со стороны мужа, а на простом и банальном: «Почему нет чистых носков и рубашек?», «Где горячий ужин?», «Почему ты устала и не хочешь выполнять супружеский долг?» и т.д. и т.п. А что отвечает в ответ жена? «Я тоже устала, неужели трудно сделать самому?» И измена становится лишь результатом неудовлетворенности мужа женой. Отсюда вывод: мужу нужна жена, а не квалифицированный менеджер. Не успеваете совмещать работу и дом, бросьте работу и сидите дома. Если хотите работать, то не жалуйтесь. И помните! В отношениях с женщиной мужчине не нужны ее деловые качества и способности. Ему нужны вы, ваша женская манера общения, женское тепло и умение видеть в нем все-все самое лучшее, даже то, что он сам в себе не заметил, проворонил, а вы увидели и вдохновили. Поэтому изучайте потребности мужчин. Ищите пути, которые ведут в глубину мужской души. Находите их. Но не используйте во вред мужчине. Используйте во благо, и обязательно дайте ему то, что сделает его счастливым.

Деньги и семья. Общая реальность семьи. Семейный совместный бизнес

Если спросить брачующихся, зачем они создают семью, я думаю, большинство из них ответит: «Для любви». Но я не знаю ни одного семейного человека, который был бы счастлив одной любовью. Более того, я знаю точно, что любовь голодной не бывает. Вот и выходит, что для жизни в семье одной любви мало. И самое интересное: тот, кто этой семьи уже не хочет и разводится, в графе «причина развода» почему-то не пишет «Я развожусь, потому что ушла любовь». Значит, семью держит не любовь, а нечто другое. И я называю это ОБЩАЯ РЕАЛЬНОСТЬ. Что это такое?

Давайте опять вернемся к разводящимся людям. Что они делят? Совместно нажитое имущество, деньги и детей. Кстати, дети в этом списке находятся на последнем месте. Это и есть общая реальность семьи. Это то, что удерживает мужа и жену в отношениях в минуты слабости или отчаяния, когда хочется разрушить семью. Для большей убедительности пойдем от обратного. Что должен сделать муж в семье? «Мужчина должен построить дом, посадить дерево, родить сына». Поэтому и делится при разводе именно этот дом (дерево не в счет) и, конечно, сын. Вот и получается, что общая реальность семьи – это совместно нажитое имущество и дети.

Но такая реальность может быть построена только у молодых. А что делать возрастной категории за 40 лет? Дело в том, что волна разводов, которая началась с момента перестройки, захлестнула более 80% семей. И мой брачный рынок пополнился невестами и женихами, которым хорошо за 40 лет. А если женщине за сорок, рожать она не будет, да и делить нажитое имущество с новым мужем не захочет. Что будет объединять в этом случае мужа и жену? То, что разрушило не одни отношения – совместный бизнес. Но у монеты две стороны. Если у совместного бизнеса есть отрицательная сторона, то, очевидно, есть и положительная. Хочу поделиться с вами этой стороной, тем более в моих отношениях с мужем эта реальность является объединяющей. А семейный бизнес – это не веяние моды, а исторически сложившиеся традиции. Первые известные нам семейные династии российских предпринимателей начали складываться при царе Иване Грозном, а гордостью дореволюционной России стали известные всем купеческие династии Морозовых, Прохоровых, Горбуновых и многие другие.

Создать семейный бизнес, как и нажить совместное имущество, непросто. И дело даже не в деньгах, которые вы заработаете вместе. Хотя, когда речь идет о деньгах, каждый имеет свое представление о том, что справедливо, а что нет. Дело в том, что в начале наших взаимоотношений, как семейных, так и деловых, даже если у нас разные представления и отношение не только к деньгам, но и по другим вопросам, мы на них не обращаем внимание. Все наши усилия направлены на «строительство» самих отношений. И такие вопросы, которые позже становятся причинами конфликтов, как: кто кому подчиняется и в каких ситуациях, как следует тратить деньги, кому сколько следует давать и кто сколько имеет право получать, – приводят к кризисам, супружеским изменам, нехватке денег и перспективе разорения. А главная трудность заключается в том, что грань между руководителем и подчиненным, которыми являются муж и жена, очень тонкая и незаметная. И не всегда понятно, с точки зрения какой позиции обсуждается тот или иной вопрос. Дело в том, что если муж является руководителем семейного предприятия, все ясно и понятно. А если наоборот? Простой пример. Я являюсь руководителем семейного бизнеса, у нас Академия сватовства, форма бизнеса женская, в сравнении, например, с автомастерской. По субординации муж мой заместитель, а по факту соучредитель, и прибыль делится пополам. Относительно распределения финансов у нас полное согласие. Муж получает свой доход и часть дохода приносит в семью как глава семейства. Моя часть идет на мои нужды и нужды моих детей. Трудности возникали при обсуждении деловых вопросов. Дело в том, что оно перемещалось на семейную кухню, вот тут-то и происходила метаморфоза. Стиралась грань между деловым партнерством и обязанностями мужа и жены, что приводило к конфликтам. Я сердилась на мужа из-за того, что мне казалось, что он не уважает меня как профессионала, раз не соглашается с моими аргументами. А муж злился на меня, что я с ним не соглашаюсь и не принимаю его точку зрения, причем это недовольство сказывалось на наших семейных отношениях. Моментально появлялись претензии со стороны мужа по ведению хозяйства. Из-за моей занятости ужин приготовлен не вовремя, нет чистых рубашек и т.п. Вот тогда я задумалась: а правильно ли я поступаю? Оказалось, что нет, судя по результату, а вернее, его отсутствию. Во-первых, я нарушала главный закон семьи: за материальную сторону отвечает муж. Т.е. за Дело, даже если оно и семейное, отвечает глава семейства. Во-вторых, в момент наших споров я становилась противной ему, раз шла против его слова, а значит, он переставал быть уважаемым в моих глазах. И такое отношение с моей стороны не укрепляло брак, а разрушало. Поэтому, руководствуясь житейской мудростью «Если проблема не решается, то надо найти другие, более эффективные способы решения», я изменила свое поведение. Я признала главенство своего мужа как руководителя нашей компании. И если он считает, что поступать надо именно так, я так и делаю, даже если не согласна. Тот, кто делает, принимает на себя ответственность, в том числе и за ошибки. Моя задача – всегда быть рядом и поддерживать его в любой ситуации. Я отвечаю за творческую сторону наших проектов, муж – за организацию в целом. Другими словами, он Хозяин этого бизнеса, я – «серый кардинал». Я признаю его главенство и в наших личных отношениях, я служу своему мужу, а значит, помогаю. И самое интересное, что претензий ко мне как к хозяйке стало значительно меньше. Вот такой парадокс.

Но хочу вернуться к обсуждению теоретической стороны семейного (совместного) бизнеса, чтобы лучше понять сильные и слабые стороны таких семейных взаимоотношений и эффективно применять их в жизни.

В основе любого бизнеса лежат денежные потоки и отношение к ним. Как относятся к деньгам родственные сообщества людей, называемые семьями? По-разному. Причем это отношение имеет свою специфику. Чтобы понять преимущества семейного бизнеса, давайте рассмотрим разные типы семей с позиции их отношения к деньгам.

Типология семьи

Семья с психологией батраков

Как видно из названия, такой тип семей относится к низшим социальным классам. Ее члены с раннего детства знают, что такое нужда и безденежье. Выбраться из ситуации вечной нищеты для многих семей этой категории не представляется возможным.

Они обычно много трудятся, но, как правило, не наслаждаются плодами своего труда, которые достаются другим, более ловким людям. Обычно члены подобной семьи болезненно относятся к теме денег, которых всегда не хватает. Конфликты и ссоры из-за денег, даже очень маленьких, случаются почти постоянно.

Однако, несмотря на конфликты и разногласия, возникающие между ее членами по самым разным поводам, есть один очень важный объединяющий фактор – все члены этой семьи глубоко убеждены, что денег у них нет и никогда не будет. И главное, что их объединяет, это согласие на бедное существование.

Не следует думать, что семьи подобного типа появились только в эпоху Советского Союза. Во все времена и в самых разных государствах и народах были семьи, которым на протяжении всей жизни так и не удавалось вырваться из плена нищеты. Многие из членов таких семей оказались настолько сильно раздавленными гнетом бедности, что уже и не помышляли в силу бедности мышления когда-нибудь из нее вырваться.

На такой психологии и отношении к деньгам построить семейный бизнес невозможно.

Одна надежда на детей. Родители должны дать детям такое образование, которое позволит им выйти в люди, чтобы вывести семью из бедности.

Семья с психологией транжиров

В семьях подобного типа деньги водятся – иначе не было бы возможности что-то проматывать. Как правило, в этой семье кто-то умеет зарабатывать, и порой немалые деньги, а кто-то их хорошо проматывает. Отличительной особенностью таких семей является то, что их члены не умеют грамотно и правильно тратить заработанные деньги, и тем более не привыкли их откладывать и накапливать.

Непродуманная денежная стратегия приводит к нестабильности семейных финансов. В кошельке семьи то густо, то пусто. В такой семье нет практики и традиции фиксировать траты, записывая конкретные расходы на покупки.

Такая семья живет по принципу «Хорошо зарабатывать и хорошо тратить деньги, ни в чем себе не отказывать в настоящем и особенно не задумываться о будущем».

При такой философии семейный бизнес не построишь, но шансы здесь намного выше, чем для семьи батраков. Рекомендации я дам в конце этой главы.

Конфликтная семья

Когда семью раздирают внутренние конфликты и домочадцы постоянно ссорятся между собой, как правило, из-за денег, то о финансовой стабильности в такой семье не может быть и речи. Я вспоминаю одну мою клиентку, которая пришла ко мне с претензиями на мужа из-за его контроля над финансовыми потоками. Муж зарабатывал весьма приличные деньги, а моя клиентка любила покупать дорогие вещи и не собиралась хоть в чем-то сдерживать свою страсть. Она обосновывала это тем, что они не настолько богаты, чтобы покупать дешевые вещи. Кроме того, у них были разные взгляды на то, каким должен быть отдых. Муж предпочитал дачу, а жена – если не Мальдивы, то хотя бы юг Франции. Все мои доводы по поводу того, что деньги надо уметь не только зарабатывать, но и правильно тратить, и что ситуация может закончиться печально, не были услышаны. В конечном итоге из-за серьезного психологического стресса муж потерял работу.

Семьи, где возникают постоянные конфликты и разногласия относительно денег, не способны эффективно привлекать денежные потоки. Члены конфликтной семьи гораздо больше любят себя и хотят иметь возможность бесконтрольного удовлетворения своих сиюминутных капризов и желаний. В таком сообществе никогда не будет денег. А значит, и бизнес с такой семьей не построишь.

Семья – предприятие

Кто из нас не встречал на практике такие семьи, где все или почти все ее члены работают как единая команда на умножение семейного капитала? Главными работниками обычно являются супруги, постепенно, по мере взросления детей, в бизнес втягивается и молодое поколение. Такие семьи могут заниматься чем угодно, например торговлей или производством. Как правило, это какое-нибудь прибыльное занятие, дело, ремесло, которое объединил в общее доходное предприятие наиболее продвинутый и профессионально подготовленный член семьи.

Члены семьи понимают, что в окружающем и достаточно агрессивном мире лучше выживать гуртом. А работая плечом к плечу, зарабатывать деньги лучше, чем поодиночке.

Преимущества и недостатки семейного бизнеса

Конечно, в этом решении много очевидных плюсов. О преимуществах семейного бизнеса можно говорить только в том случае, когда он правильно организован, успешно развивается и каждый задействованный в нем член семьи доволен своими и чужими результатами, т.е. когда бизнес успешный.

- Первым очевидным преимуществом является то, что прибыль в семье от данного бизнеса максимальна, соответственно семейный бюджет, вложенный в него, возвращается быстрее.
- Правильно выстроенные отношения в бизнесе и общий интерес еще больше сближают членов семьи.
- В семейном бизнесе, как правило, нет недомолвок, которые могут стать неожиданностью и повлечь за собой финансовые потери. Члены семьи

обычно в курсе личных планов друг друга (свадьба, рождение детей и др.), что позволяет многое заранее предусмотреть и избежать возможных пробелов в делах. Сотрудники по найму, как правило, о подобных ситуациях молчат до последнего и ставят перед фактом зачастую в самый неподходящий момент.

- Главное преимущество семейного бизнеса – возможность приобщить к нему своих детей. В процессе приобщения вы учите их не теоретически, а практически, используя свой опыт и знания, полученные в конкретном деле. Наглядный пример родителей действует куда эффективнее, нежели ничем не подтвержденные поучения и теоретические знания в учебных заведениях.
- Стабильно прогрессирующий и приносящий постоянный доход бизнес можно передать по наследству, обеспечив тем самым будущее детей (если только они будут продолжать начатое вами дело).

Однако есть и минусы – не всегда хорошо, когда работники-члены семьи относятся друг к другу неформально и склонны переносить на трудовой процесс родственные симпатии и антипатии или, еще хуже, отсутствие делового авторитета в глазах друг друга.

Также часто встречающимися фатальными ошибками становятся неумение разграничивать личные и служебные отношения и назначение родственников на высокие должности. Отсутствие четкого и ясного понимания, что бизнес имеет свои правила и законы, к которым нужно прислушиваться, дабы иметь успех, приводит к обидам, раздорам и в конечном итоге крушению либо семьи, либо бизнеса.

Еще одной серьезной ошибкой, которая приводит к разрушению фундамента совместного семейного бизнеса, является ситуация, когда и в офисе, и на отдыхе, и за вечерним чаем члены семьи говорят только об одном – как заработать деньги, т.е. финансовая составляющая становится единственной ценностью, мерой всех вещей и смыслом бытия этой семьи. Семейный бизнес, как и семейная лодка, из-за конфликтов раскачивается и взрывается, в основном по причине дележа накопленных финансовых ресурсов.

Что же нужно сделать, чтобы семейный бизнес помог самой семье стать гармоничным сообществом?

Вот некоторые рекомендации:

1. Члены семьи путем переговоров или конкретных действий обязаны договориться о том, чтобы личностные интересы каждого участника семейного бизнеса не противоречили финансовым интересам самого бизнеса.
2. Необходимо определить и прописать личностный вклад (денежный или профессиональный) каждого члена семейного бизнеса. Причем профессиональный вклад должен быть выражен в денежном эквиваленте. Каждый участник получает из семейной кассы денежный доход пропорционально своему вкладу в общий достаток для удовлетворения своих личных потребностей.
3. Надо научиться не смешивать денежные и моральные семейные ценности.
4. Желательно разработать для себя и своих родственников-коллег четкие правила и совместно обсудить их, приняв решение единогласно. И чтобы избежать нежелательных недоразумений, каждому следует их придерживаться.

Отношение мужчины и женщины к деньгам

Но не только по этим причинам семейный бизнес может развалиться. Отличие женского и мужского отношения к деньгам может стать маленькой течью, которая постепенно разрушит весь корабль. Поэтому я не могу оставить без внимания эту причину.

Дело в том, что мужчина, являясь главой семьи и основным добытчиком денег, вынужден большую часть времени жить вне дома. И наличие определенной суммы денег в собственном бумажнике для него так же важно, как для женщины необходимость, например, чувствовать себя привлекательной и любимой.

Если он к определенному возрасту не научился зарабатывать такое количество денег, которое обеспечивает его самоуважение и ощущение хозяина жизни, он начинает приходить к выводу, что жизнь не удалась. Способность зарабатывать деньги для него не только способ удовлетворения личных амбиций, но и средство обеспечения своей семьи и близких.

Количество денег в бумажнике практически для каждого мужчины – это подтверждение собственной социальной, профессиональной и человеческой состоятельности. Деньги дают ему ощущение свободы и победы над судьбой. Он постоянно сравнивает себя с другими людьми, и прежде всего с мужчинами, на предмет финансового успеха. Если сравнение в его пользу, это щекочет самолюбие и вызывает положительные эмоции. Но если при равных начальных условиях кто-то из его окружения вырвался вперед, эта ситуация воспринимается мужчиной крайне болезненно.

Для подавляющего большинства мужчин также совершенно неприемлема ситуация, когда женщина зарабатывает больше них. Во всех странах мира мужчины ревностно отслеживают этот момент и стремятся и законодательно, и фактически закрепить свое денежное превосходство. Это проявляется и в зарплатах, и в имущественных правах. Например, в результате 99% крупной мировой недвижимости находится в руках мужчин.

Существует общераспространенное мнение, что мужчина обладает большей рациональностью, нежели женщина, а значит, лучше контролирует свои потребности в расходах и экономнее тратит деньги. Но на практике дело оказывается несколько сложнее. Если мужчина состоятелен, а его жена привыкла к высокому уровню жизни, то ей, конечно, трудно сдерживать свой порыв купить очередные сапоги или блузку в модном супермаркете.

Поскольку денег в домашнем бюджете достаточно для того, чтобы семья и дети были защищены от проблем и неприятностей, то почему бы не доставить себе удовольствие и не побаловать себя новой покупкой? Такое поведение, как правило, раздражает мужчину: с точки зрения его логики, покупать вещи, которые дома есть в избытке, – значит делать бессмысленные поступки. Его раздражение чаще всего продиктовано не тем, что ему жалко денег, а именно иррациональным поведением женщины, которая заставляет его ждать в супермаркете, когда она делает эти покупки.

Правда, у женщины своя логика: если ее приобретения не угрожают семье, и прежде всего детям, то почему бы не доставить себе удовольствие, даже если покупки не имеют большого смысла? Приятен сам процесс.

И совсем по-иному ведет себя женщина в обстоятельствах стесненных средств. Тут она будет экономить буквально на всем, отказывая себе во многих желаниях и капризах. Если у мужчины в этот момент проснется шальное желание потратить деньги на какие-то далекие от необходимого выживания цели, женщина, порой как тигрица, отстаивает интересы семьи и детей.

Конечно, многое в таких ситуациях зависит от того, кто контролирует деньги и выдает их. Если этим человеком является мужчина, периодически выдающий жене средства на домашние расходы и хозяйственные нужды, то у женщины со временем возникает неудовлетворенность и чувство протеста. Как только ей удается выпросить у мужа свободную сумму денег, она оказывается совершенно неспособна удержать себя от приятной покупки. Если же муж в течение длительного времени выдает жене сумму, достаточную для удовлетворения личных потребностей в одежде, косметике и украшениях, то обычно жена привыкает к этим ресурсам, и ее семейные денежные ограничения перестают напоминать синусоиду с разной длиной волны. Она ежемесячно начинает тратить примерно одинаковые суммы.

А вот в ситуации, когда женщина контролирует финансовые потоки семьи, она ведет себя совсем по-другому. Если основные деньги зарабатывает муж, а потом отдает их жене и получает часть их обратно в виде карманных расходов, то, как правило, чувство ответственности не дает женщине совершать шальные траты. Само ощущение, что она тратит деньги, принесенные мужем, на подсознательном уровне заставляет ее вести себя более сдержанно.

Но когда главные деньги зарабатывает женщина, у нее нередко бывают эмоциональные срывы, и в этом состоянии она иногда способна совершать большие денежные траты, не слишком советуясь с супругом –

например, сделать дорогой ремонт в квартире, купить шикарную машину или антиквариат.

В моей практике был аналогичный случай. Ко мне обратился мужчина за помощью в спасении своего брака. Он находился на грани развода из-за непродуманной финансовой политики жены, которая стала хозяйкой успешной фирмы, перешедшей к ней по наследству. За один год женщина начала зарабатывать в несколько раз больше, чем муж. И, как говорится, Остапа понесло! Она стала покупать только дорогие вещи в супермодных бутиках, украшать квартиру старинными картинами (многие из них оказались не подлинниками, а копиями), а потом, не поставив в известность мужа, взяла кредит в банке и купила шикарный загородный дом, оформив его, разумеется, только на себя. Только вернуть кредит вовремя она не смогла и, когда у нее возникли проблемы, потребовала, чтобы муж продал свою машину и занял часть денег у своего богатого брата. Все это взорвало мужа, и он решил уйти из семьи и подать на развод. Мне пришлось затратить много времени и сил, чтобы спасти семью, буквально разваливающуюся на части, и вместе с супругами разработать стратегию выхода из финансового кризиса.

И даже после такого примера говорить о том, что бережливость в большей степени присуща мужчинам, нежели женщинам, я бы не стала. Справедливости ради, в качестве аргумента, хочу напомнить, что мужчина не всегда может быть бережливым.

Да, мужчина не покупает себе по десять костюмов или множество пар туфель только потому, что ему этого захотелось, как это делают модницы-женщины. Он вполне способен в течение определенного, иногда длительного промежутка времени держать крупные суммы денег про запас, почти не тратя их. Но когда возникает усталость или появляется желание показать чувство собственной состоятельности и крутости, мужчина может тратить большие деньги на весьма сомнительные развлечения: дорогие рестораны, казино, поездки на модные курорты, путешествия и круизы по миру, крупные подарки любовницам... Это еще не весь перечень мужских трат, которые изымаются из семейных денег. При этом мужчина может выбрасывать такие весьма крупные суммы, не задумываясь, как это отразится на жене и детях.

Так что некорректно было бы приписывать мотовство только женщине. Конечно, женщины с психологией Жаклин Кеннеди, которая своей расточительностью сумела вогнать в шок самого Онассиса, встречаются, к сожалению, не так уж редко. Радует только тот факт, что, во-первых, у этих женщин нет подобных мужей и, во-вторых, их финансовые аппетиты все же не столь велики, как у этой американской аристократии.

Чаще всего в денежных конфликтах сталкиваются два эгоизма: мужской и женский. А способствует этому разность мышления и представлений о жизни. Если муж и жена смогут согласовать свои финансовые стратегии, то семейный капитал будет приумножаться. Если же каждая сторона будет настаивать на единственности своей правоты, то неизбежные конфликты будут подтачивать семейную гармонию.

Жена зарабатывает больше мужа

Не могу оставить без внимания эту ситуацию, потому что она тоже связана с деньгами, но главное, может серьезно повлиять на отношения между мужем и женой.

Я уже упоминала о том, что один из самых болезненных для мужчин вопросов семейной психологии связан с большей, чем у него, зарплатой, или денежным доходом, жены. Для мужчины, если он по натуре не альфонс, признать и принять финансовое превосходство жены крайне тяжело. Мне один раз приходилось наблюдать, как в ситуации материального подъема семьи отношения начали разваливаться только потому, что мужчине было нестерпимо осознавать, что главный вклад в улучшение денежной ситуации вносит не он, традиционно считающийся кормильцем, а именно жена. Эту особенность мужской психологии должна учитывать любая самая успешная женщина. Если вы зарабатываете больше мужа или ваш денежный вклад, например, в семейный бизнес значительнее, никогда не попрекайте его этим и не акцентируйте свое финансовое превосходство.

Помните: для мужчины услышать, что он в денежном отношении менее успешен, чем его жена, – это получить оскорбление примерно такое же, какое испытывает женщина, которой сказали, что она некрасива. Из своей практики свахи знаю, что многие мужчины попросту уклоняются от знакомства и сближения с женщиной, чей кошелек объемнее и вместительнее мужского. Вспомним знаменитого слесаря Гошу из фильма «Москва слезам не верит», который очень напрягся, когда узнал, что его новая знакомая работает директором фабрики.

Потому хорошо зарабатывающей женщине нужно очень серьезно подумать, прежде чем демонстрировать сумму своего денежного вклада в благосостояние семьи мужу, чья зарплата меньше. Немалое число мужчин никогда этого не простит, особенно если женщина дает понять, что она – личность более успешная.

Вот несколько советов:

- *Ни при каких обстоятельствах не выдавайте мужу на расходы деньги из собственного кошелька. Пусть средства хранятся в общедоступном месте. И не требуйте полного отчета о тратах (я не говорю о выпивохах и любителях азартных игр: от таких типов деньги нужно держать как можно дальше).*
- *Не говорите целыми днями о финансах, даже если эти разговоры вполне дружелюбны.*
- *Не пилите мужа и не приводите в пример какого-то общего знакомого, который сделал отличную карьеру и получает солидные деньги.*
- *Дома отдохните от самостоятельности, позвольте себе позаботиться о муже и дать близкому человеку проявить заботу о вас.*
- *Советуйтесь с мужем по рабочим делам, часто говорите о том, как вам важна его поддержка.*
- *Если ваш муж стремится стать более состоятельным человеком, помогите ему в этом, прежде всего искренней верой в его успех. Иногда такой малости оказывается вполне достаточно для карьерного взлета избранника.*

Деньги и дети

Для чего мы создаем семейный бизнес? Понятно, что не только для себя, но и для детей. И главное преимущество такого бизнеса, как я уже отмечала, – это возможность приобщить к нему своих детей и обеспечить тем самым их будущее.

Еще полвека назад этой темы в нашей жизни практически не существовало – дети были выведены из той части общества, которая имеет право самостоятельно распоряжаться деньгами.

Сегодня атмосфера в стране другая. Роль денег в жизни каждого человека неизмеримо выросла, и каждый сам в полной мере отвечает за состояние своего кошелька. Это касается и детей. Даже маленькие дети требуют от родителей денег. Их все чаще не устраивает ситуация, когда все их капризы и прихоти полностью оплачиваются родителями. Одни дети требуют карманных денег от родителей, другие, постарше, хотят их самостоятельно зарабатывать.

Так давать детям деньги или нет?

По моему глубокому убеждению, совпадающему с мнением многих психологов и педагогов, деньги детям давать нужно, только делать это необходимо очень продуманно. Тогда ребенок с ранних лет привыкает сам распоряжаться собственными деньгами. Это будет вырабатывать в нем чувство ответственности.

Если взрослые хотят, чтобы деньги, даваемые ребенку, помогали ему постепенно становиться более зрелой личностью, сумма должна быть рассчитана на определенный период. Ребенок будет учиться экономно тратить деньги, распределяя расходы во времени. Очень хорошим способом финансового поощрения детей будет какой-то вид работы (особенно при наличии семейного бизнеса), которую ребенок будет выполнять вначале под руководством взрослого, а затем и самостоятельно. За это он получит определенную сумму денег, которой сможет самостоятельно распоряжаться.

Кстати, именно так получил в семь лет свои первые деньги самый знаменитый миллионер мира – Джон

Рокфеллер. После этого он стал записывать в тетрадь все свои денежные доходы и расходы и вел эти записи в течение всей жизни, до самой смерти.

Родители, приучая детей зарабатывать деньги и распоряжаться ими, с самого начала обязаны объяснить, что на свете есть немало ценностей, которые невозможно купить ни за какую сумму, иначе дети быстро превратятся в маленьких дельцов, меряющих на деньги абсолютно все.

Домашняя бухгалтерия

Как вы думаете, должна ли семья четко фиксировать денежные расходы и доходы, чтобы видеть реальное состояние своего семейного кошелька?

В этом вопросе единого мнения нет. Одни склоняются к мысли, что это не просто желательно, но даже необходимо. Другие встречают подобную идею чуть ли не в штыки: им не нравится, что их карманные деньги и личные расходы будут контролироваться.

Я же считаю, что фиксация денежных трат и приобретений в семье – важнейший инструмент достижения ее благополучия. Члены семьи, как представители единой команды своеобразного акционерного общества, должны представлять, куда тратятся и как распределяются материальные ресурсы.

Разумеется, надо делать поправку на реальные условия каждой семьи, включая возраст ее членов и их реальный вклад в общесемейное благополучие. Едва ли главный и единственный кормилец семьи должен давать финансовый отчет перед маленьким ребенком.

Финансовая прозрачность, прежде всего, необходима для работающих членов семьи, вносящих в семейный бюджет пусть не основные, но все же реальные денежные вклады, или же для тех, чья функция заключается в том, чтобы делать ежедневные покупки и траты, например для женщин, ведущих хозяйство. Они должны представлять, как сходится семейный дебет и кредит.

Как вести домашнюю бухгалтерию?

Можно делать это самостоятельно, вооружившись ручкой и калькулятором, и опытным путем найти свою схему. Моя бабушка записывала семейные траты в большую амбарную книгу.

А можно прибегнуть к новейшим техническим средствам, то есть к компьютерным программам, помогающим наиболее эффективно обращаться с деньгами. Интернет наполнен сайтами и статьями, посвященными домашней бухгалтерии.

Для этих целей кто-то из членов семьи (чаще это бывает жена) берет на себя обязанности домашнего бухгалтера. В нашей семье бухгалтер я. Денежные потоки я фиксирую посредством компьютерной программы, к которой имеют доступ все члены семьи. В ней я отмечаю приход денег и веду учет затрат всех членов семьи. Это укрепляет доверие, и становится легче приходить к согласию в ситуациях вынужденных крупных трат, а значит, проще выстраивать стратегию значительных вложений и покупок.

Итак, подведем итоги. Чтобы семья была успешной, богатой или хотя бы зажиточной, ее члены должны, с моей точки зрения, соблюдать некоторые законы финансового успеха.

1. Сформулируйте общие для семьи цели.

Хорошо, когда члены семьи стремятся к общим ценностям, включая уровень материального процветания, и не сильно расходятся друг с другом в выборе жизненных направлений. Речь идет не о профессиональной самореализации, а о ценностном совпадении. Мне приходилось наблюдать немало семей, где активный, деятельный, устремленный к успеху человек просто задыхался в атмосфере полного непонимания со стороны других членов основной ячейки общества. Учитесь согласовывать свои устремления и жизненные ценности и объединять их.

2. Равняйтесь на лидера.

Как бы вы ни были едины и согласованны в выборе ценностных приоритетов, решающую роль играет то, что среди вас есть сильнейший. Даже если вам трудно это признать, факт остается фактом. Его решение и действия могут быть для вас далеко не всегда приятными, однако в конечном счете наиболее полезны для семьи именно они. Признайте его лидерство в области финансовой стратегии семьи и постарайтесь равняться на него. Учитесь работать столь же самоотверженно и качественно, как он, слушайте его в вопросах денежных трат и не пытайтесь идти ему наперекор, за исключением явной несправедливости с его стороны. Если он предлагает вам напрячься и совершить некие действия для будущего успеха всей семьи, не отказывайтесь от такой возможности. Научитесь у него умению притягивать деньги и зарабатывать их самым эффективным способом. Идите за ним, и он приведет вас к успеху.

3. Найдите свою роль.

Если семья – это одна финансовая команда, то каждый домочадец – член такой команды, в той или иной степени ответственный за материальное благополучие всего коллектива. Конечно, возраст, социальное положение, профессиональная подготовленность и круг домашних обязанностей напрямую влияют на способность человека вносить свою долю в общесемейный денежный котел. Умные домочадцы хорошо понимают: если в семье есть лидер, который способен зарабатывать большие деньги, то задача всех остальных – помогать ему в этом.

Механизмы и способы подобной помощи могут быть самыми разными – от взятия на себя львиной доли домашних обязанностей с тем, чтобы освободить «добытчика» от мешающих ему хлопот, до создания благоприятного семейного микроклимата. Если все члены семьи, словно игроки футбольной команды, четко распределяют роли и каждый найдет свое место, успешный гол в ворота судьбы будет непременно забит.

4. Постройте четкий план.

Если ваша семья действительно хочет улучшить свое финансовое благополучие, путь наверх не должен быть хаотичным и спонтанным. Все великие финансовые семьи мира ковали состояние осознанно, методично и поступательно. Постройте четкий план совместного зарабатывания денег. Посчитайте свои активы и пассивы, оцените ресурсы и возможности, которые сделают этот план реальным. Разбейте весь путь к процветанию на временные этапы и постарайтесь привязать достижение тех или иных целей к конкретным срокам. Пусть об этих сроках и предполагаемых результатах (улучшить квартиру, купить машину, дачу, обновить гардероб, совершить круиз по Средиземному морю) знают остальные члены семьи. Важно только, чтобы это не было пассивным знанием сочувствующих людей. Истинная запланированная победа куется совместными силами.

5. Научитесь тратить меньше, чем зарабатываете.

Кажется, что подобный пункт излишен, поскольку понятен абсолютно всем. Однако на практике немалое количество людей живут, как будто бы реализуя прямо противоположную программу – тратят гораздо больше, чем зарабатывают. Иногда расточительность порождена алчностью и непомерными желаниями человека. Один мой клиент рассказал печальную историю о том, как его жена, в какой-то период преуспевшая в бизнесе значительно больше него, начала совершать такие чудовищные траты, что семейный бюджет быстро дал изрядную течь. При этом она объясняла, что если немедленно не купит любое попавшее ей на глаза красивое платье, даже если оно стоит не меньше 5000 долларов, то ощутит «огромную психологическую травму». В конце концов супруги расстались.

Другая разновидность расточительности связана с непродуманной финансовой политикой семьи, члены которой не привыкли записывать свои траты и потому плохо представляют себе текущее денежное положение. При правильном понимании своих проблем и слабостей, при наличии твердой воли человек способен обуздать алчность и постепенно ввести в привычку продумывание расходов.

В данном вопросе очень важен личный пример финансового лидера семьи. Если он убедит других домочадцев в том, что разумная денежная сдержанность сегодня обернется общесемейным материальным выигрышем завтра, то другие научатся считать деньги вдумчиво и постепенно. Только тогда ваша семья станет на путь процветания.

6. Не сотворите себе кумира из денег.

Деньги – это одна из самых необходимых и приятных вещей на земле, однако не стоит их обожествлять. Если рубль заменил икону, превратился в главный объект поклонения и стал смыслом жизни, какой бы богатой ни была семья, она никогда по-настоящему не будет счастлива. Можно быть богатым, но без привязанности к богатству, а можно быть очень бедным, но обладать худшими чертами богатого человека, включая такие качества, как эгоизм и зависть. Потому, стремясь к богатству для себя, супруга и остальных членов семьи, никогда не забывайте о служебной функции денег. Не мы для них, а они для нас. И пускай все члены вашей семьи не забывают об этом правиле всю жизнь.

7. Изучайте секреты финансовой психологии.

Если вы не семья миллионеров (которые нередко готовы учиться новым умениям с куда большей любознательностью, чем бедные и ленивые люди), то пусть вашим девизом будет лозунг вождя мирового пролетариата: «Учиться, учиться и еще раз учиться!» Только не искусству классовой борьбы, чтобы отнять и все поделить, а секретам поведения и мышления, помогающим подняться на новый уровень процветания, то есть основам финансовой психологии.

8. И, конечно, вы обязаны зарабатывать деньги честным путем. Думаю, что комментарии здесь излишни.

В жизни многих людей деньги оказываются главной разменной монетой любви. Когда мы кого-то любим, то стараемся что-то от него получить и в то же время что-то ему дать, но когда речь заходит о деньгах, нам часто приходится выбирать между эгоизмом и альтруизмом. Именно эта двойственность придает проблемам любви такую сложность. Чтобы научиться принимать мудрые решения, касающиеся роли денег в ваших взаимоотношениях с любимыми, вы должны иметь мужество ставить под сомнение свои тайные убеждения и расчеты, которые, вероятнее всего, ограничивали ваши возможности. Вы должны принять, что в отношениях между людьми не бывает ни черного, ни белого: где присутствуют деньги, там всегда есть и ненависть, а власть, которую дают деньги, часто неразрывно связана с зависимостью.

Если мы хотим иметь и деньги, и любовь, нам следует научиться проявлять особую терпимость и мудрость. Если вы хотите быть счастливыми, старайтесь, чтобы люди всегда были для вас важнее, чем деньги.

Брачный контракт – система договоренностей

Говорят, что самый лучший способ изучить друг друга – просто жить вместе. Но самый эффективный способ узнать друг друга как семью – брачный контракт. Эффект фантастический. Всего за пару недель вы можете узнать друг о друге столько, сколько никто не узнает за годы супружества! Ведь миссия брачного контракта – вносить стабильность в нашу нестабильную жизнь и регулировать законные права супругов в браке. Он способен избавить семью от множества неприятностей как в браке, так и при его расторжении. Если это так, почему вокруг него так много споров? Ведь, когда мы смотрим на этот вопрос со стороны, мы понимаем всю целесообразность этой операции. Но когда мы слышим со стороны любимого человека предложение заключить этот самый контракт, реакция зачастую несколько неадекватна – начиная от обиды и заканчивая подозрениями в небескорыстности намерений. Почему, если человек искренне и беззаветно любит нас, мы возражаем против защиты наших интересов в законном порядке? И почему он не вправе рассчитывать на такое же отношение к себе? Давайте попробуем разобраться в главном вопросе: действительно ли брачный контракт помогает семье, и если да, то как.

Вот отгремела музыка и поздравления по поводу свадьбы для новобрачных, и начинаются сугубо земные будни. Далеко не всем удается прожить в браке счастливо – в любви и согласии – и умереть в один день. Если, по данным Госкомстата, в 2000 году в стране было зафиксировано 5500 разводов, то в 2006-м эта цифра составила 7818, а в прошлом году – уже 8300. Причины крушения брака в общем-то одинаковы: социальные трудности, несходство характеров, измена одного из супругов, проблемы со здоровьем. Но развод – не конец житейской бури, а лишь самое ее начало, причем начало части не самой лирической: взаимные упреки, давление на психику, дележ имущества, в том числе и посредством суда. Ситуация, увы, знакома многим, но разве нельзя было бы договориться об этих ситуациях еще «на берегу», ведь от них никто не застрахован? И такая система договоренностей существует – это так называемый брачный контракт, заключенный еще до официального оформления отношений. Однако несмотря на то, что количество разводов и связанных с ними судебных разбирательств с разделом имущества не уменьшается, идея брачных контрактов не стала популярной, а большей части населения вообще неизвестна. И этому есть свое объяснение. Дело в том, что брачные контракты не приживаются у нас по ряду причин.

Во-первых, многие пары в вопросах брака до сих пор откровенно предпочитают витать в облаках и вступать в семейный союз только по большой любви – хотя я не встречала не одной семьи, которая была бы счастлива одной любовью. А брак по расчету считается делом презираемым, хотя, как я уже отметила, доля трезвого расчета не помешает даже самой горячей любви. Как в такой ситуации оговаривать условия гипотетического распада союза?

Во-вторых, у нас элементарно нет традиций заключения подобных контрактов. В советские времена, когда у большинства просто-напросто не было почти никакого личного имущества, этому самому большинству при разводе и делить-то было нечего, кроме детей.

В-третьих, сегодня, когда у людей, напротив, стала появляться личная собственность и уже есть что делить, иным кажется опасным заранее оговаривать условия дележа.

Так или иначе, предлагая накануне свадьбы своему избраннику или избраннице заключить брачный контракт, невеста (или жених) в лучшем случае увидит недоумение будущей половины, а в худшем – услышит обвинения в небескорыстности намерений.

Думаю, вас не удивит тот факт, что, как показал опрос, многие наши молодожены воспринимают такой подход «в штыки», искренне полагая, что заключение брачного контракта способно создать почву для дальнейшего разлада, поскольку свидетельствует о наличии взаимного недоверия. На самом деле это, конечно, не так. Брачное соглашение определяет, главным образом, условия, при которых супруги могут расстаться, и то, что кому достанется после развода. Иными словами, это своего рода соломка, которую мы так часто хотим подстелить в ситуации «знал бы, где упаду». Но нет, чужой опыт нам не опыт. А зря.

В старину о брачных контрактах и не слыхивали, но система договоренностей была понадежнее, чем современные, которые закрепляются законодательно. Эта система называлась СГОВОР.

После того как родители жениха или невесты находили достойную пару своему ребенку, как правило, через сваху, происходил сговор. Он еще носил название рукобитья, а позднее – помолвки. Перед сговором отступало даже само торжество венчания и свадебное веселье, так как на нем решались важные вопросы объединения двух семей и подписывался договор о согласии. Нарушить договоренности сговора считалось не только греховным, но и немыслимым. Помешать женитьбе могли только какие-нибудь чрезвычайные обстоятельства вроде стихийного бедствия, смерти жениха или невесты или злых козней. Нарушить сговор в допетровские времена считалось оскорблением не только самой невесты, но и всего семейства. В документах о помолвке даже предусматривалась изрядная сумма за отказ от брака, отмененная в 1702 г. Петром I. А у дворян отказ от данного будущему супругу слова расценивался как нарушение кодекса чести и часто заканчивался дуэлью.

Во время сговора писалась *рядная запись*, где прописывалось все, что решили обе стороны: в такое-то время жених обязывался взять за себя такую-то, а родственники ее должны ее выдать и дать за ней такое-то приданое. Это и был первый аналог брачного контракта.

В рядную запись подробно заносилось все, что давалось за невестой. Особое внимание уделяли разделу, регламентирующему случай отказа (попятное). «Отступавшая» сторона была обязана платить сумму, величина которой соответствовала состоянию и была всегда настолько велика, что тяжелым бременем ложилась на нарушителя.

Есть еще одна немаловажная деталь. Умные родители не только прописывали количество приданого любимой дочери, но и добавляли в договор особые условия – например, что муж не должен бить жену. Если такое случалось, они могли бы, если выразиться современным языком, «обратиться в суд» и взыскать за обиду. К сожалению, эта мера была необходимой, поскольку иначе новобрачный мог безнаказанно лютовать. К сожалению, такие ситуации и в наше время не перестали быть актуальными.

Приданое во все времена было важным условием свадьбы. От жениха ничего не требовалось. О том, насколько серьезно относились к приданому наши предки, можно судить по «Домострою». Гл. 20 «Как воспитать дочерей и с приданым замуж выдать» гласит: «Если дочь у кого родится, благоразумный отец, который торговлей кормится – в городе ли торгует или за морем, – или в деревне пашет, такой от всякой прибыли откладывает на дочь (и в деревне также): или животинку растят ей с приплодом, или из доли ее, что там Бог пошлет, купит полотна и холстов, и куски ткани, и убрусы, и рубашка – и все эти годы ей в особый сундук кладут или в короб и платье, и уборы, и мониста, и утварь церковную, и посуду оловянную, и медную, и деревянную, добавляя всегда понемножку, каждый год, как сказано, а не все вдруг, себе в убыток. И всего, даст Бог, будет полно. Так дочь растет, страху божью и знаниям учится, а приданое ей все прибывает. Только лишь замуж сговорят – отец и мать могут уже не печалиться: дал Бог, всего у них вволю, в веселии и в радости пир у них будет. Если же отец и мать незапасливы, для дочери своей, по сказанному здесь, ничего не приготовили и доли ей никакой не выделили, лишь станут замуж ее отдавать – тотчас же кинутся и покупать все, так что скорая свадьба – у всех на виду. И отец, и мать впадут в печаль от свадьбы такой, ведь купить все сразу – дорого. Если же по божьей воле дочь преставится, то поминают ее приданым, по душе ее сорокоуст, и милостыню раздают. А если есть и другие дочери, таким же образом заботятся и о них».

Так договаривались в старину. Вот и выходит, что наши прадеды к долголетию и счастью супружеской пары относились более ответственно, чем сейчас относимся мы. И разводов не было, да и жили в любви и согласии. Договоренности – это порядок. А если порядок в голове, то и жить в семье будет легче.

О чем надо договориться?

Давайте попробуем смоделировать или прорепетировать ситуации обсуждения брачного контракта.

Сразу рекомендация: не обсуждать эти вопросы накануне свадьбы.

Вот примерные варианты обсуждения:

1. *Каждый вопрос должен продумываться и обсуждаться в системе взаимных гарантий.* Например, какое имущество вы хотите приобрести вместе и что с ним будет в случае развода. Или какие права будут иметь ваши общие дети, и как быть, если их не будет. Что такое верность – и что произойдет в случае измены. На чем основан союз, и что является его разрывом. Чем гарантировано право на любовь, и в каких случаях оно теряется. Что значит хороший секс – и что будет, если его возможность исчезнет.

Хочу обратить ваше внимание, что в этих договоренностях нет мелочей. Вы принимаете на себя ответственность за решения, и это то, с чем вам придется жить. Насколько это важно? Вот типичный случай из жизни. Представьте себе, что вы счастливы со своим партнером, и вдруг выясняется одна деталь: ребенок, рожденный в браке, – не ваш. И ответ «ну... не знаю» вам в такой ситуации не поможет.

2. *Продумайте ваши требования заранее.* Вы должны их написать самостоятельно, не ориентируясь на мнение партнера. Если они не совпадают, это тема для обсуждения.

3. *Не бойтесь!* Те вопросы, которые подлежат обсуждению, страшно и не принято поднимать. Зачастую они всю жизнь остаются закрытыми темами, подтачивая наше спокойствие и отношения. Это – мины замедленного действия.

Если вы не хотите обсуждать, примите для себя как данность – взаимопонимание вам не нужно. Основа взаимопонимания – СОГЛАСИЕ, или ОБЩАЯ РЕАЛЬНОСТЬ. Чтобы ее установить, необходимо хорошее ОБЩЕНИЕ. Когда реальность становится общей, сама собой возникает СИМПАТИЯ. Получается треугольник понимания: симпатия – реальность – общение.

Почему треугольник? Потому что его углы взаимосвязаны: увеличение любого угла увеличивает два других; уменьшение любого угла уменьшает и остальные. Проявите симпатию – возникнет общение, а вскоре и общая реальность. Найдите общие темы – увеличится общение и симпатия. Больше общайтесь – больше станет общих взглядов и симпатии. Перестанете интересоваться друг другом – на глазах прервется общение и исчезнет симпатия.

4. *Помните: предусмотреть все невозможно.* Вопросов много, от главной цели жизни до того, кто будет сидеть с ребенком. Чтоб не запутаться, идите от простого к сложному. Например, как вы представляете свое личное счастье. Потом – цели и мечты супружества, как лично вы будете их осуществлять. Теперь – самый важный момент. Чего вы ни при каких условиях не сможете вынести от своего партнера. И – что хотели бы получать от него всегда. Аналогично: с чем не сможете в нем смириться и что хотите видеть в нем постоянно.

Существенное дополнение к каждому требованию – «и почему». Например, почему вы не можете смириться с тем, что партнер вегетарианец? Почему не можете позволить ему проводить свободное время без вас? И т.д.

5. *Несовпавшие планы и взгляды обсуждаются отдельно.* Сперва обсудите те вопросы, по которым разногласий у вас нет, а разногласия выпишите на отдельный лист. Это можно сделать в два приема.

Сначала попробуйте найти компромиссное решение – то, что устроит обоих. Например: «Я не потерплю, если ты часами будешь разговаривать по телефону со своими подругами». – «А я не потерплю, если ты будешь ограничивать меня и выпытывать, где я была». Не поддавайтесь на провокации продолжить диалог, переходя на личные обвинения, например: «Ах, так я тебе не нужен?!» – «Ах, вот как ты меня любишь?!» В таком ключе вы никогда не придете к согласию. Ищите варианты. «А если ты будешь приводить подруг домой?..» – «А если ты точно знаешь, где я?..» – «В крайнем случае давай так: день – мой, день – твой...» Компромиссы есть всегда. Не всегда есть смелость их искать.

Если вы не можете договориться, пробуйте изменить свою точку зрения. Свою, а не чужую! Попробуйте посмотреть на эту ситуацию с другой стороны, ведь плюсы есть во всем. Пока жена разговаривает по телефону, она уж точно не помешает вам посмотреть футбол.

6. *Главным в ваших отношениях должна быть честность.* Недоговорили, умолчали или, хуже того, соврали – расплачиваться будете оба. И конечно, никакой жертвенности. Жертвенность в этих вопросах – это способ стать хорошим за счет другого,

постоянный повод напоминать любимому, как он был не прав. Потому жить с «жертвующими» очень тяжело.

7. *Если партнер не хочет обсуждать эти темы и, более того, давит на чувство вины,* эта ситуация говорит о том, что он, вероятнее всего, не заинтересован в ваших отношениях, и есть смысл подумать, а действительно ли вы можете на него рассчитывать.

Теперь вы понимаете, что дело не в самом брачном контракте, а в том, что вы в нем пишете.

Смысл контракта, как и любого договора, – в чувстве безопасности: «Теперь я знаю, чего от тебя ожидать, и мне спокойно», в сохранении вашей любви и семейного счастья от будущих проблем.

Составление и заключение брачных контрактов в России процедура новая, пока не получившая должного распространения, поэтому многие вопросы по данной теме остаются без ответа. Например, какую ответственность нужно устанавливать за несоблюдение одной из сторон взятых обязательств? Что, к примеру, делать, если муж, в соответствии с заключенным договором, должен ежемесячно выделять $500 на домашние расходы, но внезапно потерял работу и не может выполнить условий контракта? На этот и другие вопросы современная юридическая практика пока ответов дать не может. Выходит, что юристы еще не готовы нам помочь в обеспечении цивилизованного подхода к регулированию семейных отношений. Но в любом случае основные положения брачного договора, и все, что связано с ним, можно либо найти в Интернете, либо узнать в любой юридической консультации (там помогут составить и сам договор).

Если вернуться к началу нашего разговора о том, укрепляет ли отношения брачный договор или нет, от себя скажу так: если вы действительно любите друг друга по-настоящему, искренне доверяете и живете душа в душу, то никакие договоры не имеют смысла. И если возникнут разногласия, то вы уверены, что решать их будете по справедливости и по совести. Настоящая любовь и деньги – несовместимые понятия.

Но если все-таки сомневаетесь, то обсудите ваши тревоги с партнером и придите к согласию. Я считаю, что заключение брачного договора свидетельствует не об отсутствии любви между будущими или настоящими супругами, а о том, что люди подходят к решению имущественных вопросов продуманно и стремятся избежать неприятных споров в любых ситуациях. Любите и уважайте друг друга – тогда и расставания будут не такими болезненными. Но в любом случае решение о том, нужен или не нужен брачный контракт, остается за вами.

Кризисы семьи

Кризисы супружества

> На мой взгляд, самое главное – это уметь жить вместе с кем-то, уметь постоянно идти на компромисс, учитывать интересы другого человека, ведь в семье невозможно жить, думая только о себе и своих желаниях. Так что в семье мы учимся многому: характеру, твердости... и в то же время уступчивости, мягкости, терпимости.
>
> *Тамара Гвердцители*

«Муж объелся груш» – говорим мы, когда отношения с супругом становятся натянутыми, как струна на китайской мандолине. У мужчин своя версия происходящего: «Жену какая-то муха укусила». То, что супруги начинают все чаще выражать недовольство и непонимание в адрес друг друга, сигнализирует о начале семейного кризиса. Я часто рассказывала вам о том, что конфликты в семье – это одна из важных сторон отношений. Теперь мы понимаем, что кризис миновать невозможно, и попытки это сделать порой очень опасны. Ведь конфликты – это возможность узнать друг друга ближе и сделать отношения еще прочней. Но накопление проблем сигнализирует о том, что ваши отношения вошли в кризисную стадию, которую надо распознать и пройти с наименьшими потерями. Так какие существуют кризисы супружества?

Кризис первого года супружества

Отзвучал марш Мендельсона, и влюбленные оказались под одной крышей. Поначалу все идет прекрасно, но вдруг выясняется, что у них совершенно разные привычки: к примеру, муж – «жаворонок», а жена – стопроцентная «сова». Он привык разбрасывать свои вещи, а она не выносит беспорядка. Он – бережливый и прижимистый, она – транжира.

Самое сложное в сложившейся ситуации – заставить себя уступить партнеру. Каждый считает свою точку зрения правильной. Особенно категоричной бывает женщина. Став женой, она чувствует себя хозяйкой дома и положения. Мужчины же во время конфликтов нередко приводят в пример свою маму, а это для новоявленной супруги просто невыносимо, и скандал разгорается с удвоенной силой.

Конфликты в первый год совместной жизни вырастают из мелочей, и нередко у обоих возникает мысль: «А действительно ли мы созданы друг для друга? Не лучше ли разойтись?» Притирка характеров может происходить достаточно болезненно для обоих, но этот процесс неизбежен. Важно понять одно: расставшись с нынешним партнером и соединившись со следующим, ты столкнешься с теми же проблемами.

Что делать?

Главное в этот период – выяснять отношения спокойно и конструктивно, без взаимных упреков. Чаще советуйтесь друг с другом, проговаривайте варианты выхода из спорных ситуаций. Старайтесь избегать приказного тона и не привлекайте в арбитры окружающих.

Кризис трех-четырех лет супружества

Бури первого года отбушевали, жизнь приняла более или менее привычный ход. Обычно именно в этот момент совместной жизни супруги задумываются о ребенке. И если они все же отважатся на смену своих социальных ролей (из мужа и жены превратятся в маму и папу), то впереди их ожидает кризис, который иногда еще называют кризисом первого ребенка.

Все просто: сначала женщина поглощена беременностью, затем – малышом. Мужчина сексуально неудовлетворен и может решиться на измену. Жена нервничает, мучается подозрениями, скандалит. Мужу, в свою очередь, не хватает женского внимания, он ревнует жену к ребенку. Скандалы напоминают заезженную пластинку взаимных упреков. Кроме того, могут возникнуть разногласия в вопросах воспитания.

Что делать?

Прежде всего, надо научиться приходить к общему мнению. Для этого проговаривайте перспективу той или иной позиции («Если я буду делать так, как ты считаешь нужным, то из этого получится то-то и то-то»). Чаще обсуждайте друг с другом наболевшее. Постарайтесь создать в доме атмосферу, в которой обоим будет хотеться говорить по душам. Часто конфликты между людьми происходят от нехватки информации друг о друге.

Кризис пяти лет супружества

Повод для усугубления этого кризиса может подать женщина. Малыш подрос, молодая мама выходит из декретного отпуска, возвращается на работу и начинает с ужасом понимать, что ничего не успевает. Перед ней стоит непосильная задача: сохранить чистоту и уют в доме, уделить внимание ребенку и мужу, выполнить обязанности на работе и при этом хорошо выглядеть! Для мужа выход жены на работу – тоже своеобразный стресс, ведь он уже успел привыкнуть к тому, что она всегда дома.

Что делать?

Разрешить этот конфликт можно в том случае, если муж войдет в положение жены и часть обязанностей по дому возьмет на себя. Постарайтесь объяснить мужчине, что ваша работа не менее важна для семьи, чем его, и что вы тоже устаете. Можно составить график выполнения домашних дел, например, если один готовит ужин, значит, другой забирает ребенка из детского сада и т.д. И главное – не пытайтесь всюду успеть. Определите для себя то, что наиболее важно, и конструктивно объясните мужу, что оставшиеся дела он должен взять на себя, в противном случае вам грозит нервный срыв.

Кризис семи лет супружества

В это время в семье уже все налажено: быт, интимные отношения, общение, работа. Статистика свидетельствует, что на этом этапе семейной жизни инициаторами развода чаще всего становятся женщины. Муж и жена уже давно пресытились друг другом. Именно в этот период они могут заводить связи на стороне, но мужчина практически всегда возвращается к жене. Он не может быстро и легко разрушить то, что создавалось годами: дом, семью, привычный образ жизни. Мужчина слишком ценит свой труд и усилия, которые понадобились для создания всего этого. «Любовница – явление временное», – рассуждает он. Жена может недополучать от него ласки, внимания, но он уважает и ценит ее как мать своих детей, как женщину, с которой живет под одной крышей. Женщина более эмоциональна и безрассудна. Если в поле ее зрения появляется блестящий поклонник, который дарит подарки, водит в рестораны и сулит райские кущи, она готова на опрометчивые поступки.

Что делать?

«Семь раз отмерь – один раз отрежь». Более мудрый совет придумать трудно. Известно, что мало кто из женщин, бросивших мужей ради новой любви, позже не жалеет о содеянном. Ведь в новом браке они вынуждены сталкиваться с теми проблемами, которые с прежним мужем были давно решены.

И еще. Враг любой семьи – застой и отсутствие разнообразия. Однако с новшествами и резкими переменами тоже стоит быть осторожным. Перемены могут стабилизировать брак лишь тогда, когда новая ситуация хороша для обоих супругов.

Кризис четырнадцати лет супружества

«Седина в бороду, бес в ребро» – так говорят о мужчинах, которые, прожив в прочном браке более 10 лет, начинают активно ходить налево и даже иногда бросают семью. Женщина в это время, наоборот, ценит созданный семейный очаг.

Что делать?

Узнав о том, что муж загулял, не торопитесь паниковать и скандалить. Скорее всего, он вернется в семью (это подтверждают статистические данные). Не выясняйте отношений и не делайте вид, будто муж вам безразличен. Постарайтесь в этот период быть особенно чуткой, внимательной. Очень важно хорошо выглядеть. Ведите себя так, чтобы вас просто не в чем было упрекнуть. Не лейте слезы демонстративно, мужчины этого не любят, и в результате эффект может быть противоположным. Помните: уже в самой природе мужчин заложена полигамия. Мало кто из них не изменяет своим женам на протяжении всей совместной жизни.

Рекомендации. Что бы ни происходило в вашей жизни, помните, что супруг (супруга) – самый близкий для вас человек, отец (мать) ваших детей. Старайтесь не копить ошибки, обиды и «грехи», а сразу реагируйте на них. Это исключит накопление отрицательных эмоций. Не делайте замечаний друг другу в присутствии других (детей, знакомых, гостей и т.д.). Не преувеличивайте собственные способности и достоинства, не считайте себя всегда и во всем правым. В семейной жизни иногда лучше не знать правду, чем во что бы то ни стало пытаться установить истину. Старайтесь находить время для того, чтобы хотя бы иногда отдохнуть друг от друга, это поможет снять эмоционально-психологическую перенасыщенность общением. И тогда, с каким бы кризисом вы ни столкнулись, вы его переживете и вместе переждете, как грозу, после которой на небе вновь засияет солнце.

Эмоциональная усталость в семье

Вы когда-нибудь задумывались над тем, что такое удачный брак? Как сказал Моруа: «Удачный брак – это строение, которое нужно всегда реконструировать». Самое интересное, что эксплуатация здания семьи проходит пять стадий, а вот разрушиться оно может по самой банальной причине – усталости от партнера. Предлагаю выяснить, как возникает этот симптом, сопровождающий все семейные отношения, и разобраться в методах его устранения.

«Мы с мужем женаты уже полтора года. Первые полгода все было прекрасно, пока мы были заняты ремонтом квартиры, решали вопросы с совместным отдыхом, короче, нас объединяло общее дело. Но потом наступили обычные семейные будни. И вроде бы все хорошо, но в какой-то момент вдруг мы начали срываться друг на друга. Причем я иногда сама не понимаю, из-за чего так злюсь на мужа. Он тоже неожиданно может накричать или надуться. Мы любим друг друга – это факт, иначе бы не мирились после каждой ссоры. Но и так тоже жить не хочется, мало ли, к чему это приведет. Помогите разобраться с проблемой» – именно так выглядят все истории с симптомами эмоциональной усталости в семье.

Мало кто знает, что эмоциональные отношения супругов, как правило, последовательно проходят пять стадий.

1) Первая стадия – период глубокой страстной влюбленности человека, когда он полностью находится под влиянием положительной установки («герой»): супруги поглощают все внимание друг друга, окрашивая в радужные тона восприятие действительности и ни на минуту не покидая сознания любящего человека.
2) На второй стадии наступает некоторое охлаждение: образ любимого все реже всплывает в сознании на момент его отсутствия, однако одно его появление вызывает сильный прилив положительных эмоций, любви, нежности.
3) На третьей стадии происходит дальнейшее остывание эмоционального фона отношений. Теперь уже в отсутствие партнера женщина испытывает своеобразный психологический дискомфорт, чувствует себя плохо, в голову лезут всяческие «черные» мысли. Это тот случай, про который говорят: *когда поздно приходишь домой, не думай, что сказать жене, – она сама тебе все скажет*.

Нежность и любовь не вспыхивают при одном только появлении партнера. Теперь для этого необходим стимул: надо, чтобы супруг делал что-то приятное, доказывающее его любовь. Теперь от него требуются ласки, нежные слова, подарки, какие-нибудь услуги и т.д. Это стадия привыкания. Вот здесь-то и уйти бы от жены – уехать в командировку, погрузиться в работу на круглые сутки, укатить за тридевять земель. Уместно здесь вспомнить известное выражение Ф. Ларошфуко: «*Разлука убивает слабые чувства и разжигает сильную страсть, подобно тому, как ветер тушит свечи и разжигает костер*».

4) Если на третьей стадии не снизить интенсивность общения, начнется четвертый период: теперь при-

сутствие супруга будет вызывать неосознанное раздражение, так как те или иные его особенности – во внешности, поведении, привычках – воспринимаются уже как недостатки, и создаются предпосылки для размолвок. Человек начинает попадать под влияние отрицательной установки («преступник»). Каждое слово, жест или поступок супруга воспринимаются с недоброжелательных, враждебных позиций. Любая его невинная оплошность рассматривается как умышленное злодеяние: жена ищет и находит злой умысел во всем его поведении, нынешнем и прошлом. Ей хочется уйти от «постылого». В присутствии партнера женщину покидают всякие силы, ничего не хочется делать. Но как только он «с глаз долой», равновесие восстанавливается.

5) На пятой стадии человек полностью находится под влиянием отрицательной установки. Теперь супруг опять целый день не выходит из головы, но это уже не тот ангел, каким он был несколько месяцев назад, теперь он, наконец, открыл свое «подлинное» лицо «гнусного и расчетливого злодея».

Теперь забыты все приятные слова и поступки партнера, зато явственно проступают и вырастают до гигантских размеров, выстраиваются в единую бесконечную цепочку все его отрицательные качества. Совместная жизнь «теряет всякий смысл». Этот этап наиболее опасен и обычно сопровождается соответствующими отношениями, когда уже хочется бежать не от него, а к нему, но лишь затем, чтобы сразиться с ним да побольнее уколоть, всю правду в глаза сказать, и о нем, и о его родных и друзьях. Общение временно прекращается, супруги отдыхают друг от друга. Постепенно обиды партнеров сходят на нет, разделявшие их рвы кажутся маленькими ямками – возвращается первый этап взаимоотношений или как минимум высший для данной пары.

Конечно, трудно провести четкую границу между двумя соседними стадиями у одного и того же человека, а тем более нельзя отождествлять положение, состояние, самочувствие и поведение на одной и той же стадии у разных людей. В первый год периоды спада эмоционального притяжения могут обойтись без ссор, дело может ограничиться лишь глубокими вздохами одного и тихими слезами другой. В последующем уже начинается неосознанный поиск поводов для ссоры, которая может возникать даже из-за пустяка: «Туфли в прихожей бросил кое-как, вечно за собой не убираешь» и т.п.

Во время естественных периодов охлаждения отношений наше поведение выглядит так:

1. Мы ведем себя как дети

Нередко в общении с близкими людьми мы ведем себя, как больной ребенок: не понимая, что наше раздражение вызвано не столько внешними причинами, сколько нашим внутренним состоянием, сердимся на невинных людей, обижаем их и вызываем у них недоумение и формируем представление о нас как о людях взбалмошных, капризных, невыносимых.

2. Пресыщение

Мы устаем от постоянного контакта с одним и тем же человеком, в частности с супругом. Наступает своеобразное пресыщение, появляется потребность в эмоциональном отдыхе от него – явление совершенно естественное и столь же необходимое, как и обычный сон, отдых человека от работы, от восприятия информации.

Сначала мы не против того, чтобы этот человек был рядом, пусть только не смеется так громко, не размахивает руками, не сопит над ухом, не разговаривает, не мешает читать и т.д. А потом даже один его вид вызывает у нас крайнее раздражение, вспышку отрицательных эмоций. Периодическая эмоциональная усталость от общения и порожденная ею отрицательная установка на восприятие близкого человека выступают в роли провокатора, который «натравливает» человека на его возлюбленного. И многие из нас в своем поведении в семье, к сожалению, ему подчиняются. Далеко не всякий, даже умный и порядочный человек, умеет поставить под сомнение не поведение партнера, а именно свое новое отрицательное отношение к нему.

3. Глаза бы не видели!..

Когда возникает напряжение в отношениях друг с другом, а конфликт не разряжается (например, люди хорошо воспитаны, потому сдерживаются), у супругов появляется стремление к уединению любыми способами. Например, почему-то хочется лечь лицом к стене, сидеть, уткнувшись в книгу, газету – как угодно, лишь бы не встречаться с ним (с ней) взглядом, не отвечать на вопросы, не общаться. Это может пугать молодых супругов, да и не особенно молодым это тоже кажется странным, но стремление это вполне естественно. В многочисленных исследованиях длительного пребывания людей в тесном контакте друг с другом и в относительной изоляции от других людей это проявляется очень четко. Конечно, афишировать это свое состояние не очень нужно («смотреть на тебя не хочется!»), но воспринимать его следует спокойно, доброжелательно, снисходительно, сочувственно и создавать супругу всякие условия для уединения. Увидел, что глаза ее не хотят смотреть на тебя, – найди благоприятный повод уйти из дома: в магазин (да еще который подальше), в библиотеку, во двор – куда угодно, лишь бы «не мозолить» эти милые, недавно так любимые тобою глаза.

4. Защитные реакции

На этой стадии отношений действует поговорка: *«От любимой женщины мужчина сначала слепнет, а потом глохнет».*

Сигнал опасности

Это периодическое охлаждение во взаимоотношениях супругов по происхождению своему – явление естественное, природное и, как всякое явление, не может быть безоговорочно отнесено к исключительно вредным факторам.

Сигнал о необходимости отдыха от близкого человека, от общения с ним, переживается на эмоциональном уровне в виде скуки, потом раздражения, неприязни, что затем приводит к ссорам, конфликтам и т.д.

Пять запретов

1. Не пытайтесь переделать друг друга.

Мы почему-то думаем, что нам лучше знать, каким следует быть нашему ближнему, и изо всех сил стараемся «исправить» его по нашему разумению, забывая, что ядро личности закладывается в 5, а по другим данным, в 3 года. И переделывать человека в 20 –30 лет не только бессмысленно, но и опасно.

Наиболее вероятные результаты «переделывания» – потерянная любовь, разбитая семья. Не стоит «пилить» друг друга – от многократного повторения убедительности не прибавится, разве лишь возрастет раздражение.

Главное средство воспитания – благодарность за хорошие дела. Давно известно, что поощрение гораздо эффективнее наказаний.

2. Не критикуйте, а намекайте.

Муж жене: «Ты готовишь все одно и то же, никакого разнообразия!» Можно сказать по-другому: «Мне так нравится, когда ты готовишь что-нибудь вкусненькое, необычное». Первая фраза загоняет жену в угол, заставляет обороняться. Вторая вызывает вопрос: «А чего бы тебе хотелось?» – то есть совершенно конструктивный разговор.

Особенно болезненно воспринимается критика при посторонних.

3. Не обобщайте.

Наиболее типичные обобщения: «Вот ты всегда!», «Ты никогда!..», «Все вы такие!»

Нужно очень хорошо помнить: обобщенные оценки в таких спорах обычно дают обратный эффект. Все эти оценки, обидные для адресата или содержащие определенные повеления или запрещения: «ты должен», «это твой долг», «порядочный человек так не поступает» – не только не разряжают ситуации, а наоборот, обостряют ее, давая сигнал к ссоре. В результате возникают обиды, усиливается взаимная неприязнь и уже невозможно понять то, чего хочет ваш партнер.

4. Не требуйте, а просите.

Требуя и заставляя, мы унижаем личность супруга, вызываем сопротивление уже самим фактом требования. Наоборот, прося, мы демонстрируем уважение к собеседнику, подчеркиваем его значимость, располагаем к себе – все это способствует пробуждению желания сделать то, что он и не собирался.

5. Не спекулируйте любовью и телом.

Когда других аргументов нет (или искать их не хочется), некоторые используют доводы вроде: «Если ты меня любишь, то сделаешь... (что-то)» или «Если бы ты меня любил, то...»

Некоторое время этот аргумент может срабатывать, но конечный результат будет плачевным: эксплуатация прекрасного чувства с целью выколачивания материальных благ убивает само это чувство.

Спекуляция телом также используется некоторыми женами для принуждения супруга к какому-то действию (например, покупке). Соблазн этот появляется, когда у супругов обозначилась разница в сексуальных потребностях (в разные периоды семейной жизни более «озабоченными» могут быть и муж и жена). В зависимость попадает более нуждающийся в сексе партнер.

Как результат – желание избавиться от этой зависимости. Так появляется повод для измены. Да и на чувства такая торговля телом действует убийственно.

Итак, что же можно порекомендовать?

1. Относиться к ситуации с юмором, не делать трагедию из естественных трудностей семейной жизни.
2. Стараться удержать отношения от скуки, разнообразить их, в том числе и за счет юмора.
3. Разговаривать друг с другом: пусть партнер знает, что вы чувствуете.

Не стоит втихомолку дуться, неделями и месяцами накапливая обиды. Надо сразу рассказывать о том, что вас тревожит и чего вы хотите. Доверяйте друг другу, научитесь успокаивать партнера.

4. Поменьше романтизма.

Возможно, романтизм ночных прогулок и подвигов во имя любви очень даже неплох. Мужья ждут от жены вечной нежности и красоты. Жены грезят о ежедневных букетах и утреннем кофе в постель. Мысль о том, что любимый человек может долго сморкаться в ванной и затем засесть в туалете, перечеркивает всю романтику отношений.

Если вы умеете ценить радость каждого проведенного вместе дня, невзирая на быт и физиологию, – это и есть зрелое отношение к браку.

5. Готовьтесь к кризисам.

Кризисы будут, и не раз. Но об этом после.

Рекомендации.

В заключение я хочу напомнить вам краткий супружеский кодекс, который поможет сохранить гармонию в любой период семейных отношений. Повторяйте его, как «Отче наш»:

1. Я буду беречь любовь — свою и супруга.
2. В семье каждый имеет право быть самим собой. Я буду терпимее к своему супругу. Не буду «ломать» и переделывать его.
3. Наша интимная близость — это не предмет торга.
4. Обязуюсь поддерживать своего супруга эмоционально. Да поможет мне Бог!

Виртуальный роман — это измена?

Ко мне обратилась одна клиентка с проблемой измены мужа. На мой вопрос: «Почему вы так решили?» – она ответила: «Видела его переписку в Интернете». «А вы уверены, что все это имеет место и в реальности, а не только в сети?» – уточнила я. «А какая мне разница?! У него роман!!!»

В самом деле, как можно охарактеризовать виртуальный роман замужней женщины или женатого мужчины? Баловство? Игра? Что-то, что можно приравнять к реальной измене? Или способ сбросить лишнюю энергию, избежав настоящих измен? Предлагаю разобраться с этой, к сожалению, довольно часто встречающейся формой семейных конфликтов.

А правда, виртуальная любовная интрижка – это измена или безобидное времяпрепровождение? Как поступить, если вы застали дражайшую половину в виртуальной переписке?

Прежде чем начать надоедать людям, я решила обратиться к толковому словарю Ожегова, стоящему на полке черным авторитетом. Согласно ему, виртуальный – «несуществующий, но возможный», а измена – «нарушение верности кому/чему-нибудь». Получается нечто несуразное – несуществующее, но возможное нарушение верности.

Когда во время консультации всплывал виртуальный роман, я всегда задавала вопрос: «А хотели бы вы (были ли готовы) встречаться со своим виртуальным партнером в реальности?» И чаще всего слышала «нет». Повторюсь, речь сейчас идет не о тех, кто использует сеть для реальных знакомств и ничем не ограничен в их развитии, а о тех, у кого личная жизнь устроена и кто, тем не менее, ищет знакомств в Интернете, но оставляет их лишь в виртуальном мире.

Один мой клиент рассказывал, что уже год переписывается с девушкой из другого города. Общаются по ICQ, в блогах, по электронной почте. Однажды жена обнаружила кусок этой переписки. По ее словам, все это очень напоминало их переписку в начале знакомства. Она была искренне оскорблена. Когда она привела с собой на консультацию мужа, он не стал отпираться: «Да, переписываюсь. И не более того. А женщины читают любовные романы и иной раз представляют себя на месте героинь. Причем с другими мужчинами. И что же? Запретить эту литературу? В чем разница? Мы не собираемся переносить это в реальность. Так же как и моя жена – фантазии на тему любовных романов». Сильный аргумент, вам не кажется? В процессе консультации мы выяснили, что для Андрея это некая «психотерапия». В те нелегкие моменты, когда они ссорятся с женой, он на время исчезает с «поля битвы» за компьютер. Полчаса ничего не значащего обмена репликами с девушкой, для которой он просто друг по переписке (у нее тоже есть личная жизнь), – и ссоры с женой перестают настолько его травмировать. Более того, окрыленный одобрением виртуальной подруги, он готов подойти к жене и извиниться или хотя бы тактично взять паузу и не развивать ссору дальше.

С точки зрения психологии, это форма ролевой игры, моделирования.

В человеке есть какая-то часть, которую окружающие не хотят видеть или замечать, или ее просто заслоняют другие качества. Допустим, близкие привыкли к тому, что человек холоден и сдержан. И даже если он со временем развил в себе способность выражать чувства, то окружающие порой просто отказываются это замечать в силу привычки, стереотипа восприятия человека. Окружающие не видят, что он изменился. Он, естественно, ищет адекватный резонанс этим изменениям. И находит – именно перед виртуальным собеседником он может полностью раскрыть свои новые качества.

Еще вариант: человек старается стать кем-то, чем-то, приобрести какой-то статус или качества. Но окружающие не верят в него, мир вокруг как бы не дает такой возможности, на него словно повешен ярлык. И тогда он предстает перед кем-то незнакомым в сети именно таким, каким хотел бы себя видеть.

Один из очень сильных законов психологии прост: если моделировать желаемую ситуацию детально, с сильным эмоциональным включением, то можно сильно повысить вероятность ее реализации.

В основе массы психотехник лежит именно этот прием. И тем он эффективнее, чем сильнее реагирует на вашу «картинку» некий реальный человек. В терапевтических группах люди помогают друг другу, отыгрывая адекватный резонанс. Но не у каждого есть возможность и желание ходить в такие группы. Тогда интуитивно человек ищет другой способ и находит его.

А вот финалы виртуального общения бывают разные. Помните фильм «Вам письмо»? Какая-то ситуация, стресс, ссора, травма может подтолкнуть человека к поиску реального контакта с виртуальным собеседником. И это может породить массу серьезных последствий: от разочарования и отторжения до внезапной реальной влюбленности. И то и другое может быть фатальным.

Пример: Галина, 27 лет, в 22 вышла замуж, родила. Через какое-то время осознала, что муж уже давно не принимает ее всерьез – заботится о ребенке, но сам живет как-то без особой оглядки на жену, хотя менять ничего не собирается. Не собиралась и она – ребенку нужен отец, поводов для развода нет. Но душевный и даже эротический контакт она начала искать в сети. Завести реальную интрижку на стороне ей не приходило в голову – это в ее понимании означало поставить семью под угрозу. Она надеялась, что все еще наладится, но тепло ей было нужно. И сеть стала выходом. Переписка наладилась с человеком, у которого тоже была семья – Галину это устраивало. И тут случился удар – она узнает, что у мужа на стороне есть другая женщина, вот уже три года. В порыве отчаяния она пытается увидеться со своим виртуальным другом. Они начинают встречаться, но через какое-то время он дает ей понять, что надо ставить точку: мол, и так зашли слишком далеко. Галина сопротивляется – ведь они так хорошо понимают друг друга на всех уровнях – она влюблена! А он все еще продолжает играть в виртуальную терапию – для него отношения не были и не могли быть серьезными. Про дальнейшие события нет смысла говорить. Скажу только одно – полтора года регулярных занятий ушло только на то, чтобы хоть как-то восстановить душевное равновесие женщины, и лечение продолжается по сей день.

А тем, кто застал своих мужей/жен за виртуальным флиртом, стоит сначала задуматься, чего они сами не видят в близком человеке? Что заставляет его проживать какую-то параллельную жизнь, почему он ищет иного восприятия себя? И если вы чутки к нему, если умеете реагировать на его изменения и потребности, то он будет лишь общаться в сети, а не флиртовать.

Это если вы столкнулись с обычной перепиской, а если ваш партнер находится в чате, предлагающем виртуальный секс?

Виртуальный секс-партнер

Интернет, со своими секс-чатами, приватами, сайтами, так внезапно ворвался в жизнь человечества, что специалисты просто еще не успели должным образом отреагировать, провести необходимые исследования, социологические опросы и выдать однозначный результат. Одни психологи предупреждают, что виртуальный секс, который становится все более обыденным явлением, не так уж и безобиден. Некоторые считают его новой формой неверности последнего тысячелетия. Другие полагают, что он может превратиться в навязчивое расстройство, требующее психотерапевтического лечения. По мнению экспертов, зависимость от виртуального секса часто не менее серьезна, чем другие формы зависимости – алкоголизм, курение, переедание или трудоголизм. Она может с трудом поддаваться лечению. К тому же, в отличие от реальной измены, виртуальная неверность не всегда проходит с возрастом, когда происходит уменьшение уровня гормонов. Третьи же в корне не согласны со своими коллегами, утверждая, что виртуальный флирт только укрепляет брак, помогая избежать настоящей, реальной измены.

Виртуальный партнер – это промежуточное звено между воображаемым и реальным. В отличие от воображаемого партнера, который не имеет тела, и его физические (моральные, финансовые и т.д.) данные полностью зависят от полета нашей фантазии на данный момент, виртуальный партнер, при наличии реальных качеств, сам придумывает себе имидж и предлагает его оппоненту. Такое маленькое различие и рождает вопрос об измене.

Эмоциональная измена

«Виртуальная измена – это все-таки измена» – такой точки зрения придерживается большинство опрошенных. Более того, примерно 51% ответивших считают изменой даже флирт в Интернете.

«Если на моих глазах, по телефону или ICQ, мой любимый человек флиртует – это измена. Не важен способ, важен сам факт».

Хотя любовные отношения онлайн и не предполагают интимной близости, для многих они означают угрозу отношениям, существующим в реальной жизни.

Есть такое мнение: «Виртуальная измена – это гораздо более серьезно, чем, например, снять кого-то на пару часов, а потом об этом забыть. Виртуал затрагивает душу, а это гораздо опаснее, чем просто физический контакт».

Эмоциональная близость, даже при невозможности физической составляющей, может стать причиной краха реальных отношений. Людям проще найти оправдание своим действиям, если те происходят лишь виртуально, но последствия, такие как потеря веры и любви, могут быть такими же страшными, как при настоящем романе на стороне.

Помимо эмоциональной связи виртуальное общение дает возможность перенесения знакомства в реальность. Конечно, можно сходить и в музей, но я искренне сомневаюсь, что в секс-чатах люди знакомятся, дабы в реальности посетить музей.

Мнение экспертов

Однажды вечером вы обнаружили своего партнера на порносайте или в секс-чате? Не нужно терять самообладание и навешивать ярлыки. Может быть, это обыкновенное любопытство. В то же время определенная тенденция является следствием проблем в ваших отношениях. Специалисты считают, что сама попытка поиска любовных отношений в Интернете может быть признаком серьезных проблем в личной жизни. Возникшие противоречия необходимо решать в реальной жизни, а не пытаться компенсировать их с помощью сети.

Мнения психологов в ответе на вопрос, какая степень увлеченности должна служить поводом для беспокойства, разнятся, но большинство сходятся в том, что регулярный виртуальный секс является тревожным признаком и требует обращения к специалисту.

От себя хочу добавить. Человек в сети – живой человек. Вы общаетесь не с роботом, и даже если каждый из вас играет некую терапевтическую роль для другого, вы все равно не должны забывать, что эта жизнь реальна и в ней может случиться все. Кем вам станет виртуальный собеседник – зависит от вас. Если вы будете бережны и тактичны, будете четко обозначать рамки общения и думать не только о себе, то, возможно, впоследствии скажете ему спасибо за помощь. А если заиграетесь и перестанете думать о нем как о живом человеке, он станет для вас горьким разочарованием и травмой.

Курортный роман

Целомудрие для женщины – то же, что храбрость
для мужчины. Я презираю труса
и бесстыдную женщину.
Наполеон Бонапарт

В наше сложное время, когда количество разводов превышает количество регистрируемых браков из-за того, что супруги живут ложными семейными ценностями, даже обычный отдых может стать серьезным испытанием для семьи. Каким?

О курортных романах наслышаны все. Курортный роман представляется коротким, ни к чему не обязывающим приключением. Сложился довольно устойчивый стереотип поведения. Мужчины и женщины едут на курорт, предвкушая возможность коротенькой любовной интрижки.

Когда мужчина знакомится на отдыхе, он обычно не планирует продолжение романа. Женщина сначала думает так же, но потом влюбляется – как всегда подводит впечатлительная женская натура.

Признаем, что мужчине тоже иногда не чуждо желание продлить горячие сексуальные ночи, вернувшись домой. Особенно если женщина попалась что надо и живет в том же городе.

У мужчин и женщин на курорте возникают романтические сексуальные фантазии – обстановка соответствует. Они желают отдаваться страсти без зазрения совести. Срабатывает установка «а ничего за это не будет», ведь срок окончания легких отношений всегда известен заранее. Значит, можно не переживать, кто там что подумает. Конечно, обоим хочется показать себя только с лучшей стороны. Роман скоро закончится, и настоящее лицо может остаться не раскрытым, да и зачем? Можно хотя бы на отдыхе не обременять себя заботами и целями выживания и превратиться в принцев и принцесс, которые никогда не бывают в дурном настроении. Только солнце, море, страсть и никаких подробностей о жизни каждого участника романа.

Возможно, возраст курортному роману не помеха. Цель романа одинакова – быть желанной, чувствовать себя роковой и даже жестокой женщиной.

Чтобы понять, почему живы курортные романы, надо разобраться с его участниками. Кто ищет любви на курорте?

Совместить полезное с приятным

Замужняя женщина, которая знает себе цену и понимает, что такое курортный роман, но не прочь поразвлечься. Конкретных целей с романом она не связывает, самое главное – как следует отдохнуть с пользой и для тела, и для души. И одно она знает четко: продлевать отношения дольше дня отъезда не будет.

Зализывание сердечных ран

Бывает, что на отдых люди едут, чтобы восстановиться эмоционально, особенно если в их жизни произошел серьезный сердечный разрыв. И мужчина или женщина пытаются заменить чувство разочарования новым приключением в виде влечения. Иногда они увлекаются серьезно, и роман может иметь продолжение. Ведь человек с сердечной раной очень нуждается в утешении и часто проникается благодарностью к утешителю, а там и до привязанности недалеко.

Любители экзотики

Это определенная категория женатых мужчин, которые на отдыхе ни в чем себе не отказывают. Жертву для романа они выбирают исключительно сногсшибательную, чтобы было чем похвастаться в кругу друзей. А иначе зачем ехать? Серости и дома хватает. Так что роман будет насыщен страстью и захватывающими эмоциями. Это будет театр двух актеров.

Последний шанс покуролесить

Это люди зрелого возраста, которым все еще время от времени хочется пошалить, все еще хочется запретной страсти. Здесь, вдали от глаз знакомых, родственников, а главное – жены, можно броситься в омут страсти с головой. Вдруг это последний раз? Дома затевать интрижки не позволяют статус и репутация. А тут сама природа велит отдохнуть от суеты, вспомнить молодость, поволновать кровь.

Отсюда вывод: в любом случае курортный роман не идет на пользу, и тем более не служит укреплению семьи.

Но самое удивительное, что участники романа это прекрасно знают, но почему они все же завязывают такие отношения?

Причина в природе. Как я уже упоминала, у курортного романа есть главная особенность – ограничение по времени. В этот период и мужчина, и женщина, осознанно или бессознательно, будут стараться показать себя с лучшей стороны, здесь и кроется основной любовный капкан. Глубокие отношения строятся не только на удовлетворении сексуального любопытства, но и на базе взаимной симпатии, а для ее возникновения нужно время. Желание произвести впечатление и доставить удовольствие себе и партнеру – это хорошо. Но это всего лишь страсть, не больше: нет никаких обязательств, только половой инстинкт, пустяк, просто хороший секс, ничего лишнего. Небольшое разнообразие обыденной жизни, своего рода допинг, эмоциональная подзарядка на стороне. Одним из самых сильных мотивов образования такой связи является именно поиск сексуального удовольствия, и этот тандем образуется с согласия обоих партнеров. Поэтому такой роман уже заранее запланирован. Человек дал себе «зеленый» свет на удовольствия подобного рода, значит, он находится в режиме ожидания подходящей

Рекомендация.

Стара как мир истина: «Все скрытое обязательно станет явным». Чтобы не испытывать Судьбу, отдыхать нужно вместе с мужем. Не искушайте его чрезмерным доверием. Поверьте, любой мужчина может не устоять перед любовным оружием, которым природа наделила женщину.

кандидатуры. Нам прекрасно известно, что любовь редко стучит в наглухо закрытые двери. Так и с этими курортными романами: если нет базовой основы – симпатии (я имею в виду желание быть открытыми), то, удовлетворив сексуальное любопытство, партнеры расстанутся, и отношения закончатся. Поэтому курортные романы быстро приходят и быстро уходят.

Роман с женатым, или капкан надежды

Связь с женатым мужчиной относится к ситуациям, в которых отношения не грозят привести вас к желаемому результату, то есть созданию своей семьи. Почему женщина не рвет отношения сразу, как только понимает, что кавалер не готов выполнить свои обещания? Причин много, и о них мы поговорим в этой главе. Но прежде всего давайте попробуем найти ответ на другой вопрос: зачем женщина вообще связывается с женатым мужчиной?

Безжалостная статистика, да и практика психологов, показывает, что большинство женщин хотя бы раз в жизни проходят через отношения с женатым мужчиной, причем в большинстве случаев любовница ждет, что окольцованный кавалер ради нее бросит семью. Увы, надежды разбиваются о несбывшиеся мечты. И чаще всего женщина не может вырваться из порочного круга надежды на гипотетическое счастье. В результате теряет и мужчину, и драгоценное время.

Часто причиной того, что женщина не может разорвать «любовный капкан», является либо ее лень искать кого-то еще, либо страх остаться одной.

Связывая себя с заведомо несвободным мужчиной, женщина понижает свою самооценку. Мужчина, который действительно любит женщину, не будет заставлять ее ждать годами, чтобы в итоге жениться.

Трудно объяснить, как так получается, что женщина сомневается в обещаниях мужчины и в то же время на что-то надеется.

Психологи, пытаясь объяснить, почему некоторым женщинам прямо «везет» на женатых мужчин, пришли к выводу, что дамы сами являются тому виной. Они по каким-то причинам избегают отношений, которые могут закончиться браком. Такая женщина подсознательно выбирает кавалеров, которые изначально не будут предлагать ей руку и сердце. Что из этого получается потом – уже другой вопрос. А так выходит, что вроде мужчина есть, а личная жизнь не складывается. И самое худшее в этой ситуации то, что женщина лишает себя возможности завязать новые отношения.

Некоторые мужчины так умело и тонко ведут свою игру, что любовница попадает в полную зависимость. Она продолжает питать тщетные надежды, и это может длиться годами, пока жертва не вырвется из липкой паутины обещаний.

Женщина, действительно, словно попала одной ногой в капкан: вроде и свободна, а завязать полноценные новые отношения все никак не может, надежда мешает. Здесь уместно выражение «Надежда умирает последней». Вот если бы она умирала первой, человек гораздо быстрее менял бы свою жизнь к лучшему.

Так и есть, любовница не видит фактов в упор, отказывается признать очевидное. Мужчина кормит ее обещаниями и просьбами войти в его положение, а сам все тянет с окончательным решением. Несмотря на пустые обещания, женщина продолжает надеяться. Это длится до тех пор, пока она вдруг не выйдет из-под гипноза обещаний и радужных надежд, причем это должно произойти осознанно, потому что, сколько женщину ни убеждай, она будет защищать мужчину как пострадавшую сторону. А то, что он, возможно, эгоист, который мучает сразу двух женщин без зазрения совести, ей и в голову не приходит.

Вместо того чтобы поставить перед собой вопрос, кто ему нужен, я или нелюбимая жена, и проанализировать все «за» и «против», женщина продолжает бессмысленную борьбу. Бывает, что эта борьба приносит результаты, и порядком потрепанный трофей достается победительнице! Но случается так довольно редко.

Чего не хочет признать любовница?

- Она берет чужое.
- Мужчина пользуется ее доверием.
- Она избегает серьезных отношений.
- Она сомневается в своих силах очаровать свободного мужчину.
- Она ведет нечестную игру сама с собой.
- Она несчастна, но делает вид, что все хорошо.
- Она боится одиночества и бежит из дома под любым предлогом.

Позиция совсем молодой любовницы

Молодая глупенькая женщина считает, что мужчина женится на ней и тем самым компенсирует все ее страдания-ожидания. Пока еще наивная, она ищет любви и ждет, что наступит счастливый день и партнер придет к ней навсегда. Но этот день так и не наступит.

Позиция свободной любовницы с опытом

Раз приходится делить мужчину, пусть даже с женой, и терпеть неудобства, то любовник должен как-то вознаграждать женщину, поддерживать в ней интерес. Здесь кто в чем нуждается: кому деньги и подарки, кому праздники. Иногда мужчина полностью попадает под влияние любовницы. В борьбе с соперниками он вынужден все больше тратиться на нее.

Позиция замужней любовницы

Пожалуй, замужняя любовница оказывается менее требовательной к любовнику, чем свободные женщины. Она не так легко может перебирать мужчин. Ее статус замужней все-таки снижает шансы выбора из большего числа поклонников. Не каждый мужчина захочет связываться с замужней женщиной.

Замужняя любовница связана страхами и опасениями, она не может полноценно, безоглядно отдаться своим чувствам. Скорее, встречи будут носить характер страстного секса. Только страсть способна заставить женщину рисковать и придумывать различные поводы, чтобы где-то задержаться. Для замужней женщины в интрижке главное – секс, остальное она додумает сама, добавит чуточку романтики.

Что делать?

Чтобы вырваться из «капкана надежды», женщине нужно попытаться посмотреть на сложившуюся ситуацию со стороны. Понятно, что готовых рецептов, годных на все случаи жизни, просто не существует. Все случаи индивидуальны.

Женщина не сразу понимает, что попала в коварную ловушку. Если любовница вовремя опомнится и поймет, что изменение ситуации зависит только от нее и она сама хозяйка своей жизни, то осознает свое право на нормальную жизнь и исключительно свою ответственность.

Очень незавидное положение у любовницы, которая взяла на себя роль жертвы. В таком случае женщина застревает в этой двойственной ситуации надолго. Она будет считать виноватыми всех вокруг, кроме себя. Она не способна увидеть все, как оно есть на самом деле. У женщины к тому же развивается комплекс неполноценности. Она боится остаться совсем одна, боится заводить новые романы и продолжает свой бег по замкнутому кругу надежды и разочарований, когда всего-то и нужно, что перевернуть страницу и забыть о неудачном романе. Эта безрезультатная надежда полностью замуровывает женщину. Она закрыта для новых отношений.

Совет: женщине придется освободиться от привычного стереотипного поведения. Для этого нужно:

1. Признать свою потребность в свободном мужчине.
Проблема в том, что свободная женщина мало требует. Она привыкла заниматься самоотдачей, а ведь имеет полное право выбирать. Но она до того сузила рамки своих желаний, что ее требования к жизни и к счастью тоже замкнулись на неудачном романе. Для того чтобы это не произошло, надо:

2. Стать активной.
Кроме вас самой никто не будет заботиться о вашем счастье. Если сидеть и бездействовать, с унылым видом ожидая счастья, то вас подберет какой-нибудь очередной женатик, чтобы слегка утешить и навешать лапши на уши.

Даже не мечтайте, что, встречаясь с женатым мужчиной и храня ему верность, вы одновременно сможете устроить личную жизнь.
Прошли те времена, когда мужчина боролся за женщину. Теперь личное счастье в ваших руках. Не стесняйтесь вашей женственности, пользуйтесь этим даром.

3. Вам совершенно нечего терять.

Единственная ваша потеря — это несвободный мужчина, который держит вас на поводке. Все просто. Отказываясь от такого кавалера, вы сами обретаете свободу.
Но если вы ничего не делаете для своего счастья, то прибавляете себе проблем. Вы начинаете терять время, и шансы на более широкий выбор свободных мужчин уменьшаются. Помните об этом.

Рекомендации.

Роман с женатым мужчиной может быть хорошим и интересным, если он короткий, тогда он не успевает нанести женщине вред. Как только это дело затягивается, ничего, кроме вреда, он женщине не приносит. От таких отношений всегда страдает самооценка дамы. Женщина перестает себя любить, ошибочно полагая, что любовь подразумевает страдание. Любовь должна приносить счастье! Еще Аристотель сказал: «Надежда — это сон наяву». Вам пора проснуться и действовать! Свобода — ваш шанс на счастье, или вас ожидают отношения, которые я назвала любовным треугольником длиною в жизнь.

Любовный треугольник длиною в жизнь

Как бы странно это ни звучало, но «любовный треугольник длиною в жизнь» – самый умный из всех возможных. Он доказал это продолжительностью своего существования.

В таком треугольнике муж открыто сожительствует с другой женщиной и ничто в мире не заставит его прекратить это. Получается такой открытый всему миру безобразный любовный треугольник. Любовница и неверный муж наслаждаются жизнью, а жена страдает, теряет здоровье и саморазрушается как личность. Но как возмущен мужчина, когда сталкивается с фактом измены жены! Ведь это мужчинам положено, а женщинам ни-ни. Как бы ни протестовали мужчины, а у женщин тоже бывают и любовники, и необъяснимые поступки.

В первом варианте вершиной любовного треугольника является мужчина. Во втором – женщина. Давайте рассмотрим обе ситуации и поглядим, что происходит с женщиной в этих житейских ситуациях.

Начну с истории из одного письма.

«Здравствуйте, Роза! Мне почти 27 лет, разведена, детей, к сожалению, нет. Воспитывалась матерью-одиночкой, мне не знакома отцовская любовь, отчим унижал меня и обижал. Мама никогда не защищала, она боялась его потерять, т.к. она инвалид и не каждый здоровый мужчина готов жить с такой женщиной. Мой первый кавалер (на 9 лет старше), как оказалось, был женат, но узнала я об этом спустя 3 месяца, уже привыкнув. Для него я была «праздником, отдушиной». Я мучилась, но не могла уйти, так как очень его любила. Он для меня был и мужчиной, и отцом, которого у меня не было. С ним я чувствовала свою ценность, была любимой и желанной, когда он был рядом, то для него существовала только я. Мы культурно и разнообразно отдыхали: кино, театры, кафе, рестораны, ночные клубы, выставки... Материально он мне не помогал, оплачивал только совместное времяпровождение. Держало еще и то, что меня это частично устраивало. Потом я поняла, что меня затягивает и я не могу вырваться, а менять он ничего не хочет. Я приняла решение вырваться! Поменять в своей жизни все! Получила диплом, сменила работу и улетела в Москву. Там встретила молодого мужчину, моего ровесника. Он казался перспективным, надежным, влюбленным. Я была влюблена, но не любила, даже сама удивлялась. Начали жить вместе. Подали заявление в ЗАГС. Оплатили свадьбу сами. А после свадьбы началось: скандалы, оскорбления и упреки со стороны мужа и его родителей. Я похудела, практически ничего себе не покупала – все в дом. За год сделали ремонт, обставили мебелью, купили технику, жить бы... Он стал меня отпихивать, а однажды жестоко избил, издевался 3 часа, перебил и порвал все в моей дамской сумочке. Утром я еле сбежала и со временем подала на развод. И опять в моей жизни появляется ОН, мужчина моей мечты, но... женатый.

Женатый мужчина окружил заботой, теплом и вниманием. Казалось, он знает, что мне нужно. Постоянные слова любви. Моя душа «пела», «распускались крылья» за спиной. Я ожила и расцвела. Спустя полгода со времени знакомства в душе стали подниматься вопросы, на которые сложно было найти ответ. Однажды я пыталась порвать, но не смогла. Я Любила! Я боюсь убивать Любовь! Боюсь остаться одна. Безумно хочу малыша! Вижу достойного мужчину! Даже готова сама воспитывать ребенка, лишь бы от Любимого! Но Любимый моих желаний не разделяет, меня это больно ранит. Я страдаю. Как-то он приехал ко мне «поговорить», выпивший, он молча меня обнимал, в глазах слезы... уезжая, оставил письмо. Я боялась читать. Слова резали ножом. Там написано, что он устал, устал врать, устал причинять боль... Считает, что я не понимаю, как ему тяжело. Я на эмоциях села и написала ему ответ (ответив на каждую фразу), но это я сделала для себя, чтобы прийти в себя от шока. Вот она – правда жизни. Я знаю, что проблема во мне. Мне не знакома отцовская любовь, не знакома братская любовь, меня предал друг, меня унижали и предавали любимые мужчины! Я пережила много боли, но я хочу любить и быть любимой!!! Своим письмом я не ищу жалости. Я хочу донести, что мы не падшие женщины, не воровки и не злодейки. Мы нормальные, добрые, наивные, доверчивые, нежные и ранимые. Этим пользуются не только мужчины, но и их жены. Я искренне считаю, что благодаря мне сохранился брак у моего первого женатого мужчины. Между прочим, и он так считает. Спасибо, что прочли мое письмо!»

Комментарии: Возникает вопрос: что заставляет женщину терпеть такую несправедливость? Нам известно, что в определенных обстоятельствах человек смиряется даже с таким положением вещей. Чаще всего такая ситуация наблюдается, когда женщина:

- безнадежно любит мужа;
- ей некуда идти;
- ей уже все равно. Она уничтожена морально, слишком много унижений;
- муж не уходит и не выгоняет ее, помогает материально, заботится о ней и о детях. Она уже потеряла квалификацию, полностью «одомашнилась» и не представляет, как будет жить самостоятельно.

В любом случае женщину охватывает паника при мысли, что ей придется столкнуться с трудностями внешнего мира без поддержки мужа.

Когда женщина оказывается в такой ситуации, это страшно и жестоко со стороны мужа, ведь он полностью подавил волю жены. Психология связана с физиологией, и женщина, несомненно, начинает заболевать. Жизнь ее похожа на пытку, к которой она привыкла. Сердечная боль и обида переходят в состояние хронического внутреннего разлада.

Можно ли восхищаться таким терпением? Скорее, нужно сожалеть, что некоторые женщины до сих пор не поняли, что «жить и терпеть» – это вовсе не жизнь, а дорога в клинику. Не думаю, что в такой ситуации мужчина позволит вытирать о себя ноги много лет. И кто в этом случае назовет его мужчиной?

Самое интересное, что западная эмансипация призывает женщин ни в коем случае не жертвовать чем-либо ради мужчины, ради мужа, и находит большие плюсы в стабильном адюльтере как для женщины, так и для мужчины. Например, западные психологи считают, что длительный устойчивый адюльтер не наносит вреда основной первичной семье, детям. Между любящими складываются дружеские партнерские отношения, своего рода вторичный брачный «полусоюз». Они получают от своих отношений недостающие в основном браке компоненты.

А как же священный союз мужа и жены?

Теперь рассмотрим умный любовный треугольник, вершиной которого является женщина.

Это «героическая» женщина. Она умудряется совмещать обязанности жены, и неплохо с ними справляться, и успешно выполняет роль страстной любовницы. Все это сносно для женщины, если мужа она считает хорошим человеком и прекрасным отцом, то есть существуют какие-то стимулы, которые заставляют ее сохранять отношения.

При общении с двумя мужчинами сексуальная жизнь женщины как бы раздваивается. Единственное, что ее «достает», так это секс с собственным мужем. После горячих объятий любовника все жалкие попытки супруга разжечь очаг страсти только напрягают женщину. *Но она и здесь находит выход, вернее, несколько. Все они слегка циничны, но имеют место в жизни.*

Выход первый: Она честно отрабатывает «обязательную программу» с мужем, стараясь отделаться от него побыстрее. Так как об удовольствии не может быть и речи, то женщина давно овладела искусством актерского мастерства в постели, причем настолько виртуозно, что муж по сей день в неведении, что оргазма у жены нет и не было с первых дней семейной жизни. Сначала она ждала и надеялась, потом пошли дети, менять глобально жизнь поздно. Проще завести любовника.

Выход второй: Муж не настолько противен сексуально, и женщина решает упростить свою задачу, даже сделать ее максимально приятной. Она идет путем психологической подмены: во время секса с мужем представляет на его месте любовника. Это увеличивает удовольствие, да и риск назвать своего мужа не тем именем придает процессу остроты. Этот вариант не слишком распространен.

Вывод третий: С мужем она спит, как и раньше, сдержанно и монотонно, никаких известных ей теперь новшеств. Во избежание подозрений получает свое маленькое законное удовольствие и не больше – и на всю катушку оттягивается с любовником.

Мне стыдно за этих женщин. Их сексуальный комплекс еще долго будет сидеть внутри. Почему-то поделиться с самым близким человеком, своим мужем, сокровенными желаниями они стесняются. А полностью довериться неизвестному мужчине – пожалуйста.

Или это чувство риска их так заводит? Тогда можно попробовать забраться с мужем на крышу – страх высоты тоже придает новизны ощущениям.

Психология этой женщины проста. Она ассоциирует себя в семье с образами кухарки, прачки, няньки, а потом уже женщины. Поэтому ей как-то неловко вдруг заявлять мужу, что она хотела бы заняться сексом на кухонном столе. Что он подумает? Муж даже сразу не поймет, о чем это она, может просто высмеять ее, потому что именно в данную секунду ему не до этого – совещание, отчеты, клиенты, бензин подорожал, пробки на дорогах.

Или, наоборот, женщина настолько загружена работой, что считает, что муж мог бы и прислушаться к ее желаниям, о которых она не говорит. Но муж не провидец. Мало того, мужчины плохо понимают женские полунамеки. Муж ждет открытого текста. Он и сам слишком замотан, чтобы еще и загадки разгадывать.

Другое дело любовник. Для него эта игра – заменитель семейных проблем. Женщина идет на встречу, зная, что он прислушивается к каждому ее желанию и готов его исполнять. Еще бы! Любовника она ни капельки не стесняется и говорит ему обо всем.

Как ни странно об этом говорить, в «любовном треугольнике длиною в жизнь» есть свои трудности. Во-первых, женщине трудно постоянно прыгать из огня в воду – это утомляет.

Но некоторые женщины настолько приспособляются к двойному образу жизни, что не могут решить, кого больше любят. Один в постели дает все, что угодно, другой обеспечивает нормальную жизнь семьи. Вот так и получается, что ни один из двух мужчин не справился бы со всеми обязательствами сразу!

Вред продолжительного любовного треугольника

Не каждая психика выдержит пожизненный любовный треугольник. Многие оказываются втянуты в такие длительные отношения из-за своей нерешительности.

Изначально, когда человек идет на измену, он подсознательно допускает возможность разрушения брака, более того, измена даже продиктована желанием нечаянного развода, если брак изначально состоялся не по искренней, взаимной любви.

В таком случае ситуация треугольника с годами становится невыносимой, она тянется и затягивается, как петля на шее нерешительного человека.

Сначала все выглядит более-менее терпимо, но далее женщину начинает удручать исполнение супружеского долга, она испытывает в связи с этим стресс. Появляется отвращение к мужу. Постоянно сдерживая себя, не решаясь положить конец своим мучениям или из-за невозможности это сделать в силу каких-то причин, женщина начинает ощущать себя жертвой жестоких безвыходных обстоятельств. В итоге она может начать срываться и дома, и при встречах с любовником, что приводит к печальному концу. И виной здесь – только нерешительность.

Когда бывает слишком поздно что-либо изменить?

- Роман уже не раз прекращался, но на самом деле цветет буйным цветом.
- Семья уже устала от бессмысленной борьбы и смирилась со слабостью одного из супругов, тайно надеясь, что это пройдет.
- Роман как-то вписался в жизнь и не доставляет особых хлопот, семья не обделена вниманием.
- Уже есть ребенок, и семья понимает, что, если начать бузить, отец просто уйдет.
- Все было пущено на самотек, теперь поздно кричать «караул», это не имеет никакого смысла.
- Любящая жена чувствует, что сейчас она явно проиграет в борьбе. Она предпочла затаиться и просчиталась, слишком затянула игру. Муж увяз по самую макушку.
- Роман уже проверен временем, чувства стабильны. Придется выбирать: либо отказаться от мужа, либо принимать все его причуды, то есть существование еще кого-то помимо вас.

Но в принципе менять что-либо никогда не поздно. Главное не чувствовать себя заложником обстоятельств. Поздно – не поздно, разница лишь в том, что можно все прекратить малыми потерями, а можно отрывать «с мясом», больно.

Рекомендации.

Сколько бы мы ни говорили о «плюсах» мужчин, которые могут себе позволить содержать две семьи, честнее было бы позволить женщине устроить свою жизнь, а не давать ей пребывать во мраке иллюзий. Женщина всегда хочет быть единственной для своего мужчины. По этому поводу еще до нашей эры высказался Демокрит: «Только та любовь справедлива, которая стремится к прекрасному, не причиняя обид».

Как наказать мужчину за измену

Итак, вы узнали, что у любимого мужчины была или есть связь на стороне с другой женщиной. Он не догадывается, что вы в курсе, и вы понимаете, что обсуждать эту тему с ним не стоит. Вы не считаете эту связь поводом для разрыва отношений, но и оставлять все как есть, без какого-либо внимания со своей стороны, тоже не можете. Этого и не надо делать. Прежде всего необходимо понять, что наказание – это не причинение боли в отместку за свою собственную, а выработанная линия вашего поведения, которая заставит мужчину сомневаться в правильности своих поступков и задуматься о вас и о ваших отношениях. Есть несколько способов борьбы с соперницей и собственной ревностью одновременно. Сразу скажу, что запрет или уличение результатов не принесут. А теперь подробнее.

Первый и самый главный способ — «наказание любовью»

Для многих он достаточно трудный в выполнении, но очень действенный.

Во-первых, он помогает избавиться от ревности, так как заключается в том, что вы окружаете своего избранника вниманием, заботой и всем тем, что он так любит и чего ждет от вас. Этим вы вселяете в себя уверенность, что, находясь именно с вами, любимый получает все необходимое. Постепенно ревность ослабевает или даже исчезает совсем. Да, возможно, внешне будет казаться, что ваши попытки остаются незамеченными, но, поверьте, это не так. Каждому приятно, когда о нем заботятся и угадывают его желания.

Во-вторых, заботливое и нежное поведение заставляет мужчину задуматься о том, что он делает по отношению к вам и зачем. Он начинает тщательно взвешивать и обдумывать, для чего ему та, другая женщина, если рядом есть вы – такая же милая, добрая и красивая, но гораздо более близкая и родная, знающая все его привычки, понимающая с полуслова, преодолевшая вместе с ним не одно жизненное препятствие. Он осознает, что с вами ему хорошо, но в то же время все это можно потерять, если его сторонние отношения вдруг станут известны. Подобные мысли очень мучают и тяготят мужчину. В результате этого самоанализа он понимает, что отношения на стороне малозначимы, проблематичны, а возможно, и вовсе не нужны. Но побуждением к подобному размышлению станет только ваше теплое и бескорыстное отношение. При традиционных истериках, упреках и уличении во лжи мужчина ни на секунду не задумается об этом, зато хорошо ощутит разницу между скандальной женщиной и своей новой пассией, которая, возможно, требует от него пока еще не так много, как вы. И в голову придет совсем другая мысль: зачем вы ему со своими проблемами, когда есть кто-то, с кем гораздо приятнее быть рядом? Главное – не забывать, что этот способ работает тогда и только тогда, когда ваше поведение по отношению к мужчине БЕСКОРЫСТНО. Вы не ждете от него за это никакой отдачи, например благодарности или оценки ваших усилий. Не ждете, что он бросится целовать вам ноги. Вы просто приносите ему в дар свои чувства и старания, отдаете их просто так.

Этот способ требует достаточно крепкой внутренней веры в себя, в свои силы, а также немалого промежутка времени. Он не поможет, если вы ждете мгновенных результатов. Если ваша вера не стопроцентна, велик риск, что этот метод не сработает. Но если сомнений в своих силах нет, этот способ будет действенным и мощным и поможет возродить чувства любимого. Равных ему по энергетике нет.

Второй способ – «наказание ревностью»

Прекрасная возможность не только наказать «изменщика», но и просто подогреть немного остывшие чувства. Сразу предупрежу, что этот метод достаточно опасен, но также очень эффективен. Применять его стоит, только убедившись в том, что мужчина получает от вас все, что ему необходимо. Ведь он ревнует потому, что боится потерять, а если в отношениях проблемы, то страха потери становится меньше или может не быть вообще. В этом случае лишний повод для ревности лишь добавит проблем.

Главное, что надо знать, наказывая мужчину данным способом: основой ревности должна быть лишь его фантазия, но никак не факты, указывающие на вашу неверность. Если таковые появятся, вы только разозлите мужчину и еще больше отдалите его от себя. Подозрение должно рождаться буквально из ниоткуда. Возможности упрекнуть вас быть не должно. Способов добиться этого масса. Некоторые аспекты этого метода отражены в статье «Нужна ли ревность в отношениях».

Ситуация должна выглядеть так: повод есть, а обвинить не в чем. Заставляйте его своими действиями как можно больше додумывать и теряться в догадках. Вынуждайте задавать вопросы, но отвечайте односложно, чтобы вопросов было еще больше. Этим вы переключаете его внимание с другой женщины на себя, но не напрямую, а аккуратно и незаметно, не навязываясь и не подавляя.

Для сохранения внутреннего покоя и сил надо понять и принять еще одно качество, подаренное мужчине природой. По натуре своей он – охотник и завоеватель, и периодически жажда приключений берет над ним верх. В этом плане он очень напоминает домашнего кота, который больше всего любит сытость и ласку. Да, он ходит гулять и охотиться на мышей, ему это диктует инстинкт. Он бегает по чужим огородам и дачам, но все равно возвращается туда, где стабильно получает уход. Будучи накормленным и обласканным, он всегда будет тереться у ног хозяйки и урчать. Если же вы перестанете о нем заботиться, то однажды он просто не вернется с очередного гуляния.

Стоит вспомнить, что иногда всем нам хочется чего-то новенького, ярких впечатлений, бурных эмоций и приключений. Но мало кто из нас ищет в них постоянства, если в сложившемся укладе все устраивает. Основная цель – просто развлечься. А потому не стоит уделять серьезное внимание таким несерьезным вещам, как развлечения.

«Чтобы простить, надо понять» – так говорится. Так как же понять мужскую измену?

В последнее время фразу «Все они кобели...» в отношении мужчин женщины повторяют все чаще и чаще. Уже в юности мы начинаем видеть в союзах близких нам людей, а подчас и в своей собственной семье, мужские измены. Иногда это мимолетные увлечения, а иногда длительные и бурные романы. В любом случае измена мужчины причиняет огромные страдания женщине и часто приводит к разрыву отношений. Именно нежелание испытать такие страдания пугает нас. В нашей голове невольно рождаются вопросы: «А вдруг они и правда все такие?», «Вдруг каждый мужчина изменяет хотя бы раз в жизни?», «Неужели мне тоже придется пройти через это?»... Как же женщине научиться не бояться измены? Как понять поведение мужчины, когда оно продиктовано не только личными симпатиями, а еще и чем-то иным, совсем нам не известным? Как принять этот факт?

Есть две причины, толкающие мужчину на измену: неудовлетворенность отношениями и природный инстинкт. Но есть и третья причина, которая имеет совсем иные корни и, соответственно, требует иного понимания ситуации – это физиологическая потребность мужчины в разнообразии половых партнерш. Она сохраняется всегда, независимо от того, как складываются отношения с постоянной спутницей жизни.

Все дело в том, что любой самец запрограммирован природой на улучшение генофонда, а для этого он должен передать свои гены как можно большему количеству самок, то есть оплодотворить их. Этим и объясняется постоянное физическое влечение и интерес мужчины к женщинам. Но как нам, женщинам, понять это? Мы ведь привыкли считать подобное поведение предательством и, соответственно, концом отношений. Оказывается, наше непонимание данного факта также объясняется законом природы. Мы устроены совсем наоборот. Самкам животных природа диктует искать для размножения и эволюции будущего поколения самые лучшие гены. Мы по зову природы ищем самого достойного партнера, также мы более разборчивы в связях и более стойки к соблазнам. Поэтому природную слабость мужчин перед женщинами нужно принять как еще один факт разницы полов. Принять, как принимаем то, что мужчины и женщины носят разную одежду, по-разному воспринимают окружающий мир.

Можно, конечно, решить, что нынешний избранник неправильный и встретится другой, верный и преданный только тебе одной. Но это иллюзия, ведь мужчина с отсутствием природных инстинктов не может быть интересен женщине. Бегство от проблемы приведет лишь к новому, еще более болезненному столкновению с ней, а решение так и останется не найденным.

Как смириться с этим суровым законом природы?

Прежде всего нужно заблаговременно принять для себя ряд профилактических решений:

1. *Перестаньте вычеркивать возможность наступления такого события в нашей жизни* («с кем угодно, только не со мной»), чтобы оно было не метеоритом, упавшим с неба и выжегшим все живое вокруг, а всего лишь дождем, от которого можно укрыться под зонтиком. Тогда и бояться будет нече-

го, ведь дождь вызывает у нас лишь неприятные ощущения, но не страх.

2. *Перестаньте принимать решения раньше появления проблемы и бросаться фразами типа «Никогда не прощу», заранее загоняя себя в безвыходную ситуацию.* Мы еще не знаем, какими будут обстоятельства произошедшего, какими будут чувства внутри нас, а слова уже сказаны, и забыть о них трудно обоим.
3. *Перестаньте создавать в мозгу мужчины тот самый сладкий запретный плод, который так хочется попробовать.* Когда катастрофа уже произошла, надо предостеречь себя от ряда действий, которые нам, женщинам, очень хочется совершить, но делать этого категорически нельзя, так как можно и вправду из ничего не значащей мимолетной связи раздуть пламя, которое сожжет нынешние отношения.
4. *Не нужно уделять ситуации внимания больше, чем она того заслуживает.* Поддаваясь природному влечению, мужчина не ждет продолжения отношений. Он не испытывает к сопернице ничего, кроме физического влечения. Вы же по-прежнему остаетесь его второй половиной, с которой он хочет идти по жизненному пути.
5. *Не совершайте поспешных поступков под давлением обиды и страха, не бегите от неприятных эмоций и ощущений, а посмотрите им в глаза.* Помните, что прекращение отношений не даст желаемого облегчения боли, обида все равно так и будет отравлять существование.
6. *Не забывайте взвешивать поступок любимого* (то, что он поддался природному инстинкту) и то, что сами собираетесь сделать, например, взять и, не

задумываясь ни на секунду, в одно мгновение перевернуть с ног на голову сразу несколько жизней. И в первую очередь жизнь мужчины, который должен лишиться всего, что он так любил и любит, лишь потому, что он оступился.

7. *Не отрицайте, что каждый из нас имеет право на ошибку* и каждый должен иметь возможность ее исправить.

Безусловно, наше спокойное восприятие факта измены не означает, что мы одобряем поступок партнера или что это не имеет для нас значения. Напротив, чтобы наша рассудительная реакция не создала для возлюбленного иллюзию вседозволенности, надо обязательно его наказать.

Лучшая профилактика измены мужчины – это постоянная работа над собой со стороны женщины. Надо постараться всегда быть для него неразгаданной тайной, интересной, но непрочитанной книгой. Быть ухоженной самой и с той же тщательностью ухаживать за домом, местом, куда всегда хотелось бы вернуться. Следите за культурой взаимоотношений друг с другом. При общении с посторонними людьми мы следим за этим, а в общении с любимым почему-то позволяем себе забывать.

Нужно также всегда помнить, что любимый мужчина – это не наша собственность. Он тоже обладает определенной свободой. Отчитываться перед нами о своей личной жизни и хранить верность он должен добровольно и по желанию, которое возникает в его сердце само, а не потому, что так принято или мы об этом когда-то договорились.

Тотальным контролем, уличением в предательстве и упреками нельзя вызвать стремления к чему-либо хорошему. Подобное поведение наносит удар по всем основным составляющим гармонии отношений: мы рушим образ своей загадочности, искореняем культуру отношений и нарушаем свободу любимого. Все это – навязывание, которое вызывает лишь сопротивление и дает результат, совершенно обратный ожидаемому. Лишь доверие и понимание рождают ответное чувство у мужчины. И все, что может женщина, – это приложить все усилия, чтобы это чувство никогда не иссякло.

Так что же означает фраза «Все они...», и так ли она страшна и справедлива?

Рекомендации.

Да, действительно, они все... просто мужчины. И мы научимся говорить это без презрения, когда начнем понимать не только себя, но и свою вторую половину. Ведь если быть справедливыми, то мужчинам тоже многое трудно понять в нас, но большинство из них очень старается и просто принимает это как закон природы.

Как разойтись по-человечески?

Любое явление проходит три этапа: зарождение, жизнь и смерть. Увы, любовь тоже смертна. Конечно, мы знаем, что семья может разрушиться, но чаще всего не думаем, что это может произойти именно с нами. И неважно, кто был инициатором расставания, больно обоим. Естественно, хочется как можно быстрее избавиться от этих чувств. Не торопись. Сначала стоит понять, почему так произошло.

Кто из нас никогда и ни с кем не расставался? По статистике, в наше время распадается каждая вторая официально зарегистрированная пара, не говоря уже о «гражданских» браках.

Специалисты вычислили, что среднестатистический гражданин, независимо от пола, имеет за свою жизнь трех партнеров, с которыми его связывали серьезные и глубокие отношения. Чтобы остановиться на последнем, надо «пережить» как минимум первых двух, а это подразумевает неизбежное расставание, подчас тяжелое и мучительное. Как правильно вести себя, расставаясь с партнером? Как не наделать глупостей и сохранить уважение к себе и партнеру, если вы все же решили разойтись?

Давайте рассмотрим ситуацию, когда уходите ВЫ.

Пережить разрыв и начать привыкать к новой жизни без партнера всегда непросто, независимо от того, «созрел» для ухода ты сам или бросили тебя. Не менее сложно решиться на финальный разговор с партнером, если однажды ты вдруг осознал, что ваши отношения себя исчерпали и быть вместе больше нет смысла.

Пример: Я вспоминаю случай с одной моей клиенткой. Она собиралась с духом около 6 месяцев и однажды за завтраком набралась храбрости и выдала партнеру все, что хотела. Что тут началось! Сначала он начал плакать и уговаривать ее не бросать его, потом стал бить посуду, под конец выхватил у нее ключи от квартиры и сумку с кошельком и выбежал за дверь, закрыв девушку снаружи. Видимо, думал, что таким образом ее можно удержать! Пришлось вызывать службу спасения, вскрывать дверь, менять замки.

Это большая ошибка – заводить такой разговор у себя дома. Неприятный разговор должен происходить на нейтральной территории: лучше в тихом баре или кафе, где есть другие посетители, но при этом достаточно интимная обстановка. В присутствии других людей ваш партнер почти наверняка будет держать себя в руках, даже если, ошарашенный или озлобленный, он захочет закатить истерику или ударить вас. При этом очень важно не перебрать с алкоголем. Если уж очень хочется, «залить» эмоциональное перенапряжение можно после разговора, но никак не во время: мысли и речь должны быть четкими и предельно ясными.

Или другой пример: Захар, 31 год: «Со своей первой женой я расстался уже почти 5 лет назад, но до сих пор испытываю перед ней чувство вины, хотя по существу вовсе не виноват. Поженились, когда нам было по девятнадцать, а через два года наша семейная мозаика постепенно начала распадаться – у нее свои друзья, у меня свои, разные интересы и т.п. К 25 годам нам обоим, как мне кажется, стало ясно, что семьи уже давно нет, а есть банальная привычка жить под одной крышей. В конце концов в одной компании я познакомился с Верой. У нас вспыхнула страсть, и я окончательно решил уйти от жены. Та восприняла мое предложение расстаться относительно спокойно. О своей новой любви я говорить ей сначала не хотел, но потом все же обмолвился... Если бы я только знал, чем это обернется! Супруга начала пытать меня, чем Вера лучше нее и почему я вдруг вот так неожиданно (!) решил уйти к ней после стольких лет совместной жизни? Я объяснил, что моя новая пассия – это не причина расставания, а следствие, и зачем-то добавил, что Вера меня устраивает не только как человек, но и как женщина, в прямом смысле этого слова... В результате бывшая жена до сих пор обвиняет меня во всех своих неудачах. Я, мол, развил в ней комплекс неполноценности, она до сих пор не может оправиться от этого удара, и все прочее в этом роде».

Совет: не всегда нужно говорить партнеру всю правду о причине вашего разрыва. Лучше ограничиться общими фразами о том, что отношения себя исчерпали, что вы разные люди и т.п. Не стоит сообщать, что вы уходите к кому-то, даже если это на самом деле так, — это может нанести вашему партнеру психологическую травму и действительно развить в дальнейшем комплекс неполноценности. Не нужно также переходить при таких разговорах на частности: «ты не стираешь мои носки, плохо готовишь, не устраиваешь меня в постели...» Не следует также делать партнеру предложения типа «давай останемся друзьями». Если у него остались к вам хотя бы какие-то сердечные чувства, такая «дружба» будет даваться чрезвычайно трудно. Продолжая общаться с человеком, пусть и без постели, вы даете ему надежду на то, что все еще можно вернуть, хотя и знаете, что такого не будет. Это уже смахивает на издевательство. Конечно, хорошо, когда бывшие супруги сохраняют добрые отношения, но такое возможно либо при обоюдном охлаждении чувств, либо со временем, когда страсти поутихнут.

И ни в коем случае нельзя поддаваться на угрозы и шантаж. Если партнер угрожает вам физической расправой, пообещайте обратиться в милицию и суд, скажите, что уже собираете на него компромат: записываете разговоры, снимаете его скрытой камерой и т.п. Как правило, это действует безотказно. На угрозы покончить жизнь самоубийством тоже реагируйте спокойно: если человек не страдает ярко выраженной психопатией, то ничего подобного не сделает. Кричит ли человек, бьется в истерике — не устраивайте ответных «концертов». В таких ситуациях важно сохранить хладнокровие и спокойствие. И не надо никого жалеть! Поймите, что ваш партнер — взрослый человек и отдает себе отчет в своих поступках.

Когда бросают ВАС

Расставания – боль для обоих, но кровоточит рана разрыва обычно дольше у тех, кого бросают. Как ни крути, а оказаться в роли отверженного – это большой удар по самолюбию и самооценке человека.

Пример: Сергей, 32 года: «Я всегда считал себя примерным семьянином и гордился красавицей женой и двумя дочками. Почти десять лет наша совместная жизнь текла спокойно, без ссор и страстей. Я зарабатывал, копил на квартиру побольше, думал о постройке дачи. Вдруг, придя как-то вечером домой, супруга заявляет, что полюбила другого. В один день она забрала дочерей и переехала к возлюбленному в хрущевку. Жизнь потеряла смысл. Тогда, чтобы не сойти с ума, я начал убеждать себя, что со мной все в порядке. Чего с дуры-бабы возьмешь?! Начал активно встречаться с новыми девушками, регулярно виделся с дочерьми – все вроде бы нормально. А через два года вдруг появился страх толпы, потом – боязнь метро и замкнутого пространства. Чем больше проходит времени, тем хуже я себя чувствую... Может быть, это связано с разводом? Ведь я все еще не могу простить свою жену».

Само собой разумеется, что человек, от которого ушел муж или жена, испытывает острую боль. Это ведь не только потеря любимого – рухнули надежды на будущее, планы и привычный образ жизни. Если в вашей жизни происходят развод или смерть супруга, нужно, что называется, выплакаться и отстрадать потерю. Иначе эмоции, загнанные вглубь, могут проявить себя спустя годы и в самый неподходящий момент, например, как у Сергея, – в фобиях. В нашей стране, конечно, есть наработанный механизм снятия стресса: женщины плачутся подругам, а мужчины – бутылке. Выговориться полезно, только окружающие быстро от этого устают. Бутылка – и подавно не выход. Поэтому нужно суметь найти другой способ выплеснуть свои эмоции. Ну, например, напишите письмо бывшему возлюбленному (которое совсем не обязательно отправлять) или роман. Страдайте на всю катушку, читайте книги, смотрите фильмы и слушайте песни о несчастной любви. Важно исчерпать естественные в этой ситуации чувства обиды, горечи, раздражения, злости. Главное – вовремя остановиться, чтобы «слезный» период не перерос в депрессию. В какой-то момент простите партнера и «отпустите» его, то есть максимально от него отстранитесь. Обычно супруги притираются друг к другу на уровне привычек, отношений, тела, превращаясь в своеобразных сиамских близнецов. И разрыв всегда оставляет рану, которой нужно дать время и возможность зажить.

Когда боль стихает и вы уже можете говорить об отношениях с бывшим возлюбленным в прошедшем времени, наступает другая стадия расставания. У вас появляется новый социальный статус – «холостяцкий», и надо учиться жить в этом статусе. Женщине нужно выживать, зарабатывать одной. А вновь ставшему холостым мужчине – привыкнуть к тому, что после работы он возвращается в пустую квартиру, где не звучат детские голоса и не лежит стопка наглаженных рубашек.

Женщине в период «между мужьями» лучше побыть немного одной. Осознать себя как самоценную личность, которая сама по себе что-то представляет и не пропадет в этой жизни. В этот период поддержку лучше искать не у нового возлюбленного, а у друзей или собственных родителей, детей. Кстати, мужчины на этой стадии любят хвастаться своей свободой, заводить много параллельных романов. Однако исследования британских ученых говорят о том, что именно мужчины сложнее переносят развод и дольше восстанавливаются после него. Обычно период возвращения к нормальной жизни длится около года. Но иногда человек, словно иголка на заезженной пластинке, возвращается все время к одним и тем же навязчивым переживаниям.

А теперь о причинах

В строительстве отношений участвуют двое, а значит, в их уничтожении – столько же. Нельзя как обвинять во всем своего партнера, так и думать, что все произошло только из-за вас. Постарайтесь обнаружить причины, которые привели к вашему расставанию. Не поленитесь записать их, даже если среди них окажутся такие нелицеприятные факты, как ваша капризность, излишняя болтливость с подругами и детская эгоистичность, его «пивной алкоголизм», невнимательность к вам, грубость, флирт с другими женщинами и вспыльчивость. Любовь не исчезает сама собой, она медленно гаснет под натиском наших недостатков.

После того как вы провели анализ причин, подумайте, что смогли бы изменить в будущем. Например, определите для себя, что никогда не станете встречаться с мужчинами, которые могут вести себя агрессивно. Или решите, какими способами избавиться от собственной подозрительности и недоверчивости в отношениях с людьми. Сложно проводить такую «работу над ошибками» сразу после расставания, но лучше это сделать сейчас, чем через какое-то время пройти подобную ситуацию по второму кругу. Ведь так?

А теперь настал момент за все простить любимого человека. Пусть на его совести невыполненное обещание любить вас до конца дней своих, разрушенный идеал «прекрасного принца» и ваш разбитый мобильник. Все-таки какое-то время вы были счастливы вместе. И за это стоит быть ему благодарной.

Как зализывать раны?

Когда человеку очень больно, он бегом кидается в аптеку и пьет анальгетики. Душевная боль еще непереносимее. Душевные раны нельзя оставлять «незализанными»! Лекарство тут одно: чьи-то объятия, понимание и ласка. Только, пожалуйста, не торопитесь строить новые планы.

Зализывание ран – прежде всего терапевтическая процедура. Будьте внимательны, не путайте заботу врача с любовью! Ваша цель – восстановить душевное здоровье, помочь друг другу. Вот и помогайте: сгорайте в постели, взрывайтесь в эйфории, лучитесь счастьем! Но не принимайте отношения в этот период за новую семью и ничего не обещайте. Вы ведь не хотите подставить хорошего человека? Дождитесь, пока душевная рана заживет. Внимательно осмотритесь, загляните вперед и оглянитесь назад. И только потом делайте какие-то выводы, только потом произносите слова, за которые придется отвечать.

Как выглядит этот период зализывания ран? Вот его характерные симптомы: это период внезапности, бурности, обостренных чувств, яркости счастья и быстрых планов на будущее. Многие «раненые» по силе переживаний оставляют далеко позади пылко влюбленных.

Надо помнить, что любить от тоски или от отчаяния нечестно. Счастья – ноль. Делиться нечем – вы только берете. Поэтому берите по необходимости – отдавайте щедро, чем можете. Дарить любовь, поддерживать человека в трудное время – благо. Но менять судьбы – совсем другое. Тут надо отвечать за свои слова. Если готовы – дай вам Бог! Если нет – идите с Богом!

Рекомендации.

Если кто-то когда-нибудь скажет вам, что лучший способ избавиться от боли при расставании — это стереть из памяти бывшего возлюбленного, не верьте! Вы же не станете биться головой об стенку, чтобы в результате сотрясения мозга забыть все события последних лет? Даже в самый тяжелый период помните: жизнь — это длинная дорога, на которой люди встречаются друг с другом, какое-то время идут рядом, а потом расходятся в разные стороны. Обычно, оплакав потерю и научившись жить самостоятельно, человек более осознанно вступает в новый роман. И чем быстрее вы расстанетесь со старой любовью, тем скорее освободите свое сердце для новых отношений с человеком, который, возможно, подарит вам Настоящее чувство.

Отчим и отец

Почему мужчины боятся становиться отцами?

Материнство – великий дар для женщины. Чем больше детей, тем более состоявшейся считалась женщина. Испокон веков большая семья была определением успешности мужчины. Глава семьи (рода) – так определялся его статус. Поэтому жили кланами, родами, передавая из поколения в поколение опыт и традиции. Сейчас многое изменилось, и, к сожалению, не в лучшую сторону. И хотя в большинстве своем современные женщины рожать хотят, нужно ли отцовство мужчине – большой вопрос. Давайте попробуем разобраться в том, почему они его так боятся?

Мужские страхи

Мужчина сомневается в том, что сможет содержать семью.

В том же XIX веке мужик растил столько детей, сколько Бог давал (правда, следует заметить, что этот мужик ничего не ведал о презервативах и противозачаточных таблетках). Но ведь и уровень жизни оставлял желать лучшего. Сейчас уровень жизни значительно выше, но новость о будущем отцовстве некоторые мужчины воспринимают как известие о приближении конца света.

Дело в том, что финансы – одна из наиболее болезненных тем для мужчины (так же, как для женщины, к примеру, темы возраста или веса). Каждый мужчина сравнивает себя с другими и постоянно задается вопросом: «Кто я – успешный деловой человек или неудачник?» Раньше было проще. Мужчине, по большому счету, было не с кем себя сравнивать. Соседи, какой-нибудь заезжий торговец, бродяги... Теперь, во многом благодаря развитию информационных технологий, сравнивать есть с кем. «Игрок "Манчестер Юнайтед" за один вечер пропил больше, чем я зарабатываю за год. Роман Абрамович купил себе новую яхту, а я не могу наскрести на подержанный автомобиль. Так зачем я буду плодить нищету?» – многие молодые мужчины находятся в плену «оценочной психологии» и рассуждают примерно так.

Разумеется, рождение нового члена семьи автоматически означает увеличение расходов. Придется кормить и одевать ребенка и, конечно, жену как минимум до тех пор, пока она не выйдет из декрета. Кстати, у большинства современных женщин запросы весьма немаленькие. Они ведь тоже мечтают о красивой и обеспеченной жизни, любят подарки. И когда возлюбленная просит купить ей, к примеру, новое платье или серьги – отказать довольно трудно. Также с рождением ребенка, вероятно, придется тратиться на врачей: педиатров, гинекологов, специалистов узкого профиля. Все знают, что лечиться даром означает даром лечиться. Хорошо, если мужчина имеет свой устойчивый бизнес или же стабильную высокооплачиваемую работу. А если нет? Тогда он оказывается в положении заложника и постоянно думает о том, как заработать денег. Раньше, если ему что-либо не нравилось на работе, он мог с чистой совестью развернуться и уйти. В самом худшем случае – пожить месяц-другой на иждивении у родителей. Быть отцом означает потерять финансовую независимость, а вот как раз этого многие мужчины и боятся больше всего. Заранее предвижу гневные крики: «Раньше надо было думать!» Возможно, но только, как показывает практика, когда люди занимаются любовью, они не думают о радостях и печалях возможного отцовства.

Некоторые мужчины полагают, что рождение ребенка негативно повлияет на их взаимоотношения с другими женщинами.

Да, развлекаться на стороне с той же легкостью и непринужденностью уже не удастся. Бросить женщину с маленьким ребенком или беременную, уйти в загул, завести роман на стороне – значит объявить себя негодяем. Теперь вместо того, чтобы развлекаться в ночном клубе, следует либо вкалывать на нескольких работах, либо сидеть дома и помогать жене воспитывать ребенка.

«Вдруг я встречу потрясающе красивую девушку? Она подарит мне очаровательную улыбку... и в этот момент на горизонте нарисуется жена с просьбой посмотреть за чадом в колясочке, пока она забежит в магазины». Как говорила героиня фильма «Москва слезам не верит», жизнь – это лотерея. А тут одним махом обрубается куча великолепных возможностей. Бросить «большой секс» ради ребенка? Далеко не каждый способен на такую жертву. Почему-то больше всего хочется делать именно то, чего делать нельзя. При этом мужчины напрочь забывают о том, как во время холостой жизни им приходилось самим вести домашнее хозяйство. А также целыми неделями – а порой и месяцами – обходиться вовсе без занятий любовью.

После рождения ребенка жена из стройной девушки превратится в заплывшую жиром толстушку.

Мужчины очень этого опасаются хотя бы потому, что располневшая во время беременности жена, вполне возможно, перестанет интересовать его как женщина или сама перестанет интересоваться интимной стороной семейной жизни. Кроме того, во время беременности характер будущих мам заметно портится, они становятся нервными, раздражительными. Кстати, некоторые остаются такими и после родов.

После рождения ребенка жена станет мной манипулировать.

Бывает и такое. Один мой клиент, преуспевающий молодой менеджер, признался: «Я стал замечать, что порой жена в присутствии сына говорит мне то, чего никогда бы не сказала наедине».

Рождение ребенка – вопрос очень важный. И решать его должны оба. Сейчас «рожать или не рожать» – исключительно женский выбор, что бы там ни говорили. Женщины довольно часто действуют по принципу «мое тело – мое дело», а мужчину просто ставят перед фактом. Например, женщина заявляет, что принимает противозачаточные таблетки, а потом оказывается, что она беременна. Некоторые дамы сознательно используют «залетную» тактику: ищут богатенького мужичка, а потом предлагают – либо женись, либо плати алименты. Случаи в жизни бывают самые разные.

После рождения ребенка у меня станет меньше свободного времени.

Да уж. Не очень-то посидишь в Интернете или в кресле у телевизора, если ребенок кричит и упорно не желает ложиться спать. Когда жена занимается ребенком, на мужчину возлагаются дополнительные обязанности. А к этому готовы не все. К тому же порой женщины начинают критиковать все, что делает молодой отец, мол, не так кормишь, не так нянчишь, не так играешь.

Все свое внимание жена переключит на ребенка, а я останусь в одиночестве.

Да уж. Девочка вырастает и становится женщиной, а мальчик вырастает и становится мужчиной, а по сути тем же мальчиком, только большим, которому тоже нужны внимание и забота. После рождения ребенка у молодых родителей появляется куча дополнительных забот, и женщине действительно приходится уделять своему любимому меньше времени. Не потому вовсе, что он ей надоел или ей этого не хочется, просто ребенок отнимает львиную долю времени.

Что делать?

Уверяю: многим женщинам не приходило в голову, что мужчины могут бояться стать отцами по этим причинам. Более того, эти резоны могут показаться несерьезными. Но мужчины так думают. Поэтому рекомендую переговорить с мужем (женихом) о том, что многие из его страхов наверняка являются вымышленными, ведь не зря говорят, что у страха глаза велики.

Если муж опасается, что «не потянет» финансово, договоритесь с ним, что, пребывая в декретном отпуске, не будете требовать от него чрезмерных трат. Согласитесь, лучше обойтись без привычного обилия подарков, чем остаться без любимого мужчины. Кстати, известно немало случаев, когда, став отцом, мужчина начинал больше зарабатывать и делал успешную карьеру.

Постарайтесь убедить любимого в том, что после рождения ребенка вы не перестанете следить за собой и в течение нескольких месяцев восстановите форму.

Занимаясь ребенком, следует уделять внимание и его отцу (тоже живой человек все-таки). Многие молодые папы охотно возятся с детьми, только не следует излишне перегружать их домашними обязанностями, они ведь еще и на работу ходят как-никак. А вот высыпаются далеко не всегда. Ночной плач маленького человечка вынуждены слушать все, включая соседей. Мама с бабушкой могут немного поспать днем, а вот папа не имеет такой возможности. Но ведь он же не робот.

Ну а если мужчина категорически не хочет ребенка, потому что рассматривает кое-какие альтернативные варианты на личном фронте... Тогда ребенок не спасет семью, только добавит проблем своим родителям. Подумайте, стоит ли вам иметь дело с таким мужчиной.

Рекомендации. В завершение хочу сказать: когда мужчина и женщина любят друг друга, бытовые проблемы – связанные с рождением ребенка в том числе – легче воспринимаются и проще решаются.

Отец – ребенок – отчим

Про то, как плохо живется детям с мачехой, написано немало народных сказок. Но я почти не знаю произведений, где рассказывалось бы о жизни с отчимом. Такое впечатление, что в те времена, когда складывались эти сказки, женщины с детьми либо второй раз не выходили замуж, либо ребенок всегда оставался с отцом. Не знаю, к счастью или к сожалению, но наша жизнь далека от сказки. И в наше время при разводе ребенок чаще всего остается с матерью, а с папой, бабушками и дедушками со стороны отца видится лишь время от времени или не видится вовсе. Как избежать конфликта в треугольнике «отец – ребенок – отчим»? Как мирно существовать между двух огней и сохранить хорошие отношения с «бывшими» и «новыми» родственниками? Чтобы решить эту кучу вопросов, необходимо их хотя бы как-то систематизировать. Об этом и поговорим.

Начнем с «бывших» родственников.

За границей супруги довольно часто заранее расписывают в брачном контракте свои обязанности по отношению к детям при разводе, распределяя, с кем остается ребенок, как часто другой родитель должен с ним видеться, величину материальной поддержки и т.д. К сожалению, в нашей стране подобная практика еще редкость, и чаще всего решать проблемы приходится не заранее, а по мере их возникновения. Причем возникают они обычно не поочередно, а оптом. И приходится сразу принимать не одно, а несколько ответственных решений.

Папа бывшим не бывает

Говорят, что до тех пор, пока мужчина любит женщину, он боготворит и плод их любви – своего ребенка. А как только любовь к жене проходит, ребенок тоже перестает его интересовать. К счастью, не все мужчины способны каждый раз начинать жизнь с чистого листа, оборвав все прежние связи и забыв о своих детях. Попадаются и такие (кстати, довольно часто), которые весьма ответственно относятся к своим отцовским обязанностям и даже после развода стараются принимать активное участие в воспитании ребенка.

Хотите вы или нет, но родной отец и его родственники в той или иной степени всегда будут присутствовать в жизни вашего малыша. Это вы разлюбили мужа (или он вас), но к ребенку произошедшее не имеет никакого отношения. И если папа и дедушки с бабушками горят желанием по-прежнему общаться с малышом, вы не вправе им мешать. Помните, *папа бывшим не бывает*, впрочем, как и дедушки с бабушками. Хотя теперь они и не живут с ним под одной крышей, но каждый из них имеет свое место в душе малыша. Ведь до развода он одинаково сильно любил и маму и папу и не делал разницы между дедушками и бабушками. Все они для него – родные люди. И после развода ничего не меняется. Вы расстаетесь с мужем, но не имеете права лишать ребенка родного отца, а отца – своего отпрыска.

В ваших интересах после развода поддерживать отношения не только с бывшим мужем, но и с «бывшими» родственниками. Даже если взаимоотношения складываются не лучшим образом и они считают вас виновницей происходящего, вы не вправе навязывать ребенку свои мысли, чувства и суждения относительно них. Если бабушки и дедушки по-прежнему горят желанием видеть внука (внучку), воспользуйтесь этим. Только желательно, чтобы первое время после развода эти встречи проходили в вашем присутствии. Нужно убедиться, что они не настраивают ребенка против вас и не используют его как «шпиона», выпытывая у него подробности вашей личной жизни.

Со временем ребенок сам поймет, кто прав, а кто виноват, и решит, стоит ли ему поддерживать контакты с «бывшими» родственниками. А пока стройте с ними такие взаимоотношения, при которых малыш будет ощущать себя любимым всеми. По крайней ме-

ре, для него они кровные родственники, которых у нас не так много и которыми не стоит бросаться. Конечно, каждый конкретный случай нужно рассматривать в отдельности. Но если ваш бывший муж не алкоголик, а его родственники не шайка бандитов с большой дороги, то малышу общение с ними пойдет только на пользу.

Никогда не ругайте бывшего мужа в присутствии малыша, он был и останется для него «самым лучшим». Наоборот, ставьте его в пример, ведь есть же у него какие-то положительные качества – детям надо кому-то подражать (особенно мальчикам). Общение с бывшими родственниками важно для маленького человечка, и вы не вправе наказывать его за не сложившиеся между вами, взрослыми людьми, отношения. Не надо делать из развода трагедию для ребенка, даже если это трагедия для вас лично. Постарайтесь найти независимый объект для выплеска эмоций (маму, подругу, сестру). А ребенок должен быть уверен, что родители разошлись по взаимной договоренности, а не потому, что один из них «хороший», а другой «плохой». И помните, участие бывшего мужа и его родственников в воспитании ребенка не является препятствием для вашей новой счастливой семейной жизни.

Жертва ради чего?

Не секрет, что развод родителей (как бы мирно он ни происходил) для ребенка является психологической травмой. А появление «второго папы» – это двойная травма. Многие женщины после развода боятся создавать новую семью, как они сами говорят, «ради ребенка». Они уверены, что, выходя замуж второй раз,

тем самым предают свое дитя. Это ошибка! Конечно, никто не заменит родного отца, но когда взрослые принимают какое-либо решение, ребенка, как правило, ставят перед фактом. Все родители считают своих детей наивными и несмышлеными, причем совершенно не важно, сколько им лет – пять или пятнадцать. На самом деле дети гораздо умнее нас, взрослых. Возможно, они еще чего-то и недопонимают, но зато все чувствуют. Поэтому прежде, чем принимать какое-то решение, а уж тем более приносить себя в жертву ребенку, поинтересуйтесь его мнением. Иногда даже четырехлетний карапуз может дать вам дельный совет. Отказываясь от своего счастья, вы считаете, что приносите себя в жертву ребенку. Но нужна ли ему эта жертва? Вряд ли через десять-пятнадцать лет он скажет вам спасибо за то, что вы так поступили.

Пример: Когда я была маленькой, у меня была подруга. Мы проводили вместе много времени, делились сокровенными секретами и, естественно, часто ходили друг к другу в гости. Потом она вдруг переехала в другой район. Мы по-прежнему созванивались практически каждый день, часто встречались, и иногда она приезжала ко мне в гости. Но к себе не звала и от вопросов о причине переезда в новую квартиру ловко уклонялась. Нам тогда было лет по десять. И только к окончанию школы она открыла мне свою «страшную тайну». Оказывается, причиной переезда в другой район послужил развод родителей и, как следствие, размен квартиры. Тому, как тщательно скрывала этот факт маленькая девочка, мог бы позавидовать опытный партизан. Но, по ее собственному признанию, стеснялась она не развода как такового, а одиночества своей мамы, которая не пожелала снова выходить замуж и поставила крест на своей семейной жизни «ради дочери».

Жертвуя ради ребенка своим счастьем, вы взваливаете на него непосильную ношу. Ведь теперь только он способен сделать маму счастливой или несчастной, только от его успехов и поведения зависит мамино настроение. Конечно, вряд ли мама это говорит открытым текстом, но кроха очень тонко все чувствует и боится не оправдать ожиданий. В результате у такого ребенка возникает масса психологических комплексов. У детей, чьи родители развелись, а мамы так и не решились снова выйти замуж, во взрослой жизни зачастую возникает множество проблем: во взаимоотношениях с противоположным полом, в самооценке, в карьере.

Если вы не собираетесь повторно выходить замуж – не замыкайтесь на ребенке. У вас должна быть своя личная жизнь: работа, друзья, увлечения, мужчины. Не делайте воспитание ребенка своей единственной целью в жизни, ради которой стоит забыть обо всем. Не обрушивайтс на него всю нерастраченную любовь и ласку. Его хрупкие плечи (и нервная система) могут не выдержать этот груз, и через несколько лет вместо ожидаемой благодарности вы услышите от повзрослевшего чада одни упреки: «А тебя никто не просил ничем жертвовать ради меня». Старайтесь, чтобы в доме чаще бывали мужчины: коллеги по работе, мужья подруг, дедушки и просто знакомые.

Вторая попытка

Вы долго думали и наконец решились на вторую попытку. Может, на этот раз получится создать счастливую семью? Единственное, что омрачает ваши ожидания – страх за ребенка. Поладит ли он с отчимом?

Не перестанет ли вам доверять? Психологи утверждают, что если у ребенка с отчимом и новыми родственниками не сложились отношения, то виновата в этом в первую очередь мать. Здесь важно все: и как вы разводились, и как в первый раз привели отчима в дом. Многие женщины подсознательно воспринимают ребенка как помеху для устройства личной жизни. Как правило, дети это чувствуют и отдаляются от матери, а к новому папе настроены враждебно.

Система связей малыша в новой семье непростая: появляется еще один папа и, возможно, еще и дедушка с бабушкой. Маленькому человечку пока весьма непросто разобраться в «карте» запутанных отношений близких ему людей. Ваша главная задача – освободить ребенка от бремени взрослых проблем. Выбрав правильную тактику поведения, из сложившейся ситуации можно даже извлечь пользу.

Прежде всего постарайтесь установить с ребенком дружеские отношения. Только на полном доверии можно строить счастливую семейную жизнь. Ребенок должен чувствовать, что его мнение для вас важно. Не заставляйте малыша называть отчима папой. Конечно, дети до детсадовского возраста в основном достаточно легко соотносят понятие «отец» с любым мужчиной, который живет вместе с мамой и любит их. Но папа может быть только один, и он у малыша уже есть. *Папа – это величина постоянная, а отчим – переменная.* Ведь никому не известно, скольких мужей вы смените. А новый муж для ребенка пока что чужой человек. Но при правильном подходе он может стать для крохи не просто «чужим дядей», с которым приходится жить под одной крышей, а старшим другом. Предоставьте ребенку право иметь собственную точку зрения и уважайте ее, даже если она не совпадает с вашей. Он не обязан любить «нового папу», но должен относиться к нему с уважением, как к любому взрослому.

Если с отчимом отношения наладились, то с новыми бабушками и дедушками проблем обычно не возникает. Дети дошкольного возраста к их появлению относятся с радостью, ведь теперь у них стало еще больше родни, значит, будет больше подарков. А вот более взрослым детям не стоит навязывать общество «новых» родственников – это дело привычки. Главное, чтобы «новые» не лезли к ребенку в душу. Пройдет некоторое время, и он сам перестанет проводить границу между «бывшими» и «новыми».

Отец или отчим? Нет места выбору!

Как иногда хочется начать все сначала! Забыть о первом неудачном замужестве, ведь теперь рядом есть человек, с которым вы готовы прожить всю оставшуюся жизнь. Зачем ребенку вспоминать про его настоящего «непутевого» папашу? Сейчас рядом есть человек, готовый взять на себя роль папы, и этим надо пользоваться. А всегда ли это правильно?

Вот история одной моей клиентки. Ее зовут Ольга. Она после развода сумела сохранить с бывшим супругом хорошие, дружеские отношения. Он регулярно навещал их пятилетнюю дочку, проводил с ней все свободное время, а летом возил в гости к своим родителям. Вроде бы все складывалось замечательно, но спустя несколько лет Ольга снова вышла замуж, и тут начались проблемы. До свадьбы новый супруг спокойно относился к визитам бывшего мужа и даже поощрял его отцовское рвение, когда тот забирал девочку на выходные. Но получив свидетельство о браке, он решил навести свои порядки в доме, где возомнил себя главой семьи. В присутствии ребенка он провел с отцом «мужской разговор», объяснив, что теперь ему лучше исчезнуть из их жизни, чтобы не травмировать девочку. «У ребенка может быть только один папа, теперь это я, и в бывшем папе она больше не нуждается». Моя клиентка пыталась слабо протестовать, но она слишком любила нового мужа и боялась его потерять. В результате девочка виделась с отцом тайком от отчима на нейтральной территории, а маме перестала доверять, хотя Ольга не противилась этим встречам, лишь всячески скрывала их от нового мужа. Но все тайное когда-нибудь становится явным. Узнав о том, что его обманывают, второй супруг подал на развод. Сейчас Ольга заново строит отношения со своей дочкой. Она понимает, что вела себя очень глупо и безрассудно, пойдя на поводу у второго супруга.

Порвать старые связи просто, но где гарантия, что на их месте образуются новые, такие же прочные?

Рекомендации.

Постарайтесь устоять перед соблазном начать все заново и разорвать прежние связи. С появлением отчима вы не вправе прекращать общение ребенка с бывшим мужем. Он и его родители по-прежнему имеют полное право принимать участие в воспитании своего ребенка (внука). Если новый муж заставляет вас сделать выбор «или он, или я», не поддавайтесь: таким образом вы предадите своего ребенка. Еще до второго замужества обговорите с новым супругом эти вопросы. Он должен понимать, что папа — это навсегда. В противном случае вы потеряете не только нового мужа, но и доверие своего ребенка.

Как сохранить любовь

Молчать, ссориться или спорить?

> Наша беда в том, что мы привыкаем к своим ближним и постепенно начинаем считать, что уж им-то мы можем сказать все, что мы о них думаем. Вот и получается, что самые родные слышат друг от друга столько грубостей и гадостей, сколько им не сказали за всю жизнь все их злейшие враги, вместе взятые. Остановитесь! Неужели вам нравится причинять боль вашим близким?
>
> *Мать Тереза*

Семейная жизнь представляется тихой и спокойной только молодоженам. Им еще предстоит узнать, сколько непонимания таится в семейных отношениях, какие страсти кипят на кухне или в спальне. Во многих семьях не выработана программа мирного решения проблем. Давайте поговорим о наиболее типичных способах конфликтного реагирования и решим, что лучше: молчать, ссориться или спорить?

Молчим?

Начну с примера: Юля, 27 лет, в браке уже шесть лет. Растят с супругом ребенка. С недавнего времени Юлю начало беспокоить то, что у них с мужем довольно часто бывают ссоры, которые заканчиваются молчанием. Оно может длиться несколько дней. Обстановка в это время в доме становится напряженной. Юля делает попытки поговорить, обсудить то, из-за чего произошла ссора, но муж упорно молчит. В последнее время молчание длится все дольше. Что же делать в этой ситуации?

Почему же дорогие друг другу люди, вместо того чтобы обсудить проблемы, замолкают, и порой надолго? Этому есть несколько причин.

Переход на личности

Иначе говоря, супруги не умеют по-другому. Возможно, у кого-то из них (или у обоих) в родительской семье мама и папа пользовались именно этим способом. А стереотипы, привнесенные из коренной семьи, наиболее живучи.

Боязнь испортить

Часто люди, понимая, что ссора может зайти слишком далеко, просто замолкают. Это защитная реакция, чтобы не дать себе наговорить лишнего.

Желание обидеться

Обиженное молчание – это детская реакция родом из дошкольного периода. Именно тогда, не умея и боясь ответить родителям, мы обиженно замолкали и отворачивались в надежде, что они поймут: мы требуем утешения и признания нашей правоты. То же самое мы хотим показать и партнеру.

Обиженное молчание стоит отличать от мудрого умения промолчать. Иногда стоит «наступить на горло собственной песне» и не говорить всего, что накопилось в отношении партнера, если, конечно, вы не планируете, что эта ссора станет эффектным финалом вашей семейной жизни. Мудрое умение промолчать не вызывает многодневного отсутствия общения, оно помогает выйти из конфликта с наименьшими потерями, чего нельзя сказать о демонстративном: «Я так обижен (обижена), что не желаю с тобой говорить».

Как правило, после периода молчания (несколько дней, недель) стороны мирятся. Они не в силах больше слушать «звенящую тишину», поэтому когда один предлагает мир, второй с облегчением соглашается.

Но при этом они не затрагивают проблему, которая привела к ссоре! Они боятся обсуждать ее, так как снова могут поссориться. А проблема, оставаясь невыясненной, так и остается в «копилке», которая снова рано или поздно переполнится. Поэтому обиженно-демонстративное молчание – это не выход, а тупик.

Ссоримся?

Пример: Марина и Сергей считают себя очень темпераментными людьми. Это проявляется в громких скандалах друг с другом. Причиной для раздражения может служить любая мелочь: от немытой чашки до революции на Кубе. Марина и Сергей уверены, что кричать друг на друга нормально и даже... полезно! «Мы такие люди! Не держать же все в себе! Нам легче становится!» – утверждают они. Вот только со временем это поведение привело семью, в которой уже родился ребенок, к предразводной ситуации...

Некоторые люди настолько привыкают реагировать на любой стимул раздражением, что просто не понимают, как можно жить по-другому. Этот стереотип поведения, скорее всего, также был подсмотрен в родительской семье, когда оба родителя (или один из них) возмущенными криками реагировали на недосоленный суп, разбитую чашку, оценку в дневнике. А уж если таких потенциальных «скандалистов» в семье двое... Что же такое ссора?

Переходя на личности

Партнеры припоминают все плохое, что знают друг о друге. Негативный поступок (или иной взгляд на ситуацию) обобщается как черты характера: «Ты безответственный», «Ты плохой отец», «Ты ничего не понимаешь».

Кто кого?

Они хотят «надавить» друг на друга, навязать свою точку зрения, которая воспринимается как единственно правильная.

Самооправдание

Хотя обеим сторонам кажется, что они решают проблему, на самом деле это не так. Внутренние цели, которые реализуются в ссоре, – это повышение собственной самооценки за счет другого, самооправдание, подтверждение собственной невезучести.

Защита – нападение

В ссоре один супруг нападает, а второй защищается, а затем они меняются ролями. Но, защищаясь, человек совершенно не способен понять точку зрения другого! Он ищет себе оправдания и, как правило, находит их, продолжая обвинять партнера и навешивая ярлыки.

Оба партнера чувствуют себя в конечном счете неудовлетворенными: и проблему не решили, и поссорились. Иногда только один из супругов следует такому стереотипу поведения. Тогда ссора – это почти монолог с битьем посуды, хлопаньем дверьми, сборами чемодана (своего или партнера). Люди, привыкшие к такому стилю «общения», часто говорят, что по-другому они не могут. Вроде бы «все понимают», но... не могут! Но так ли это на самом деле? Кому-то действительно трудно сдержаться, особенно если речь идет о «взрывоопасных» холериках. Правда, они быстро вспыхивают, но так же быстро и остывают. Но не всегда дело только в темпераменте. Порой люди позволяют себе такое поведение, искренне считая, что оно благотворно: раздражение выплескивается, а не копится. Вот в этом и таится ошибка.

Да, раздражение выплеснуто. Но куда? На партнера, любимого человека? И теперь у него внутри та же энергия раздражения, которая тоже требует выхода. Вы этого добивались? Теперь партнер либо выплеснет все на вас, образуя «порочный круг» ссоры, либо затаит в себе, подрывая собственное здоровье. И один, и другой варианты одинаково плохи. Иногда для того, чтобы перестать реагировать агрессивно, нужно просто понять, что на самом деле это плохой способ. Нужно поверить, что именно такой «итальянский» стиль решения проблем может разрушить ваши отношения. И если вы именно к этому стремитесь – продолжайте говорить о том, что «хотите сдержаться, но не можете», и кричать на партнера.

Если ваша цель – сохранение отношений, то постарайтесь измениться. Ссоры с выяснением отношений – один из худших вариантов, который не ведет к решению проблем, а лишь закрепляет их. Свидетелями ссоры, безусловно, не должны становиться дети. Для них сильная травма – видеть, что семья «не вместе», к тому жс им можст привиться нсэффсктивный механизм решения проблем.

Спорим?

Пример: Олег и Наталья, супруги со стажем, говорят, что никогда не «выясняют отношения», а только проясняют проблему. В семье царит доверие и уважение, растут спокойные дети. К тому же у них есть золотое правило – никогда не обсуждать серьезные вопросы после 21.00 или если очевидно, что один из супругов устал или болен.

Так в чем же различие между ссорой и конструктивным спором? **Итак, признаки конструктивного спора.**

Партнеры испытывают уважение друг к другу и высказываемым мнениям.

Этот признак проявляется в следующем:

1) они готовы выслушать точку зрения друг друга;
2) они понимают, что цель спора – решить проблему;
3) они говорят только о проблеме, не отвлекаясь на обсуждение личных качеств друг друга. Если проблема затрагивает именно проявления характера, то партнеры говорят не «Ты – плохой», а «Ты поступил плохо», что не затрагивает достоинства и дает возможность для исправления;
4) если соблюдены все правила, то оба партнера чувствуют себя удовлетворенными, и это позиция «выиграл – выиграл».

Спорить таким образом можно даже в присутствии детей, это научит их решать проблемы цивилизованно. И конечно, даже конструктивный спор не стоит начинать, если вы или партнер чувствуете себя уставшими, больными. В таком состоянии мы хуже контролируем себя и можем «сорваться» на ссору. Даже если вы оба приходите домой только после 22.00, учитесь спорить культурно! Возможно, для этого понадобится больше самоконтроля, но оно того стоит.

Чтобы научиться спорить конструктивно, нужно этому учиться. Как и многое другое, умение решать проблемы таким образом – это социальный навык, невозможный без тренировок. Поэтому – спорьте, но не допускайте ссор!

Нестандартный подход

Если вы понимаете, что спор перешел в ссору, можно использовать несколько нестандартных приемов, которые помогут выйти из ссоры с минимальными потерями. Главное – в пылу ссоры вспомнить о том, что возможны приемы ее купирования.

Против третьего

Вы наверняка помните, как в детстве ссорились ваши родители, и стоило вам к ним подойти, они становились единодушны в недовольстве вами? Это и есть метод «виноватого третьего». Вы можете использовать этот способ, но только не против детей. Попробуйте в ссоре затронуть тему каких-то общих знакомых, в отношении которых вы оба единодушно отрицательно настроены. Вы увидите, что ваше недовольство друг другом станет гораздо меньше!

Больше юмора!

Постарайтесь рассмешить партнера, даже если вам не до смеха. Кто-то пытается выразить эмоции пантомимой, кто-то вспоминает «к месту» анекдот, а кто-то делает нечто нелепо-неожиданное, но смешное. Если вы вместе рассмеялись, недовольство друг другом пойдет на убыль.

Пишите письма

Этот способ ужс для тех, кто поссорился всерьез. Иногда то, что трудно сказать вслух, можно написать. Хорошо, если это будет настоящее письмо, написан-

Рекомендации.

Ссора — это процесс обоюдный. Признайте свои ошибки и попросите прощения. К сожалению, у многих людей существует стереотип, что, извиняясь, они теряют свое достоинство. На самом деле люди, умеющие извиняться и признавать свои ошибки, вызывают чувство уважения, ведь это говорит о том, что они люди мыслящие и смелые. Ваши извинения могут помочь и партнеру признать свою неправоту — ведь его больше не обвиняют, а значит, не надо защищаться. И любыми способами старайтесь разрушить «стену молчания».

ное ручкой на бумаге. Но на крайний случай подойдет и электронное послание (хотя его ценность куда меньше). Если вы решили написать такое письмо, продумайте его. Говорите о своих чувствах, старайтесь, чтобы обвинений в адрес партнера было как можно меньше. Обязательно закончите письмо оптимистично.

Стоит ли возвращать бывших?

Все мы крепки задним умом. Как часто мы совершаем какие-то поступки, а потом горько сожалеем о них! Особенно к этому склонны женщины. Чтобы убедиться в этом, достаточно лишь открыть платяной шкаф и посмотреть, сколько в нем ненужных кофточек, купленных по первому порыву. А сколько раз вы клеили понравившиеся обои, а затем отрывали их и приклеивали новые? Но это все безобидные ошибки, а вот если вы порвали отношения, а затем пожалели об этом, то можно ли (и нужно ли) исправить ситуацию? Например, такую:

«Здравствуйте! Пишу вам за свою подругу, она стесняется. Недавно она порвала со своим мужем: выгнала его из дома, наговорила много гадостей. А теперь вот сидит и ревет, хочет вернуть, так как поняла, что переборщила. Да и правда, причина размолвки оказалась пустяковой. Ну вот такая дурочка! Сидим вот вместе и ревем, не знаем, что делать. Может, посоветуете что-нибудь?»

Комментарии. Это рано или поздно случается со всеми – сначала вы расстаетесь, и в то время это кажется единственно верным решением. Но проходят дни, недели, месяцы, а боль и одиночество все не утихают, и вот вы уже начинаете сожалеть о разрыве. Но перед тем как вы снимете трубку телефона и наберете заветный номер, подумайте хорошенько, стоит ли наступать на те же грабли?

Двойственные чувства абсолютно естественны

Если ваш бывший изменял вам или так или иначе применял насилие или агрессию, то, скорее всего, вам вряд ли стоит сожалеть о расставании. Но что, если вы просто «не сошлись характерами»? Или обстоятельства сложились неблагоприятным образом? Или расставание было слишком внезапным и произошло под влиянием неожиданно вспыхнувшей ссоры?

Если вы не можете точно сформулировать причину вашего расставания или считаете, что поспешили с разрывом, для начала позвольте себе сомневаться. При резком переходе от жизни с партнером к одиночеству вы естественно будете чувствовать грусть и опустошенность. Как и при любой другой потере должен пройти какой-то период «траура», во время которого вы неизбежно будете горевать. Постарайтесь, пока не пройдет период адаптации, не оглядываться назад и не ставить под сомнение ваше решение о расставании.

Вспомните о причинах расставания

Времени и расстоянию свойственно смягчать ваше видение ситуации, поэтому так легко, оглядываясь на прошлое, видеть только положительные стороны вещей. Известно также, что многие вещи кажутся нам лучше только потому, что они не наши. Но ведь у вас были какие-то серьезные доводы в пользу вашего расставания. Самое время детально вспомнить их. Доверяйте себе и своей интуиции. Если когда-то ваши отношения казались не совсем хорошими, то, может быть, они действительно были такими? Тогда что заставляет вас думать, что положение дел изменится?

Может быть, в некоторых случаях попробовать воссоединиться и стоит, но в реальности такое «возвращение к прошлому» редко бывает удачным. Почему? Расставание – очень серьезный и трудный шаг для обеих сторон. Если оно произошло, то для него были веские основания. Перед тем как думать о примирении, необходимо досконально понять, что это были за причины и можно ли их устранить. В каждых неудавшихся отношениях присутствует один общий фактор: *ожидания и жизненные потребности одного из партнеров не были удовлетворены.* Эти потребности не зря называются жизненными – существовать без них невозможно. Почему это произошло – другой вопрос. Возможно, второй партнер не захотел их удовлетворить, а может, эти потребности были завышены.

Отношения, в которых оба партнера имеют сходные потребности, обычно бывают удачными. Отношения, в которых партнеры имеют разные потребности, но стараются удовлетворять потребности друг друга, тоже успешны. В этих случаях воссоединение бывших партнеров возможно и шансы на него высоки. Но отношения, в которых у одного или обоих партнеров имеются потребности, неприемлемые для другого, рано или поздно обречены на провал. Например, если один партнер рассматривает брак как единение двух душ, любовь и тепло, тогда как для второго находиться в браке всего лишь удобно или выгодно, вряд ли потребность первого в любви будет надолго удовлетворена. Или может быть так, что для женщины первоочередной потребностью является желание быть матерью, а мужчина отказывает ей в этом. Такие отношения вряд ли можно исправить после расставания, ведь жизненные потребности закладываются в подсознание еще в раннем детстве и чрезвычайно трудно поддаются коррекции, если вообще поддаются.

Смотрите на вещи реально

Если вы не можете выбросить из головы своего бывшего, спросите себя, почему это происходит. Очень часто мы чувствуем, что поспешили расстаться, только потому, что пока не встретили какого-то другого мужчину. Как известно, «клин вышибают клином». Нельзя возобновлять неудавшиеся отношения только из-за боязни остаться одной. Не думайте, что отношения исправятся сами по себе и только потому, что прошло какое-то время. Нет, все когда-то возвращается на круги своя. А шансы на то, что вы еще встретите свое счастье, есть, и они довольно велики.

Но если решение о воссоединении вами все же принято, приступайте к сближению очень осторожно. К несчастью, многие женщины, стремясь быстрее помириться, начинают делать такие вещи (естественные, впрочем, в их состоянии), которые неосознанно еще больше отталкивают бывшего партнера.

Так чего же НЕ НАДО делать при попытке вернуть своего бывшего?

1. Не показывайте ему свое отчаяние и горячее желание вернуть все как было, как бы вам этого ни хоте-

лось. Не давите на жалость. Это может ухудшить ситуацию настолько, что партнер начнет вас просто избегать. Вы должны подавать себя как независимую сильную личность. И не просто демонстрировать это, но и быть ею!

2. Не извиняйтесь за разрыв, кто бы ни был его инициатором, и не клянитесь, что отныне все будет по-другому.
3. Не используйте деньги, детей или ревность в качестве шантажа.
4. Не стоит торопить время, не думайте, что ваш бывший бросится вам на шею при первых намеках на сожаление. Затевать примирение, когда вы не совсем уверены, очень жестоко по отношению к вашему бывшему партнеру, особенно если расставание было для него болезненным.

Предлагаю рассмотреть ситуации, когда женщина совершает ошибку в желании вернуть партнера.

Первый вариант: вы, как интеллигентные люди, остались «друзьями». Это значит, что вы продолжаете с ним встречаться, даете ему советы, когда он в них нуждается, ухаживаете за ним, помогаете по хозяйству и время от времени занимаетесь с ним сексом. Все эти усилия вы объясняете так: «Почему вдруг, после стольких лет близости, я должна притворяться, что мне наплевать на него?» Но главное, вы искренне верите, что партнер дорожит вами, если не может расстаться с вами окончательно.

Второй вариант: Он вас бросил, но вы не собираетесь отдавать ему его вещи, потому что уверены: он передумает. Вы звоните ему, пытаясь переубедить и призывая одуматься. Вы убеждены, что он вас любит и что это просто очередная ссора, ведь мужчина не может просто так говорить: «Я тебя люблю». Не может же он приглашать в дорогие рестораны, тратить деньги на подарки, знакомить с друзьями, а потом просто передумать? Нет, у него лишь плохое настроение, и вы не верите тому, что он говорит относительно вашего разрыва.

Хотите знать правду?! Вас перевели в статус прислуги, которой не надо платить деньги и с которой можно заниматься сексом. Что бы вы ни предпринимали, вы его не переубедите, потому что мужчина не меняет решений и действует по принципу: «Умерла так умерла».

Подумайте о том, что впоследствии вас будет мучить мысль не о том, как сильно вы не хотели терять мужчину, для которого давно стали пустым местом, а о том, как вели себя во время расставания. Даю слово, что вам трудно будет избавиться от неприятных воспоминаний о том, как вы порвали на куски его одежду или выкинули его любимый кактус с балкона, как убирали его квартиру или занимались сексом, в то время как ваша самооценка падала «ниже плинтуса». Не надо переоценивать силу секса, особенно в отношениях с человеком, с которым вы занимались этим очень долго. Расставание предполагает полное отсутствие разговоров, встреч, прикосновений... Держите руки при себе. Не становитесь «ковриком», о который вытирают ноги.

Запомните мой совет: *Всегда будьте на высоте. Останьтесь верной себе. Шикарная женщина уходит с высоко поднятой головой, исполненная грации и изящества. А умная женщина всегда знает, как вернуть любимого мужчину и при этом сохранить свое достоинство. Выбор за вами.*

В заключение. Заветы моей бабушки

Завет первый:
Не убивай в мужчине ОХОТНИКА.

Моя бабушка, исполненная чувством собственного достоинства, никогда ни за кем не бегала. За мужем, военным летчиком, – ездила, а вот за женихом – нет. В смысле, пока он был женихом, бегать за ней был обязан именно он. «Деточка, – мягко говорила бабушка, – то, что мужчины говорят и думают, не всегда совпадает. Он может говорить, что любит тебя, но ты никогда не должна лезть впереди него. Приезжать за тобой должен мужчина, предложение делать только он, вся инициатива отношений должна исходить от него. Мужчина должен захотеть тебя не купить, а завоевать. Они, моя дорогая, все эгоисты, поэтому ценят только то, во что вложились. Чем больше времени и сил он потратил на тебя как на добычу, тем ценнее будешь для него. Смотри – это как на охоте. Гоняясь целый день за простой куропаткой, чтобы в конце концов ее подстрелить, он будет часто вспоминать ее всю оставшуюся жизнь!!! Пойми это!

Ты девочка активная, сдерживай себя. Если мужчине надо, он горы для тебя свернет, а если ты начнешь сворачивать горы, то надорвешься... Не надо...»

Завет второй:
Никогда не лезь впереди мужчины

Как-то к соседу Вите, увлеченному компьютерщику, приехала невеста. Алла, киевская барышня, решила выйти замуж через Интернет, где и познакомилась с Витей. Что собой представлял Витя – это отдельная история. К нему в комнату нельзя было войти без противогаза, но Алла вошла и даже спала с ним в этой комнате.

«Какая неумная девочка эта Аллочка, – специально для меня сказала бабушка. – Надо же так себя не уважать, самой приехать к жениху... Вот увидишь, ничего хорошего у нее не получится». И была права. Хотя через три года Аллочка и женила Витю на себе, их брак был обречен изначально. Как говорила бабушка – потому, что начался с инициативы Аллочки. С дурной бабской инициативы.

Завет третий:
Не торопись,
или Утро вечера мудренее

– Девочка моя, – говаривала бабушка, – ты куда торопишься? Смотри, не торопись, а то успеешь...

– Что бы это значило, ба? – каждый раз спрашивала я.

– Ну, у тебя есть ситуация, ты что-то там чувствуешь, например, ты возмущена. Глупо сразу свое возмущение выплескивать. Зачем ты торопишься высказать свои мысли и чувства? Ты что, не можешь подождать и обдумать? Ты, конечно, можешь выплеснуть, но если ты подождешь и первый накал пройдет, ты получишь все, что хочешь. А если будешь идти на поводу у первых, причем дурных мыслей, ты всегда будешь в проигрыше. Бери паузу, думай. Возьми себе за правило отвечать утром на то, что тебе сказали вечером.

Завет четвертый: Женщина – принимающий сосуд

В наших задушевных беседах, вечером, на кухне, за чашкой чая, когда я рассказывала бабуле очередную свою любовную историю, она не переставала напоминать мне этот завет: «Ты женщина – ты принимающий сосуд», в ответ на что я, конечно, в силу своей молодости и неопытности, всегда возмущалась.

– Бабуль, ну это двусмысленно... я абсолютно против быть сосудом, да еще и принимающим. Я, бабуль, себя не на помойке нашла, я – личность... равенство и братство, все по-честному.

– Нет, деточка, ничего честного никогда не будет... ничего равного тоже. Женщина, как зеркало, может только отражать любовь... ТВОРЕЦ – мужчина, он же Созидатель. Женщина – хранительница. Женщина ничего толкового сделать не может.

(Я просто рыдала от такого шовинизма. Это я-то не могу? Да я еще фору дам! Ну, дурочка была, молодая.)

– Ну, ты, бабуль, даешь!! Разве у нас мало творческих, талантливых женщин? Ахматова, Склодовская-Кюри...

– Не знаю... – говорила бабушка. – А они счастливые, эти твои талантливые женщины? Женщине положено не созидать, а только хранить и беречь. Женщине положено не любить, а только принимать любовь и быть любимой. Ты очень талантливая девочка, но если твои таланты не огранит Творец-мужчина, то пропадут они и дел твоих никто не увидит.

– Бабуль, ну ты посмотри, какие нынче мужики-то...

– Девочка, не каждый мужчина – Творец, но каждый Творец – мужчина. Ищи своего творца и запомни, что сама ты никогда и ничего не сделаешь, даже не пытайся!

Завет пятый: Женщина должна вести дом

Если хочешь получить от мужчины все, что тебе нужно, запомни: «Женщина для мужчины – это объект удовольствия и удобства. Удобство дается в комплекте – бесплатно». Женщина должна уметь готовить, это очень важно в семейной жизни. Твой муж должен быть всегда сыт, чисто одет и доволен.

– Бабуль, а почему это я должна его обслуживать? – снова возмущалась я. – Он что, безрукий? Мне они и дома надоели, как пожрать – так первые, а как посуду помыть, так нету никого. Я им (отцу, брату) готовлю, я же за ними и мою? И мне еще и мужа на шею посадят?

– Слушай меня, – сердилась бабуля. – Женщина должна вести дом, задавать тон. Это ее святая обязанность, вся готовка, стирка, уборка должны делаться незаметно и желательно в отсутствие мужа. Ну, по выходным лучше тебе пораньше встать, поставить тесто и к обеду порадовать семью пирогами.

– Бабуль, муж, стало быть, будет спать, а я, как Золушка, ему тесто месить? Почему я-то?

– Потому что он мужчина, он имеет право на хороший дом. Зачем же он на тебе женился? Если ты так будешь думать, муж от тебя сбежит.

– Бабуль, но я же тоже буду работать!

– Да, только мужчина зарабатывает на семью, а женщина работает для собственного удовольствия. Будешь работать – денежки свои припрячь. Это только твое. Сумеешь расставить приоритеты, будешь жить с мужем счастливо. Мужчина и гордыня – понятия несовместимые. Либо мужчина, либо гордыня.

Ниже я привожу бабушкины рекомендации о том, как обращаться с мужем:

- Не разговаривай с ним, когда он пришел с работы. Накорми, дай передохнуть и настроиться на добрый семейный лад. Даже если случилось что-то важное, с порога не выплескивай.
- Муж не должен знать, что и где у тебя лежит. Каждый раз пусть обратится к тебе, а ты ему с улыбкой подай.
- Все деньги должны быть у тебя, ты хозяйка. Веди учет и всегда записывай свои расходы (кстати, бабушка вела свою бухгалтерию до последних дней).
- Одеждой мужа баловать не надо, все только тебе. Пусть он будет аккуратный, чистый, но не модный и не разодетый. Не надо привлекать к нему внимание других женщин.
- Будь доброжелательна с его друзьями, коллегами, но ничего им не рассказывай. Больше слушай, но не сплетничай. Будь похитрее, всем улыбайся.
- Воспитывай детей в уважении и страхе к мужу и отцу. Побеспокоить отца – последнее дело.
- НИКОГДА не расставайся с мужем, куда бы он ни поехал, куда бы его ни послали. Ты должна следовать за ним, как нитка за иголкой.
- Настоящая женщина осознает, как ей повезло родиться женщиной.
- Миф о том, что женщины стареют раньше мужчин, придумали сами мужчины. На самом деле у женщин гораздо больше возможностей с возрастом выглядеть лучше мужчин-ровесников.
- Женщине пристало ухаживать лишь за больными, старыми или очень близкими родственни-

ками. Во всех остальных случаях мужчина должен ухаживать за женщиной. Чем больше у женщины своих любимых занятий или увлечений, тем меньше у нее шансов заниматься чужими делами.

- Женщине не стоит торопиться быть жилеткой для слез и жалоб неудачливых мужчин. Мужские проблемы должен решать сам мужчина.
- Если женщина хочет хорошо выглядеть при случайной встрече, ей надо научиться хорошо выглядеть всегда, даже вынося мусорное ведро. Войдет в привычку – станет судьбой.
- Даже если женщина хорошо владеет иголкой и шьет себе наряды сама, на людях она должна говорить, что у нее хорошая портниха или она одевается в дорогих магазинах.
- К деньгам женщина должна относиться легко: если они у нее есть, она должна уметь их тратить. Если же их нет, не должна печалиться.
- Как бы женщина ни была стеснена материально, в ее гардеробе все равно должны быть хотя бы одна хорошая шуба и пара приличных туфель.
- У себя дома женщина может как угодно холить, лелеять, чистить и оберегать свою единственную дорогую шубу, но в гостях неприлично теребить хозяев ради особого для нее места. Настоящая женщина должна с легкой небрежностью скинуть шубу с плеч на руки кавалеру и забыть о ней вплоть до момента ухода.

Во взаимоотношениях с мужчинами у женщин есть целый ряд преимуществ:

- Женщина может позволить себе капризы и смену настроений – мужчине это не пристало.

- Мужчина, пообещав, должен держать слово – женщина может и передумать.
- Мужчина всегда должен приходить вовремя – женщина имеет право на 10 минут опоздать. Но даже если женщина в нарушение регламента опоздала на 45 минут, ей достаточно, мило улыбнувшись, просто извиниться.
- Не спешите прогонять не понравившегося кавалера. Чем больше мужчин окружает женщину, тем более притягательна она для всех остальных. Подождите. Рано или поздно в этот круг попадет тот, кто вам нужен.
- Рядом с мужчиной женщина имеет право делать только то, что ей нравится. Выполнять чужие прихоти – удел мужчин.
- Как бы ни был приятен вечер, проведенный с мужчиной, ночевать женщина должна у себя дома, не имеет значения, выйдете вы из-за стола или встанете с постели, и неважно, что уже полночь или далеко за полночь. Пока не наступило утро, вечер продолжается, а значит, мужчина должен будет вас проводить и до момента расставания остаться кавалером. Если же вы поддадитесь на уговоры и останетесь, будьте готовы к переменам. С наступлением утра невыспавшийся мужчина, рассеянно чмокнув вас в лобик, будет торопиться на работу, а вам предстоит в чужом фартуке на чужой кухне готовить завтрак на скорую руку. Домой утром вы тоже поедете самостоятельно. Короче говоря, «карета превратится в тыкву».
- Слезы – сильное оружие женщины, но применять его надо как можно реже. Постоянно плачущая женщина вызывает не сострадание, а раздражение.

- Если женщина не хочет отвечать на конкретный вопрос, ей достаточно многозначительно улыбнуться. Да и во многих других случаях улыбка действует обезоруживающе.
- Женщина может быть разносторонне образованной и хорошо начитанной, но без умения вести разговоры «обо всем и ни о чем» ей не прослыть интересным собеседником.
- Женщине не стоит с места в карьер декларировать сразу все свои достоинства. Чем больше ее недооценят вначале, тем больше у нее шансов выиграть в итоге.
- Женщина должна знать себе цену, но никогда не стоит ее называть.
- Умение женщины красиво раздеться завораживает. Умение красиво одеться – привораживает.
- Женщине, умеющей нравиться, не избежать пересудов. Но это тот самый случай, когда не надо прислушиваться к общественному мнению. Выше голову! Лучше быть кокеткой, чем сплетницей.

Я хорошо усвоила бабушкину науку. Рекомендую и вам прислушаться к ее житейской мудрости. И надеюсь, что ее заветы станут последним алмазом в ожерелье гармоничных отношений между мужчиной и женщиной, о которых я рассказывала на протяжении всей книги.

СОДЕРЖАНИЕ

Научно-популярное издание

Сябитова Роза Раифовна

ТЕХНИКИ БРАКОВЕДЕНИЯ
Ловушки, приемы, роли хитрой и мудрой женщины

Ведущий редактор: М. П. Николаева
Корректор: И.Н. Мокина
Технический редактор: Е.П. Кудиярова
Компьютерная верстка: Н.Н. Пуненковой

Подписано в печать 19.10.10. Формат 84x108/32.
Усл. печ. л. 20,16.
Тираж 7000 экз. Заказ № 2986п.

Общероссийский классификатор продукции
ОК-005-93, том 2; 953000 – книги, брошюры

Санитарно-эпидемиологическое заключение
№ 77.99.60.953.Д.012280.10.09 от 20.10.2009 г.

ООО «Издательство Астрель»
129085, г. Москва, проезд Ольминского, д. 3а

ООО «Издательство АСТ»
141100, Московская обл., г. Щелково, ул. Заречная, д. 96

Электронный адрес:
www.ast.ru
E-mail: astpub@aha.ru

ОАО «Владимирская книжная типография»
600000, г. Владимир, Октябрьский проспект, д. 7
Качество печати соответствует качеству предоставленных диапозитивов

Центр Возрождения Семейных Традиций
создан для популяризации самых ценных человеческих отношений — семьи и возрождения семейных традиций. Что такое традиции? Это неписанные законы. Россия с его многонациональным и многоконфессиональным населением испокон веков была богата семейными традициями.

Для реализации этой благородной миссии мы проводим мероприятия, направленные на популяризацию нормальных, здоровых семейных отношений, а так же создаём Теле и Радио передачи для проведения просветительской деятельности в этих вопросах.

Программа мероприятий есть на сайте Центра: **www.cvst.ru** . Получить информацию по вопросам партнерства, или участия в мероприятиях Центра можно по телефону:
+7 495 782 71 38 или +7 495 772 94 81

Если вам пригодились мои рекомендации, обязательно сообщите об этом мне. Это очень пригодится при работе над следующими книгами на тему любовных отношений.

Если вам нужна поддержка или помощь в поиске вашего избранника, вы можете обратиться в мою службу знакомств "Роза — клуб". Информацию о клубе можно узнать по телефону **(495) 772-94-81, на сайте: www . roza - land. ru** или написать мне письмо: rozaclub mail.

Я приглашаю вас также
в мою **"ШКОЛУ НЕВЕСТ и ДОМОХОЗЯЕК " www. roza club com** , где известные преподаватели, такие, как актриса — Евдокия Германова, модельер - Сергей Пугачев, ювелир — Игорь Непомнящий и многие другие, научат вас премудростям стать идеальной невестой, а в будущем прекрасной женой. Но самое главное, откроют секрет: как полюбить мужчину так, чтобы у него не было шанса остаться холостым!!!

Так же Вы можете открыть Клуб Розы Сябитовой в своём городе или обратиться в уже имеющиеся Клубы Розы (информация на сайте Клуба).